D1000035

LOS MORROS DEL NARCO

JAVIER VALDEZ CÁRDENAS

LOS MORROS DEL NARCO

Historias reales de niños y jóvenes en el narcotráfico mexicano

AGUILAR

AGUILAR

Los morros del narco

De esta edición:
D. R. © Santillana Ediciones Generales, S.A. de C.V., 2011.
Av. Universidad 767, Col. del Valle
México, 03100, D.F.
Teléfono (52 55) 54 20 75 30

Las fotografías que aparecen al inicio de cada capítulo pertenecen al archivo de la agencia PROCESOFOTO

Primera edición: marzo de 2011

ISBN: 978-607-11- 0939-2

Diseño de cubierta: Fernanda Gutiérrez Kobeh

Impreso en México

Para Genoveva Rogers, esa luciérnaga
que ni muerta han podido enterrar.

Para los morras y morros que por vivir en este país son suicidas.

Gracias por el apoyo, el entusiasmo y la compañía,
a Alejandro Almazán, Ricardo Bobadilla, Vladimir Ramírez,
Roberto Bernal, Mario Domínguez, Clara Fleiz Bautista,
Mónica Cantú, Rita Aldana, Rubicela Morelos, David Zúñiga,
Brisa Gómez, Mireya Cuéllar, Verónica Landeros,
Justino Miranda, Jorge Anaya, Julio Hernández,
Patricia Mazón, Fernanda Gutiérrez Kobeh
y César Ramos, mi editor.
Y a muchos camaradas más, siempre vigentes:
a las fuentes anónimas, protagonistas
innombrables, generosos personajes y amigos.
Gracias por los contactos, las arreadas, los tequilas
y whiskys, la cálida confianza y las historias.

Índice

PRESOS: UNA VIDA DE MUERTE TRAS LAS REJAS

HUÉRFANAS Y VIUDAS: OTRA FORMA DE MORIR

EL PELIGRO DE ESTAR VIVOS

REPORTEAR EL NARCO

Es cara la factura: un balazo en la cabeza o la decapitación nocturna

Los rumores de la noche se arrastran sobre la ciudad. Una atmósfera espesa asfixia y somete, envenena con su oscuridad; sólo el ladrido de un perro corta el velo nocturno, una botella que se estrella o los últimos estertores de una música estridente que se apaga lentamente. Un automóvil rasga las avenidas, rebasa a la nada y se detiene de pronto. Escupe una ráfaga de resentimiento sobre unos ventanales y se aleja desbocado. A lo lejos canta aburrida una sirena.

En una casa adornada con ventanas oxidadas y cortinas viejas un hombre está en el suelo atado de pies y manos. Echado en el piso de lo que pudiera ser el comedor, atascado en su propia orina, el sudor y su dolor, con trapos en la cabeza, cubierto de aceite y mugre en todo el cuerpo. Por la escasa luz de la estancia no se distingue bien el color de las manchas, se retuerce y gruñe.

De otra habitación sale un hombre con un celular que guarda en el pantalón, mira su reloj brillante y con desgano da varios puntapiés al bulto. Saca un arma corta también refulgente, hermosa, y dispara entre maldiciones, primero en las piernas, el bulto bailotea al contacto del fuego, luego en la zona genital y por último a la altura del corazón. Maldice, se acerca a una mesa y se sirve en un vaso un buen trago de whisky. Carraspea y dice: "¡Ya estuvo cabrón, vas!"

Otro hombre se incorpora de un colchón recargado a medias en la pared, se quita los audífonos de un ipod y camina decidido hacia otra habitación. Regresa y mueve el cuerpo con el pie sin que el bulto exprese su coraje, ¿su terror? Quita las vendas y cintas adhesivas del bulto y le cierra los ojos: "Te cargo la chingada, bato." Toma por los cabellos la cabeza y con un machete la arranca del cuerpo, la tironea, la desprende. Ahora el ejecutado es un muñeco sangriento incompleto. Al terminar meten los bultos, cabeza y cuerpo, en bolsas de plástico, y ayudados por otro hombre salen al patio de la casa para meter al muñeco dividido en un carro. El esfuerzo los hace sudar y maldecir. "Hijo de puta", dice el que cortó la cabeza, flaco y correoso, bajo de estatura y de aproximadamente 17, 18 años manchados de sangre; el hombre que disparó lo palmea y se adelanta, con la luz del poste que le da de lleno en el rostro, se ve claramente que, a pesar de la incipiente barba que mal dibuja su rostro, es menor que su acompañante. Cruzan bajo el frío de la noche la reja de la casa.

Acomodan en la cajuela al ejecutado, se meten al automóvil y desde allí se despiden de un muchacho robusto, alto y rapado, con tatuajes en el cuello, ¿18, 20 años de edad?, que cierra el zaguán y les hace una seña obscena y se ríe sin ganas. Los otros se alejan. La oscuridad los traga. El automóvil es un cuchillo que desgarra las calles, la noche huele a sangre y miedo, a crueldad y balazos.

La escena descrita es sólo una estampa que se repite en muchos puntos del país en la que jóvenes, niños incluso, son actores principales. El propósito de este libro es reconstruir una serie de retratos y sucesos a partir del testimonio de los actores principales de esta obra: La guerra del narco. Por medio de la crónica, el reportaje, el periodismo en el lugar de los hechos, cubriendo las ejecuciones e indagando en centros de readaptación y de rehabilitación, en cárceles y hospitales, en la calle donde el sueño se ha fracturado para convertirse en una pesadilla cotidiana. La idea es descubrir un mundo siniestro y violento por medio del periodismo, la entrevista, la recreación apoyada en el reportaje y el firme deseo de ver más allá en el corazón y en el rostro de los implicados en el narcotráfico en México. Es innegable que tras el narco hay asesinatos, negocios turbios, traiciones, millones de pesos y ansias de poder pero, ¿por qué los niños y jóvenes se meten a esta vida brutal?, se ha dicho que por falta de oportunidades, por la seducción de la vida fácil, por la adrenalina y la imitación a sus nuevos héroes, por maldad, ambición y cinismo, por integrarse, por ser parte de un grupo temido y respetado de delincuentes impunes; pero en estas páginas podrá saberse que también es por una profunda falta de amor, por abandono, por la asfixia de vivir en familias disfuncionales, por arrastrar un alma descoyuntada y sin afecto, por saber que pueden vivir de lujo algunos años sin importar la violenta factura, para tragarse de una buena vez tanta jodida tristeza y miseria, hambre y falta de afecto, no importa que se atraviesen las balas.

Los morros del narco es una investigación frontal, de campo, que retrata a diversos personajes de la guerra más cruel que ha tenido lugar en México en los últimos años. Se ofrecen en estas páginas las expresiones de rabia y audacia de niños que son deslumbrados por el poder de los narcotraficantes y deciden seguir su ejemplo; muchachas seductoras que se juegan la vida al transportar droga a muchas ciudades del país a cambio de un poco de glamour y billetes. Se revelan las horas de suplicio de indigentes que fueron quemados vivos por *narcojuniors*; las tareas sombrías de "reporteros" del narco, en su mayoría adolescentes que viven embrujados por la riqueza y la droga; niños que sueñan con tener entre sus manos un arma para ser respetados por los compañeros del colegio, niños que asesinan a rivales en juegos sin sentido, niños que quieren matar a su madre por falta de cariño; hermosas socorristas que encuentran el camino de la bala perdida; jóvenes inocentes engatusados por las leyes, encarcelados supuestamente por pertenecer al narco.

La guerra está en las calles y se extiende no sólo al norte del país, también en el centro y el sur de México, no sólo en la noche más espesa y negra, también cuando el sol ladra más fuerte; no sólo en suburbios, baldíos y barrancas, también en zonas céntricas, residencias opulentas, hospitales y centros comerciales, y lo más inquietante es que los soldados y policías ahora tienen nuevos rostros, son carne de cañón y soplones, son verdugos y víctimas, son el ardor rebelde de los nuevos sicarios y la certeza de que el futuro es un balazo: son niños y jóvenes metidos hasta la entraña en el narcotráfico.

CON EL DEDO EN EL GATILLO

Elementos militares de la XXIV Zona Militar de esta ciudad detuvieron la noche de ayer al adolescente de 14 años Édgar Jiménez, apodado "El Ponchis", presunto sicario del Cartel del Pacifico Sur. Los hechos se registraron alrededor de las 21:00 de la noche de ayer, cuando los militares lo detuvieron en el Aeropuerto Mariano Matamoros cuando abordaba un vuelo que lo llevaría a la ciudad de Tijuana, de donde se trasladaría a la ciudad de San Diego, California para encontrarse con un familiar; el menor de edad era acompañado de una de sus hermanas llamada Elizabeth, de 19 años, presunta amante de Julio de Jesús Radilla "El Negro", líder del CPS en la entidad. El adolescente declaró haber participado en 6 asesinatos de los enemigos del cartel. Mas tarde el gobernador del estado dio una conferencia de prensa sobre el tema.
Foto: Margarito Pérez Retana / © Procesofoto / Mor.

"El Señor es mi pastor"

Para ti, Rossana,
por esos jotabé que nos debemos.

"El Señor es mi pastor", repite el jefe a quien Mario (como llamaremos a este joven), cuyo vello púbico apenas termina de asomarse, califica como "un vato a toda madre". Y Mario hace lo mismo, pronuncia estas cinco palabras al tiempo que dispara su AK-47. También lo hace mientras descuartiza a tres hombres.

Mario fue descubierto por la catedrática tapatía Rossana Reguillo, doctora en Ciencias Sociales con especialidad en Antropología Social, una vehemente y apasionada estudiosa del fenómeno del narco, la violencia y el tratamiento que le dan los medios informativos nacionales. Como él, con ese y otros seudónimos, hay jóvenes de dieciséis años que están involucrados en el fenómeno del narcotráfico y sus primitivas y apabullantes formas de violencia.

Este joven tiene en ese tierno, revuelto y añejado cuerpo —por las vivencias más que por el tiempo— un corazón con 18 muescas: cicatrices de las que habla y presume, no sin dificultad ni diálogos crípticos, por sus 18 muertos, algunos de ellos a balazos, otros con toda clase de mutilaciones. Por eso forma parte de los soldados de La Familia. Los mini soldados, todos ellos niños y jóvenes menores que saben de violencia, adoctrinados para recitar de memoria pasajes bíblicos que les permitan, además de los jales o ajustes de cuentas, quedar bien con el jefe y ganarse su confianza. Son un ejército chico. Un *ejercitito* compuesto por seres humanos madurados y podridos a punta de chingazos, entrenados para matar y obedecer sin preguntar, a los que vale más "no caerles mal, porque no la cuentas". Saben de armas, tienen disciplina y reflejan, como Reguillo lo ha señalado en su trabajo, una "trilogía difícil de entender: narco, poder y religión".

Son niños curtidos, adiestrados y usados para cobrar cuotas, llevar mensajes, avisar de la llegada del ejército o de los "pinchis afis". A los más bravos se les da una paga por "bajarse a cabrones pasados de lanza" y a otros, los más avezados, para llevar el producto de un sitio a otro. Ellos no se drogan ni consumen alcohol, sólo están ahí, como un utensilio de cocina, un objeto, un gatillo o un detonador: listos para incendiar, para matar.

Es la zona conocida como Tierra Caliente, Michoacán. Tierra, reinado, plaza y diócesis de La Familia, organización criminal dedicada al narcotráfico y a la comisión de otros delitos. La también llamada La Familia Michoacana evangeliza a sus integrantes, tiene su propia Biblia o normas espirituales, y justifica muchos de sus delitos como "justicia divina", tal y como lo expresa en los mensajes que deja en los cadáveres de sus víctimas.

Algunos de sus fundadores y actuales líderes, como José de Jesús Méndez Vargas, Nazario Moreno González (muerto a finales de 2010) y Servando Gómez Martínez, apodado La Tuta, formaban parte del Cártel del Golfo y de Los Zetas, pero se separaron en el 2006. En gran medida, su doctrina tiene base en la unidad familiar, en Dios, en evitar las drogas y el alcoholismo. Han insistido en señalar que ellos no matan inocentes y que no tienen problemas con el Ejército mexicano, institución a la que respetan, no así a dos de los principales jefes de la lucha antinarco emprendida por el Gobierno Federal de Felipe Calderón: Genaro García Luna,

Secretario de Seguridad Pública (SSP), y Arturo Chávez, titular de la Procuraduría General de la República (PGR).

La Familia tiene su origen en Michoacán, pero ha extendido su influencia a zonas del Distrito Federal, Estado de México, Guanajuato y Guerrero. Versiones extraoficiales señalan que opera con el Cártel de Tijuana, de los Arellano Félix, para el traslado de droga en la región. Aunque información más reciente, atribuida a la Procuraduría General de la República (PGR) y a la Secretaría de la Defensa Nacional (Sedena), indica que desde el 2009 La Familia trabaja conjuntamente con los cárteles de Sinaloa y El Golfo.

Para Eduardo Buscaglia, catedrático y asesor de la Organización de las Naciones Unidas (ONU), los verdaderos líderes de esta organización criminal están encumbrados en los ámbitos empresarial y político del país. En junio de 2009, el especialista afirmó que la infiltración de las organizaciones del narcotráfico "a través de sobornos o amenazas, en los gobiernos municipales, ha alcanzado niveles históricos", pues, según un estudio que él encabezó, el 72 por ciento de los municipios mexicanos han sido infiltrados por los cárteles de las drogas. "Por ello los procesos electorales en todo el país estarán marcados por dinero sucio y no sólo de las drogas. El crimen organizado es un asunto de dinero, de economía, no se trata sólo de ir detrás del enemigo cuando te invade", manifestó Buscaglia.

Mario nació en el municipio de Turicato, en la zona conocida como Tierra Caliente, estado de Michoacán, el 15 de febrero de 1994. Forma parte de una familia compuesta, hasta hace un par de años, por siete integrantes. El mayor, el que se llevaba bien con su apá, como llama a su padre, fue "levantado" por desconocidos, al parecer integrantes del Ejército mexicano, aunque no se descarta que hayan sido los mismos Zetas, y no fue localizado.

Entonces todo se vino abajo: una de sus hermanas se juntó con un "puto" narco pesadillo, de esos que llegaron de Morelia, la capital del estado, otra se fue a Estados Unidos y no han sabido más de ella, y el resto, con todo y padres, emigró a Morelia, "porque acá ya no se puede vivir, es un chingado desmadre. Se puso bien caliente la cosa... Muertos un día y otro también".

"Pos nada, que llegaron los putos Zetas y por el otro lado la gente del cabrón de El Chapo, y no teníamos armamento del bueno, ni en cantidades; había que andar muy listos todos y pos... fue el tiempo en que yo me inicié."

Luego de la desaparición del hijo mayor, su padre se hizo "como más chiquito y envejeció". Mario ya no lo ve. Él es el cuarto de los hijos y siente cierto desagrado por no llevar el nombre de su padre (pues lo mereció el primero, por mayor, el desaparecido). Habla de su vida reciente como si se refiriera a un pasado viejo, ancestral; como si todo lo malo hubiera pasado en la antigüedad, y los idos, sus hermanos y hermanas, sus padres, ya no vistos por él, de quienes no ha tenido noticias y apenas sabe que están en la capital de Michoacán, estuvieran muertos. Lo único tibio que mantiene a la mano, vigente, que le recuerda que es casi un niño, un hijo de familia, es esa medalla de la Virgen de Guadalupe que guarda en uno de los bolsillos del pantalón. Esa medalla, esa imagen, lo lleva al mismo tiempo, mágicamente, con su madre. Y aparecen nubes oscuras en esa mirada de niño, en esos ojos que se agrandan y empequeñecen, gritones y desconfiados a la hora de hablar de sus odiseas, su contribución, su buen comportamiento ante los jefes, sus pasajes bíblicos que estaba a punto de recitar cuando se vino aquel primer trabajo.

Su jefe, dice Mario, es un "vato a toda madre", de cerca de veinticinco años, que recita la Biblia de memoria, y de quien aprendió más de religión que con el señor cura. Ese jefe de Mario gozaba de todas las confianzas del patrón, del capo mayor, el mandamás.

Él le encargaba los trabajos especiales que requerían de cierto nivel de seguridad y garantía al cien por ciento.

"Un día me tocó acompañar al jefe en un jale muy cabrón. Había que darle piso al puto de una tiendita que andaba de hocicón, muy amistado con la gente mala, poniendo dedo a la gente de nosotros. Y eso, pos sí no. Él me dijo «ándale, agarra el machete y los cartuchos y súbete a la camioneta»."

En una ocasión, recordó Mario, le tocó escuchar una conversación entre el patrón máximo y su jefe. Aquel le decía que si "todo estaba jodido" era porque la gente había dejado de leer la Biblia y de creer en Dios. Que eran hombres lo que necesitaba la lucha que habían emprendido y que el éxito llegaría pronto: tomarían bajo su control la zona serrana de Michoacán, pero también la costa y otras regiones, "y se van a chingar todos y todos van a saberse la Biblia".

Mario, que había escuchado aquella conversación, quiso terciar pero se arrepintió. Había puesto mucha atención en un pasaje de las Sagradas Escrituras y orgulloso quería mostrarles a los jefes que él había aprendido.

"Yo estaba bien emocionado y quería recitarles los versos de la Biblia que me había aprendido de memoria, pero pus ni cómo, yo apenas era un pendejo; pero eso sí, con ganas de progresar y de darle a mi tierra lo que mi tierra merecía, sacar a todos los hijos de la chingada que no creían, y…"

Ese día, Mario se quebró a sus primeros tres. Lo dice desde un rincón ensombrecido de su mente, con esa mirada tierna y retorcida, sentado en cuclillas, agavillado, ya con dosis de inocente perversidad. "Me chingué al puto de la tienda, a su hermano y a un compita que andaba con ellos y a veces con nosotros. La verdad no sentí nada, les metí el chivo como si ya supiera y mi jefe nomás se reía. Me dijo «bien bravo salistes, mi Mario». Él se persignó y dijo, en tono de oración, «El señor es mi pastor». Y la verdad yo estaba contento de que mi jefe estuviera contento. Pero lo malo vino después."

En eso, saca la medalla de la virgen, la coloca en la izquierda y la soba con la derecha. Un silencio eterno de medio minuto. La medalla arropada por esas manos todavía tiernas, cuarteadas por los gatillos y machetes, que no han florecido ni a golpes de pegar los ojos y memorizar esos pasajes plasmados en las Sagradas Escrituras.

Y continuó: "Al cabrón de mi jefe se le ocurrió llevarle un regalo al patrón: sacó un cuchillo «endemoniado», del tamaño de su muslo, y zas, zas, zas, les cortó la cabeza a los tres." Eso le recordó a Mario cuando su padrino decapitaba a las gallinas allá, en el rancho.

"Se me entumecieron las piernas y se escondió la risa. Pero todos los de la camioneta estaban muy contentos y pos ya que... yo también dije «El señor es mi pastor» mientras metía una de las cabezas a una bolsa bien negra... que era pa que no los divisáramos nosotros... eso pienso ahora, porque nosotros, de verdá, no somos como la gente mala, aquí nomás se ajusticia a quien se la ganó."

Como su corta vida, macabra, de jugo sanguinolento y piezas de piel, huesos y músculos, fueron desmembrando esos tres, luego fueron cinco, seis, siete, hasta sumar sus 18 muescas marcadas en sus órganos internos, los de su memoria y su cementerio íntimo, con guadañas del tamaño de la pierna de su jefe, ese, el cabrón, el "a toda madre".

Mario voltea a ver a su interlocutor. No parece buscar perdón. No, porque no hay arrepentimiento. Tal vez no dimensiona. Ya no. Tal vez busca que lo entiendan. Busca a su madre en los ojos del otro, en la medalla de la Virgen de Guadalupe y se sabe muerto. En poco tiempo, lo sabe, no mirará más ni sobará sus recuerdos, ya teñidos.

Mario está fumando. Le entra. Un toque, dos, tres. Con estilo, como si fuera un pasón que llegue hasta los pulmones, contamine el corazón, salpique el cerebro, despierte el recuerdo, el mejor, que guarda de su madre, a quien rescata de ese pasado antiguo.

—¿Cómo imaginas tu muerte?

Suelta el humo, estilo de vago que contrasta con su cuerpo en crecimiento. Media sonrisa, media muerte, asoman.

"Si voy a caer muerto, mejor con una bala expansiva que me reviente el cerebro pa ya no acordarme de nada. O que me hagan pedacitos, pa evitarle la pena a mi amá, el dolor de velarme. Y es que en este jale ya no alcanza con morirse." (28 de octubre de 2010.)

La lanzada

"¿Eres lanzada?", recuerda Jessica que le preguntó su tío, aquel 18 de julio del 2000. La joven y su tío estaban parados frente a extensos plantíos de amapola y mariguana, en lo alto, arriba, en una de las cimas de un cerro. En algún punto perdido e impenetrable, en los límites de Sinaloa con el estado de Chihuahua. Más allá de la pisada de la bota militar, cuyos operativos desde la década de los setenta tienen como objetivo la destrucción de la siembra ilícita.

A ella se le hicieron los ojos grandes. Maravillada, tragó saliva. Su tío se dio cuenta de la fascinación que experimentaba ella frente a la plantación de enervantes: el verde de la hoja de mariguana, como una alfombra incitante, y el rojo de la flor de amapola, ese fruto hermoso e inigualable, celestial y maldito.

La atrajo. Imán y billetes. Su mundo, su reino, a sus diecisiete años de edad.

Su tío, cuya identidad se mantiene en reserva, tenía una vasta experiencia en eso de sembrar drogas y traficar. Su negocio lo llevaba a moverse por varios estados del país, entre los que se encuentran Sonora, Sinaloa y Chihuahua, y más allá. Él le había mostrado a la joven las fotos que traía en su teléfono celular. Eran imágenes de la serranía, la hoja de mota, la flor de amapola, a veces roja, otras como violeta o de un anaranjado espectacular.

Desde entonces vio que su sobrina se maravillaba con eso del narcotráfico: dólares, adrenalina, camionetas altas y negras, armas de fuego cromadas y de un gris oscuro. Anduvieron cerca de tres días en las montañas, donde el negocio había dado para un rancho, casa y ganado. "Mí tío me dijo «te miro y me doy cuenta de que te gusta, de que te encanta esta forma de vida» y me volvió a preguntar si yo era lanzada, aventada. Primero le respondí que sí con la cabeza, pero cuando me volvió a preguntar entonces lo miré de frente y sonreí, y le dije que sí, casi a gritos, sonriente."

Fue entonces cuando su tío le hizo la propuesta: ella le ayudaría a transportar droga y él, además de pagarle por cada viaje, la cuidaría, le pondría a gente que la acompañara, personas de confianza, con experiencia, y nunca la dejaría sola.

Regresaron a Culiacán y acordaron buscarse. Su tío le tendría nuevos negocios y ella por fin obtendría dinero para comprarse ropa y uno que otro capricho. Claro, todo sería a escondidas de los padres de ella. En noviembre de ese 2000, le pidió que lo acompañara a la fronteriza Ciudad Juárez, en Chihuahua. Cuando tuvo frente a sí a su hermana y su cuñado, les dijo que se iba a llevar a la muchacha a pasear, a que conociera Chihuahua y conviviera con sus parientes de allá. A los padres les pareció extraño, sabían que el hombre se dedicaba a negocios turbios, que era narco, pero le creyeron y le dieron permiso a la joven de irse con su tío, y a él se la encargaron mucho, le pidieron que no la dejara sola ni la pusiera en peligro.

Hacer amistad... con la policía

Su tío le dio las primeras instrucciones. Te vas a encontrar con una pareja, hombre y mujer, ambos de confianza, que ya han hecho otros viajes. Van a ir a Los Mochis, ciudad ubicada al Norte, a 200 kilómetros de Culiacán, y ahí, antes de subir al tren que te llevará a Chihuahua, se van a poner de acuerdo contigo.

Entonces la llevaron a una casa de seguridad en Culiacán, donde la prepararon para el viaje. Varias jóvenes como ella le escogieron un vestido rosa fucsia, holgado y hasta las rodillas. Antes de ponérselo y luego de dejarla en ropa interior, sacaron varios paquetes que en total pesaban alrededor de cuatro kilos, y se los pegaron al abdomen. Era cocaína. Cubrieron los paquetes con cinta adhesiva color café (también llamada "cinta canela") y encima una venda blanca. Rociaron paquetes, cinta y vendas con un líquido blanco. No le dijeron qué era, pero sí le explicaron que los perros de la policía o del ejército, en caso de una revisión, no olfatearían ese alcaloide.

"Me trataron muy bien, obviamente mi tío les encargó que así fuera, y ya cuando terminaron él se acercó y me dijo, insistente pero de buena gana, que actuara normal, que no me pusiera nerviosa, porque si no todos iban a sospechar. Me dijo, me lo repitió, «sin nervios, tranquila, todo va a salir bien»."

Jessica tenía que recordarlo todo: cómo hablar, qué decir, con quiénes iba, a dónde, a qué horas, a qué se dedicaba, a quiénes vería allá en Chihuahua, por qué...

En la capital sinaloense conoció a sus dos contactos, hombre y mujer, en un restaurante. Una vez reunidos, se trasladaron en autobús a Los Mochis porque de ahí irían a la estación del tren Chihuahua-Pacífico, al que coloquialmente llaman Chepe, para viajar en segunda clase a las 19 horas.

El hombre tendría alrededor de treinta y ocho años y la mujer decía tener veinticinco. Nunca supo sus verdaderos nombres ni edades, ni lo preguntó. La versión que debían dar los tres era que ellos eran esposos y Jessica prima de la joven.

El teléfono celular de él sonaba constantemente. El hombre hablaba en clave con otra persona que al parecer era su tío. Igual ocurría entre los integrantes del supuesto matrimonio, también conversaban en claves. Todo para saber cómo iban, si no había problemas y también para que ella se sintiera tranquila y "protegida".

El tren partió y apenas habían avanzado una estación después de Los Mochis, en la comunidad de Sufragio, cuando se subieron tres agentes de la Policía Ministerial del Estado —dos hombres y una mujer— de Sinaloa. Los uniformados se quedarían en el tren una parte del trayecto, vigilando, esculcando e interrogando a los pasajeros.

Los agentes informaron que tenían que hacer una revisión, tanto de equipaje como a los pasajeros. Los policías bajaron con ellos y la policía se quedó arriba, esperando, con las pasajeras. Después de esta revisión, seguirían con las maletas.

La mujer policía, que se había quedado parada muy cerca del asiento de Jessica, volteó inmediatamente cuando ésta le hizo plática. La agente le informó que era originaria de un pueblo de Sonora y que trabajaba en la policía porque no había encontrado otra opción, fue cuando entonces le preguntó a dónde iba. "Le respondí que iba a Ciudad Juárez, a ver a los familiares a los que hacía mucho no saludaba, y también le dije que era de Culiacán, entonces ella me contestó que también había estado en Culiacán y que le había gustado el templo de La Lomita, que es el que está en la parte alta de la ciudad, por la avenida Obregón", recordó Jessica. Esa iglesia tiene por nombre Nuestra Señora de Guadalupe y se ubica por la avenida principal de la capital sinaloense, en la colonia Guadalupe, "desde ese punto alto puede divisarse una buena parte de la ciudad". Ambas coincidieron que lo mejor era estar ahí el 12 de diciembre, día de la Virgen de Guadalupe, por la vendimia, la fiesta, los visitantes, la gente, los espectáculos y los juegos mecánicos.

Media hora tardaron conversando. Servicial, la uniformada le pidió a Jessica que le permitiera revisar su equipaje y ésta le respondió con un disponible "claro que sí, adelante". Ella estaba ganando terreno y al mismo tiempo obtenía la confianza de la oficial, quien durante la revisión no dejó de conversar con la pasajera, lo que le dio seguridad a la joven.

La agente era la típica norteña: alta, con el pelo teñido de rubio, de tez blanca y formas ondulantes que se imponían a cualquiera. "Ese color no te sienta bien", le dijo Jessica, asestando otro golpe. La oficial traía ese uniforme gris que durante mucho tiempo portaron los de la Policía Ministerial de Sinaloa, era un gris opaco y verdoso. En lugar de las zapatillas que la joven hubiera querido, calzaba esas botas grotescas y negras, altas, abrochadas hasta arriba y con la manga del pantalón adentro. La agente volteó desconcertada a ver a Jessica. Luego se vio a sí misma, revisándose de arriba abajo. "Lo sé —le contestó—, pero es el uniforme y tengo que ponérmelo mientras realizo mi trabajo." Ambas asintieron.

Los tres agentes se reunieron de nuevo. Se alcanzó a escuchar un "sin novedad". Y luego se dirigieron a las damas, anunciándoles que tenían que bajar del tren. Jessica se puso nerviosa. Miró a sus acompañantes y él le dijo "pendientes". Se levantó de su lugar y la agente volteó a verla, sonriendo, para decirle "tú no, aquí espérate" y se fue con el resto de mujeres que sumaban cerca de diez.

Cuando regresó, la oficial le anunció que iban a Ciudad Cuauhtémoc, así que podían seguir platicando. Intercambiaron teléfonos. Ambas quedaron de buscarse. "Y si vas a Culiacán, avísame, pues, para ir a dar una vuelta y enseñarte la ciudad", le habría dicho Jessica, a manera de despedida.

Mujeres y cuernos

Alrededor de las diez de la mañana ya estaban en Ciudad Juárez. En la terminal los esperaba su tío y otros dos hombres. Aquél hizo un ademán y se adelantó para recibirlos. El hombre que las acompañó le dio el reporte: todo bien, ella es buena y hasta hizo amistad con una agente de la policía. Su tío la felicitó y se fueron juntos, en dos vehículos de modelo reciente, a un rancho ubicado a unos 15 kilómetros de la ciudad.

A ella la subieron a una recámara. Se desvistió y quedó de nuevo en ropa interior. Otras mujeres le ayudaron a quitarse los paquetes y se los llevaron a los jefes, quienes, incluido el tío, se habían encerrado en otro cuarto para revisar la mercancía.

Ella soltó el aire. Por fin pudo respirar hondo, tranquila, en paz. Su tío permaneció casi una hora con los desconocidos, encerrado. Cuando salió se dirigió hacia ella y la felicitó. Apretó fuerte la mano del hombre con el que había hecho negocios y le dijo que esperaba que siguieran haciendo tratos.

"También tengo plantíos de amapola y mariguana. Voy a cosecharla y ahí te aviso, si te interesa", le dijo el tío. El otro asintió y se le prendieron los ojos. De acuerdo con versiones de la propia Jessica, el hombre le contestó que iban a tener fiesta y carne asada para celebrar ahí mismo.

Jessica estaba cansada. Había mantenido tensos los músculos. Su respiración entonces funcionaba libre y suelta. Sus ojos se mantenían serenos. La congoja de la carga, las revisiones, el traslado, habían quedado atrás. Pero no tenía ánimos de festejar, sino de descansar. Hubiera querido que su tío le dijera "no, gracias" a su interlocutor, al que finalmente le respondió "allá nos vemos en la noche", y se despidieron. Llegaron y el rancho lucía diferente. Aquella fortaleza había sido vestida de fiesta. En la entrada y sus alrededores Jessica alcanzó a ver a unos quince hombres armados, la mayoría traía terciado el fusil AK-47, unos pocos portaban AR-15 y pistolas escuadras fajadas. El tío llegó con ella y una 45 mm. Sin preguntar los dejaron entrar.

"Los hombres hablaban poco, los que vigilaban, nada. Todos muy serios, respetuosos, y todos se hablaban de compa esto y compa lo otro, eran muy amigables", cuenta Jessica.

Había cerveza, tequila y whisky. La banda tocaba y una danza de mujeres atractivas, yendo y viniendo, sentadas junto a los jefes, en pequeños grupos, fueron apareciendo y esparciéndose por el rancho. Eran unas quince. No parecían prostitutas. Más bien eran amigas de ellos, los anfitriones.

La paga

El tío llegó al cuarto del hotel, buscándola. Era otro día, ya estaba fresca y recuperada. Le dio un fajo de billetes: 15,000 pesos. Ella los miró y volteó a verlo a él. La desilusión asomó y esa mirada diáfana bajó los párpados. Él lo notó: "Es poco, lo sé, pero luego te doy más." Y se retiró.

Ella esperaba más, tal vez el doble, unos veinte o treinta mil, pensó.

"No te agüites —recuerda que le dijo su tío— estando allá en Culiacán, te voy a dar más, ya lo verás. Vámonos."

Sus pasos cortos la complacieron en el centro comercial. Avanzaba en los pasillos y sentía la música en sus pies, los ramos de flores en su andar. Las redondas caderas se repartían de lado a lado, a ritmo de tambora sinaloense entre los locales, los escaparates, las cajas registradoras y las mujeres que los atendían en cada uno de los negocios.

Hasta ahí la había llevado el tío. Le estaba regalando, recompensando. Eran muestras de afecto y admiración, de gratitud: su estreno, sus buenas cuentas rendidas, su primer jale, su bienvenida a ese mundo del narco y el *glamour*, las billeteras gordas, el poder en esa 45 mm fajada, y esa camioneta Lobo negra que tenía su tío, pero que quería para ella.

El tío iba y venía en los aparadores, abordaba con educación a las empleadas y regresaba con ella, sonriente. "¿Te gustan?", eran unos zapatos, también llevaban en esos paquetes, al final de esa jornada de diarrea por la moda, pantalones, perfumes, accesorios y blusas, en total gastó unos 5,000 mil pesos en ella, sus caprichos y sueños.

Coartada

Sus padres no debían darse cuenta de sus ingresos, ella lo tenía bien claro. No podía llegar con billetes y empezar a gastar así no más. Así que abrió una cuenta bancaria para guardar su dinero. Consiguió trabajo en un establecimiento de comida rápida en Culiacán, para justificar sus ingresos. Era cajera del negocio y le pagaban mil docientos pesos a la semana.

En un descuido empezó a comprar ropa, bolsas y zapatos. Los zapatos son su perdición. Su madre vio un nuevo par entre sus adquisiciones más recientes y preguntó por qué estaba gastando tanto dinero. Hasta había adquirido regalos para sus padres y cooperado para la cena de Navidad. Ella se mantuvo tranquila, había pensado qué responder y estaba preparada. "Es que me los mandó mi hermano", respondió. Su hermano, el mayor, el que vive en Canadá, le enviaba dinero seguido y en lugar de gastárselo lo había ahorrado, con lo de su salario.

La contestación tranquilizó a la madre, esa mujer joven y alta, morena e inteligente, siempre atisbando, vigilando los movimientos de su hija, conocedora de sus inquietudes y sueños, de su gusto por lo bueno. De esos riesgosos caminos de perdición.

Y después de dos años

Durante dos años su tío le estuvo insistiendo para que volviera a hacer otro trabajito. En ese lapso, ella le respondió invariablemente que no, que la esperara. Y él siempre la entendió: "Cuando quieras, aquí estaré, estará la mercancía, y el dinero."

Tenía un poco de miedo y sentía además tristeza por sus padres, ante la posibilidad de que se enteraran, y decepcionarlos. Quería darse una vida tranquila, seguir estudiando, pasar año, terminar la preparatoria y empezar la carrera de administración de empresas o contabilidad, en la Universidad de Occidente, en Culiacán.

Era el 2002 y se decidió. Su tío le explicó que esta vez irían juntos a Cananea, estado de Sonora, y llevarían alrededor de 35 kilos de polvo. Los dos viajarían en la camioneta, una Cheyenne que ella no sabía de dónde sacó, que en la parte de abajo, en un compartimento, que no pudo encontrar cuando se asomó entre las llantas, iría escondido el cargamento.

Agarraron carretera, la México 15, que lleva hasta Nogales. Pasaron el retén ubicado en la comunidad de El Desengaño, en el municipio de Ahome, el último punto de salida de Sinaloa, a pocos kilómetros de los límites con el estado de Sonora. No hubo problemas con los militares. Y así fue en otras revisiones y operativos, tanto del ejército como de la marina y de la Agencia Federal de Investigaciones (AFI), que en ocasiones operaban coordinadamente con las corporaciones de seguridad de los estados y municipios.

No ocurrió así en el municipio Benjamín Hill, pues los detuvo un retén de militares. El jefe su puso terco, parecía que sabía o que alguien les había puesto el "dedo", algún soplón. "Le doy dinero, unos billetes. ¿Cuánto quiere?", recuerda Jessica que le dijo su tío al oficial del ejército. Éste respondió que si le ofrecían dinero era porque traían algo en la camioneta, le explicaron que no, que tenían prisa, que iban a visitar a unos familiares y que si no se apuraban cuando llegaran tal vez no los encontrarían.

Entonces ella entró en acción. Sus ojos aceitunados y pispiretos empezaron a bailar, las largas pestañas aleteaban de frente al militar. Fingió que algo olvidaba en la cabina de la camioneta y se dirigió hacia la unidad para que admirara su contoneo. Se inclinó un poco y mostró sus pechos bajo el escote. El hombre se quedó mudo y la esperó ahí, congelado, hasta que regresó. Ella insistió, "ándele, no sea malo". "El militar estaba rebelde, entonces yo le dije varias veces ándele, no sea malo, y él contestó «nomás porque me cayó bien usted, señorita», y sonrió."

"Él insistió que si traíamos algo podíamos tener problemas, pero yo le dije que no, que teníamos prisa, y ya no insistió. Recuerdo que me sonrió con coquetería, me tomó la mano para despedirse y nos fuimos de ahí. Yo iba diciéndole adiós con la mano y él se quedó ahí, parado, como lo dejamos, un buen rato, hasta que nos alejamos."

En la entrada del pueblo los esperaban unos hombres en una camioneta negra. Ellos ya sabían, enfilaron rumbo a un hotel. En la recepción un desconocido saludó a su tío y ambos se fueron a un cuarto. Ella y otros dos se quedaron esperándolos en el *lobby* quince minutos.

Salieron de ahí, subieron a las camionetas y luego se dirigieron a una residencia donde también los esperaban. Entraron a una cochera donde había tres hombres armados. Bajaron ella y su tío, lo desarmaron a él y revisaron a ambos. Uno de ellos, el jefe, agarró uno de los paquetes que traían, lo abrió y lo probó con la lengua. "Ta buena, perfecta", dijo.

Sacó un maletín. El tío lo abrió, contó los billetes. "Todo está bien", les dijo. Rodeado de sus pistoleros, el otro le contestó que para cuándo iban a tener el otro paquete. "Cuando quiera, ya sabe, estamos pendientes." Y se despidieron.

Se encerraron en casa de una tía. Esta vez no habría quejas ni desilusiones. El tío se le acercó y le dijo: "Vámonos, te voy a comprar un carro." Fueron a un negocio de venta de automóviles usados; ella escogió un Mystic modelo 1989, color tornasol, automático: "Está bien padre." No sabía manejar, así que se fueron a las primeras lecciones, al parque y la carretera. Se sintió poderosa: el primer gran fruto de su trabajo, de ese aventarse al abismo, de andar ese camino de orillas peligrosas aunque llenas de billetes.

Agarraron rumbo a Agua Prieta. Ella manejó un rato, pero luego se puso nerviosa y le soltó el volante al tío. Se metieron a un centro comercial y ella sintió cómo le tintineaban ansiosos ojos y manos. "Aquí también te voy a comprar, niña, todo, todo lo que quieras." Más ropa, bolsas y accesorios. Más zapatos.

Tres días más estuvieron ahí, entre Agua Prieta y Cananea. Después el tío le habló a unos tipos, trabajadores, gente de su confianza, y les pidió que llevaran a su sobrina a Culiacán porque ella apenas estaba aprendiendo a manejar.

Llegando a la capital sinaloense los padres no le preguntaron cómo le había ido. Se quedaron viendo al carro. El tío ya había hablado con ellos: "Le regalé a la muchacha un carro, se lo merece." La madre le preguntó qué había hecho para que se lo diera. "Nada, anduvimos dando la vuelta, le ayudé con unos encargos familiares y me lo dio, así, nada más", contestó a esa pregunta. Las dudas de nuevo. La madre sospechó. Jessica recuerda que le dijo "más vale que no andes en malos pasos, hija, como tu tío".

Varios días siguió con la cantaleta: "Dime la verdad, qué hiciste, por qué te lo regaló." Las conversaciones entre Jessica y su mamá invariablemente culminaban con un *jmmm* de ella. No sirvieron de nada los argumentos de que su tío tenía tiendas de ropa para damas, que ella nada más iba y le ayudaba con la gente, atender a los clientes, los proveedores. Como tampoco sirvieron las clases de manejo que tomó por su cuenta con parientes y amigos, ni los consejos de que no anduviera de vaga.

Se acercaba su cumpleaños. Era junio y el siguiente mes quería tener su fiesta y estar contenta. En una borrachera en Mazatlán, con sus amigas, se preocupó tanto por el zapato que se le perdió entre los pedales del vehículo, que cuando se agachó para alcanzarlo nada más oyó el golpe y se le cimbró el cuello. Todas salieron lastimadas levemente, pero el carro terminó partido al impactarse contra un poste. Su padre se lo advirtió: "Es el primero y último carro que vas a tener."

Ahora ella ya está en su carrera, "es mejor seguir estudiando. De lo otro ya veremos", se dijo. Tenía noticias de su tío: estaba en Los Ángeles, California, expandiéndose, trabajando, llevando droga y trayendo dinero, mucho dinero.

"Aquí estoy, por si se te ofrece", le habría dicho él, por teléfono, coqueteándole. Y le tintinearon de nuevo los oídos. Pero se mantuvo: "No tío, quiero seguir estudiando, sacar la carrera, y luego ya veremos." Entró a un curso de computación en una escuela privada, que duró alrededor de un año. De nuevo estaba cerca su cumpleaños. Era el mes de mayo de 2005. Ella quería algo grande para sus veinte: música de banda, luces y humo, un grupo norteño, cena de lujo y salón grande, de renta. Además, tenía que comprar ropa para su cumple, mandar a hacer las invitaciones. Era una gran fiesta, una de la realeza, propia de toda una reina. Pero no tenía lana, así que le habló a su tío, le explicó sus intenciones y le pidió ayuda. "Mi tío iba a venir a Culiacán, al día de las madres, y aquí platicaríamos, así quedamos. Y cuando llegó a la ciudad no le habló a mi papá, sino a mí, nos vimos a escondidas, en casa de una amiga de él", cuenta Jessica.

Le explicó que ya no iba para la sierra, que se había expandido: Tijuana, en el estado de Baja California, y Los Ángeles, California, Estados Unidos, eran sus centros de operaciones. Pero era más peligroso, sobre todo en la frontera y en tierra estadounidense, "porque allá sí está pesado, está muy cabrón. Te advierto que hay más peligro, tengo gente a quién mandar, pero si quieres, pues, de todos modos te advierto".

Ella esperó. Cerca de una hora llamando por teléfono. Una y otra vez. Hablaban en clave, pocas palabras. Conversaciones fugaces. Marcar y colgar, "sí, no, al rato te llamo". Una y otra, una y otra. Hasta que colgó para no volver a marcar. "Ya está —le dijo—, te vas conmigo, a Tijuana, y de ahí nos pasamos al otro lado, para que veas cómo funciona, te des cuenta del panorama, lo palpes, aprendas. No digas nada, no hables. Yo me encargo de todo, pero quiero que aprendas."

"Me estaba explicando cuando recibió una llamada. Colgó y volteó a verme: hasta tienes suerte, me salió un jale y quiero que te vayas a Chihuahua. Esa vez les dije a mis padres que iba a ver a mis primas a Chihuahua y como que no les gustó mucho, pero ni modo."

Terminaba mayo. Quince kilos de cocaína era la mercancía. Tomaron un autobús, ella y una prima, hasta el municipio de Choix, ubicado en el norte de Sinaloa, donde se encontrarían con un joven, quien se haría pasar por su esposo. Se bajaron del camión y en eso sonó su teléfono celular. Era su tío. Le explicó que la estaban esperando, era una camioneta y en ella un joven. Se los describió. Dieron rápido con la Cheyenne y su ocupante, se presentaron y se fueron. Destino: ciudad de Chihuahua. Vestido flojo, café, con flores, la droga ceñida, pegada al estómago.

Durante el trayecto los detuvieron varios retenes, la mayoría de policías federales. Invariablemente era a él a quien bajaban. Ella y su prima se quedaban arriba, sin ser molestadas. Pocos kilómetros antes de llegar a la ciudad donde entregarían la droga, los detuvieron de nuevo. Pero en cuanto el oficial a cargo vio a los de la cabina, apenas detenida la unidad, los dejó ir con un pásenle.

"Ahí sí me di cuenta de que todo estaba arreglado, como que ya sabían que íbamos a pasar, ya conocían la camioneta, a nosotros, y el policía nada más nos detuvo para confirmar y en chinga nos dejó ir."

Allá los esperaba el tío. Le preguntó al joven si había hecho lo que le había pedido. Éste asintió con la cabeza. Les ordenó a unas muchachas que llevaran a su sobrina al cuarto y le ayudaran. La desvistieron y le quitaron los paquetes. "Vamos", le dijo su tío. El joven no quiso. Ella ya estaba en la cabina de la camioneta. Le dijo que iban a viajar como una hora, en carretera, que estaba muy feo el camino, y había riesgos. Ella no se movió.

"Llegamos a una casita sin chiste, en un pueblo pequeño. Mi tío se encontró con una señora, ella le dio dinero después de que mi tío le entregó la mercancía, así, sin más, sin muchas palabras, y se despidieron."

—¿Cuándo me va a enseñar el plantío?, cuestionó ella.

—Cuando quieras.

Esa fue toda la conversación. Iban tensos: senderos solos, pueblos a lo lejos, como nocturnos insectos luminosos y alados en un juego lejano de prende y apaga, el sonido de ese motor rugiendo casi en silencio, surcando, partiéndolo todo, alcanzando un horizonte oscuro que parecía ir en retirada.

Los faros de otro vehículo asomaron a lo lejos. Su tío los vio en el espejo retrovisor. Rápido lo tuvo a un lado, cerrándoles el paso, protagonizando un juego macabro. Era una Cherokee negra, los vidrios oscuros. No se veía nada por ningún lado. Su tío aceleró la marcha y los que los perseguían también. Atrás, a los lados, se cerraban y los rebasaban.

"Mi tío se puso nervioso porque se dio cuenta de que no eran conocidos, de que era una persecución. Me dijo que había problemas y tomó la pistola. Me aventó el dinero y se abrió el maletín, regando los billetes por todos lados. Y volvió a decirme que iba a haber chingazos, que agarrara todo, que me iba a bajar en un pueblito cercano, y que él iba a seguir para despistarlos… «te bajas en chinga, corre, sálvate»", recordó Mary.

"Primero —agregó—, creía que eran policías de la judicial, luego que eran enemigos, gente de otro bando, y después ya no dijo nada, sólo aceleró y aceleró, tratando de huir, de esquivarlos."

Llegaron a un pueblo desconocido y ella intentó bajarse, pero los desconocidos, los de la Cherokee, ya estaban ahí, encima. Él le gritó, traía el arma en la mano, una 45 mm negra. "Tú agáchate, hazte para atrás, escóndete entre los asientos, y ahí quédate." Empuñó el arma. Cortó cartucho y gritó de nuevo alarmado, "agáchate".

Los de la Cherokee no hacen nada. No bajan. Se oye el motor del elevador de los cristales. Se asoma uno de ellos, "qué pasó compadre, ¿te asustaste?" Eran amigos de él. Los desconoció porque no los había visto en esa camioneta. Su tío les contestó que se había asustado "machín". Volteó a verla a ella, amarilla-verde-pálida. "No te espantes, son amigos. Puedes salir." Se los presentó. "Son camaradas —le dijo—. Ella es mi sobrina."

Y ahí lo conoció: alto, blanco, bien parecido, amezclillado, con una camisa Versace y una pistola asomándose entre el pantalón y la camisa. De veintiocho años, ojos azules y mirada que clavaba agujas, un anillo de oro que le cubría cuatro dedos y con una hoja de mariguana sobresaliendo. El joven le dijo que querían hacer un negocio con él, que iban de parte de El Señor. Después se disculpó por la persecución: con ese encuentro, qué importaba haber desparramado tanta adrenalina.

El tío le pagó toda la fiesta. La madre estaba contenta por el cumpleaños, pero fruncía el ceño cuando la veía con ese atuendo lujoso y la billetera llena. Tocó la banda, hubo cerveza, rentó un local, le compró comida y ropa. Gastó unos 25,000 pesos atendiendo el capricho de su sobrina, la mejor, la cabrona, la lanzada, y dilecta. Además le dio quince mil pesos, "son tuyos, muchacha. Disfrútalos. Diviértete, es tu fiesta".

La madre estaba inconforme, inquieta. Se había tardado más de lo acordado en ese viaje y no le creyó a su hija cuando le explicó que una de sus primas se había enfermado y por eso había tenido que quedarse, a cuidarla y ayudarle. Después de la fiesta le prohibieron ver a su tío y hablar con él. También salir de viaje con quien fuera.

Ella estaba en la licenciatura cuando se enteró. Le brincó el corazón y sintió una comezón ansiosa en el centro de la panza: su tío había sido detenido con droga en Tijuana. La preocupación duró poco porque él movió influencias y dinero. Gastó muchos billetes y así logró que lo liberaran pronto. "Mi tío me contó que había sido toda una experiencia para él, muy desagradable, como si haber estado en la cárcel lo hubiera marcado o cambiado. Pero eso sí, no se rajó."

Él siempre la pretendió. Aquella vez en Chihuahua, ella lo sorprendió varias veces clavándole las agujas de su mirada, escaneándola: sus pechos 34-b, las curvilíneas de ese patio trasero superior de sus muslos y esos ojos aceitunados que sonreían sin necesidad de que asomaran los pliegues musculosos de su boca jugosa.

Trae una 9 mm con cachas de oro. Las iniciales de su nombre grabadas en ambos lados. Tiene escolta, pero sólo cuando la requiere. En la ciudad de Culiacán, por ejemplo, se mueve solo, porque no corre riesgos y tampoco quiere llamar la atención. Aunque para ciertos jales, ordena protección para él. Y para ella, una vez que le respondió que sí, después de tanta insistencia.

"La violencia en Chihuahua trae aparejado un fenómeno de crímenes de género. En 2009, Organizaciones No Gubernamentales (ONG) que trabajan en defensa de los derechos humanos documentaron 12 casos de mujeres, la mayoría menores de edad, que fueron secuestradas por hombres armados y violadas tumultuariamente, como si fueran botín de guerra", reza la nota publicada por el rotativo *La Jornada*, el 6 de junio de 2010, firmada por la corresponsal Miroslava Breach Velducea.

La cifra, señala, creció en forma alarmante en los primeros cinco meses de ese año, en el que suman 10 agresiones documentadas, en Chihuahua, la capital del estado.

"Para la Procuraduría General de Justicia del Estado los casos de secuestro y violación tumultuaria son «eventos aislados»."

En Sinaloa, María del Rocío García Gaytán, presidenta del Instituto Nacional de las Mujeres, afirmó que las mujeres son el eslabón más débil en la cadena del tráfico de drogas. Dijo que a nivel nacional "se invertirán dos millones de pesos en una campaña de prevención contra este fenómeno social que está creciendo cada vez más", agregó.

La campaña llamada "El amor puede salirte caro" consiste en colocar mensajes en los reclusorios, las terminales aéreas, terrestres e instituciones públicas para incidir en la conciencia de la población femenil.

Explicó que estudios sobre el narcotráfico señalan que las mujeres no se dedicaban a esta actividad por sí mismas, sino por apoyar a sus parejas hombres, o bien a hermanos, padres e hijos, por una cuestión sentimental.

"Nos han convertido en mujeres presas por amor a una pareja, a los hijos", expresó.

Informó que en el país más del 60 por ciento de las mujeres están recluidas por delitos contra la salud, de las cuales cerca de un 60 por ciento está por introducir drogas a los penales.

Alicia Elena Pérez Duarte, ex fiscal en delitos contra las mujeres, precisó que en Sinaloa están registrados 6,811 personas en reclusorios, de lo cuales 292 son mujeres y de ellas el 60 por ciento está por delitos contra la salud, con edades entre los dieciocho y sesenta y cinco años. El perfil de las presas va desde la poca educación, la pobreza, el ser indígenas, hasta víctimas que actúan por una relación sentimental y terminan trasladando droga.

Estas declaraciones fueron vertidas en el foro Mujer y Medios de Comunicación, organizado por el Instituto de las Mujeres en los tres niveles de gobierno, el mes de septiembre de 2010.

Ella, en la escuela, con los amigos y amigas. Ella, al igual que sus compañeros, se sorprendía de ver a los jóvenes pistoleros caminando por los pasillos, para encontrarla, custodiarla, seguirla. A la salida era igual. La esperaba una camioneta, a veces una Cherokee, otras una Cheyenne. Uno de ellos hablaba, pero poco. "Son órdenes", le decían, cuando preguntaba por qué iban por ella. El otro sólo conducía y apenas volteaba a verla. Traían armas cortas, bien escondidas entre sus ropas. Le hablaban de usted y a ella le daba cierta vergüenza. "Iban por mí, me dejaban en la casa y, si se ofrecía, llevaban a alguna amiga, pero primero a ella y luego a mí, para estar seguros de que me dejaran en la casa, sin problemas."

Jessica cuenta que lo que le preocupaba era que sus padres se dieran cuenta de que andaba con un narco. Uno pesadito, que iba por ella o mandaba a sus guaruras a que la cuidaran y la llevaran de regreso a su casa. Uno celoso y presumido, abusón en la calle y altanero, que le reclamaba cuando la encontraba en la escuela platicando en los pasillos con sus amigos. "Eso no me gustó, sus celos y sus desplantes. Hasta mis amigos y amigas se sacaban de onda y casi se peleaban porque era muy grosero, muy presumido y prepotente. Me ofreció comprarme ropa y alhajas, pero nunca acepté, porque me parecía que me estaba comprando a mí, que me estaba comprometiendo."

El joven narco la llevó a cuantos lugares quiso: Mazatlán, las bahías de Altata y El Tambor, ubicadas en el municipio de Navolato, y compraba cerveza y comida, toda la que quisiera y también la que no. "Vamos a donde tú quieras, traigo dinero, mucho dinero", le decía, terco. A cambio, le advertía que no quería que trabajara ni que estudiara: "La mujer que anda conmigo no debe trabajar porque yo le voy a dar todo, todo."

"Siempre le contesté que no era su mujer, que no era de su propiedad, y que yo quería trabajar y seguir estudiando para tener mi dinero, tener una carrera, superarme, pero era como si no me escuchara, como si no le interesara lo que yo dijera. Y él me contestaba «entonces no vas a hacer lo que yo te diga, eso significa que va a haber problemas».”

Jessica recordó apenada una ocasión, en un desplante de abuso y prepotencia, mientras conducía su camioneta de lujo, él le cerró el paso a un señor que iba en un automóvil. “El señor le reclamó pero guardó silencio cuando aquel sacó una pistola y se la enseñó, gritándole, qué, qué quieres.” El conductor se retiró del lugar. “Me armaba panchos, me decía «qué haces con ese güey, qué tanto platicas», cuando me veía conversando con mis amigos, porque llegaba sorpresivamente a mi escuela.”

Aquel viernes de abril de 2010, la estuvo acosando. Le hablaba por teléfono y mandaba mensajes. Ella contestaba, pero no siempre. Estaba harta, cansada. Se sintió perseguida, hasta que decidió pararlo: “Sabes qué —le dijo—, si sigues molestándome voy a decirle a mi tío.” Él, recuerda Jessica, le contestó que entonces se retiraba, porque no se metía con el viejo, “con el socio no quiero broncas”. Entonces no supo más de él.

A Jessica le gustan las armas, su tío le enseñó a disparar. Cuando le puso el cuerno de chivo entre sus brazos, para que lo sintiera y jalara el gatillo, ella le dijo que no, que mejor una pequeña, porque esa estaba muy pesada y sentía que no la iba a poder controlar. Le dio una chiquita: 9 mm, cromada. La enseñó a surtir el cargador, bala por bala, a meterlo y subir el cartucho. A disparar. Le puso unos botes de aluminio a unos veinte metros. No atinó a ninguno, su tío festejó, burlón. Ella se sintió bien, poderosa, matona.

“No le he disparado a nadie, espero no hacerlo”, dice con esa voz de niña fresa, a sus veinticuatro años. Quiere seguir con sus amiguis, sus confis y arrastra la voz para pronunciar palabras que la retratan como una “niña bien”. Una niña joven, madura, peligrosa y armada.

A pesar de eso, quiere salir adelante. No con narcos presumidos o conflictivos, celosos, que la ubiquen como un objeto, porque quiere trabajar en lo suyo, en lo que estudió, que es administración de empresas, y progresar por sí sola, con su esfuerzo. El narco le guiña, la busca e invita. Sentencia que persigue, destino que hostiga, seduce: armas, drogas, dinero, mucho dinero.

"No sé, quiero hacerle la lucha por mi cuenta. Pero si no la hago, si no me va bien, pues ahí está mi tío."

En mayo de 2010, su tío fue baleado en Ciudad Juárez. Todo parece indicar que le pusieron un cuatro. Ella ya estaba lista para otro trabajito cuando perdió comunicación con él. A través de otras personas, con claves por radio Nextel, le explicaron que estaba herido, pero fuera de peligro. Las versiones de los medios periodísticos no cuentan la historia completa, pero se sabe que de ambos lados hubo muertos y heridos. Los que lo enfrentaron a balazos le advirtieron que iban tras su familia y él se alejó unos días, para no poner en riesgo a nadie, por eso dejaron de saber de él.

Ella no tiene miedo, sino emoción. Tal vez acepte traer un arma chiquita, como esa 9 mm. Lo dice hasta con cariño, con esa voz de niña fresa, vestida de marca bajo esa piel morena que incita. "Y no sé —dice—, quiero ganar dinero, hacer otro trabajo, un nuevo jale." Hace fila, espera turno, prende velas a un lado del teléfono, en espera de tener comunicación con su tío, para un nuevo encargo.

Guadalupe

En noviembre de 2006 Guadalupe le pidió permiso a su maestra. Estaba en segundo de secundaria y ni la maestra, ni el prefecto ni el director se negaron a que el adolescente atendiera un asunto muy grave: un familiar estaba enfermo y él debía ausentarse.

Agarró su mochila, salió del salón y de las instalaciones de la secundaria Gabriel Leyva, ubicada en el fraccionamiento Infonavit Cañadas. Se dirigió a su casa, en la colonia Prolongación Lázaro Cárdenas, en Culiacán. Dejó todo y al siguiente día temprano salió. Necesitaba dinero, le urgía para alimentar sus bolsillos, comprarse ropa, cumplirse antojos. Se metió entre los surcos de un plantío de mariguana.

Guadalupe es flaco y moreno. Tiene una mirada calma, como de río en otoño. Bajo de estatura, voz pausada y de palabras que tardan en saltar. Su boca apenas se abre. La timidez lo mantiene mirando esquivo, analizando su entorno, conectando el cerebro a la lengua antes de soltar el viento y sus sonidos.

Ahora tiene dieciocho años. Es culichi porque nació en la capital sinaloense, pero su acta de nacimiento del año 1992 tiene el nombre de la comunidad de San Javier, municipio de Badiraguato, Sinaloa.

Él toma a su hijo de seis meses, un niño moreno como su padre, bello como su madre, cuya identidad se omite por cuestiones de seguridad. De sonrisa automática, ojos vivos, manos desatadas, aunque no suelta el biberón. Frota sus manos. Sentado en el sillón de la sala, mira intermitentemente al reportero, pero desconecta rápidamente el contacto visual para bajar de nuevo la cabeza y perder sus ojos en el linóleo del piso. De pocas palabras, pero precisas. De una seguridad que enternece y luego atemoriza por su frialdad: "Me gustan las armas y me gustaría meterme de sicario. Me gusta más el cuerno, pero el cortito, es más cómodo", dice. Y en la sala aquel verano se hace invierno.

En Tamaulipas, para alimentar sus filas con sangre nueva, las organizaciones del narcotráfico reclutan muchachos que viven en la calle o en extrema pobreza, quienes a cambio de quinientos dólares mensuales y un "trozo de piedra" —como le llaman comúnmente a la droga sintética— sirven de matones en la lucha entre Los Zetas y el Cártel del Golfo.

"Los grupos están sustituyendo a los sicarios caídos y han incrementado su fuerza con niños y jóvenes, aquellos que vivían en la calle o que estaban cometiendo delitos menores, o bien, que viven en la pobreza", señalaron fuentes gubernamentales, que pidieron mantener el anonimato. Son jóvenes que bien podrían estar limpiando parabrisas de los vehículos en cruceros, o viviendo de la recolección de todo tipo de desechos, como botes de aluminio. Ahora son miembros de grupos armados de la delincuencia organizada: un eslabón más entre marginación y violencia.

"¿Cuándo se va a terminar con este asunto? Pues nunca, porque no se está haciendo nada para combatir de manera real los índices de marginación y pobreza", señaló una fuente gubernamental de aquella entidad.

Duró un mes esa primera travesía por la sierra, por esas montañas, caminos y veredas que bien conoce porque de allá es su madre y conserva primos y tíos que se dedican al cultivo de mariguana y amapola desde hace décadas.

Eran jornadas que empezaban a las siete de la mañana y concluían a las seis de la tarde. El termómetro llegaba a menos cero. El frío entume, traba las quijadas y agrieta la piel de los pies. Entra al cuerpo y se acomoda en sus intersticios, se queda a vivir. Invierno de la Sierra Madre Occidental. Diciembre de nieve y agua, de aguanieve, de lluvia que atisba entre el pinar, y escarcha el pelo y los huesos.

Jornadas de trabajo con descansos para comer. Algún alimento enlatado y frío, en su mayoría. Tortillas recién hechas o recalentadas. Tacos de frijol. Caldo de pollo con arroz y poca verdura. Ahí mismo, en cuclillas, entre los surcos que ya dejaban ver, presumidos, las hojas apiñadas y las colas de borrego.

A él le tocó despatar la planta de mariguana: cosechar, cortar la planta, quitarle las hojas, ponerla a secar y luego prensarla para empaquetar. Tres días antes de la Nochebuena de ese año ya estaba de nuevo en su casa, en Culiacán, para pasar la Navidad y el año nuevo con su familia.

Su trabajo allá, en el plantío de cannabis, le permitió tener algo de dinero, aunque no mucho. Cuando los tíos y primos no tienen recursos para la semilla, la instalación de un sistema de riego ni salvoconducto para la comercialización, recurren al financiamiento de los patrones, los jefes. Así le habían hecho dos tíos y el abuelo. En este caso era alguien de la comunidad, conocido de la familia, pero igualmente explotador.

Habían logrado cosechar alrededor de una tonelada de yerba. La paga que le dieron lo dejó insatisfecho, pero no protestó. Tres mil pesos no era gran cosa, no era nada.

El patrón le dijo a uno de sus tíos que no iba a haber dinero. Después, tal vez conmovido o para evitar regateos, les anunció que tendrían que alcanzarlo en un punto cercano a la también serrana comunidad de Surutato, para pagarles. Pero ahí no hubo billetes, sólo pláticas. Les pidió que se vieran de nuevo en Culiacán, les dijo "nos vemos en tal casa". Era una vivienda de mediano nivel, que no aparentaba ostentosidad, pero igual era una casa de seguridad. Su tío bajó del vehículo y a los pocos minutos regresó con el dinero. Al que traía el dinero le alcanzó para comprarse un carro menos viejo que el que traía, y Guadalupe apenas tuvo para pasar la Navidad, comprarse ropa y regalos para su familia.

Le argumentaron que la planta estaba podrida y que una buena parte no se había podido cosechar, pero supo que no era cierto. Luego le informaron que habían logrado venderla. Aún así no fue mayor la paga, aunque les habían prometido buscarlos a él y a sus tíos para darles el resto. Los diez mil pesos que todavía le debían quedaron ahí, en el cultivo, en los surcos. En manos y bolsillo de otro: el patrón.

Ese año, 2006, el país tuvo un saldo de 2,221 asesinatos que superaron con 684 los homicidios sumados en el 2005. La violencia alcanzó a inocentes, agentes y jefes de la policía local, estatal y federal. Los asesinatos y ejecuciones estaban concentrados en seis estados: Tamaulipas, Baja California, Nuevo León, Michoacán, Guerrero y Sinaloa. Todos ellos, escenarios de los operativos antinarco de parte del Gobierno Federal, en supuesta coordinación con las autoridades municipales y estatales, y espacios de guerra entre las organizaciones criminales de la droga.

Entre estas entidades, fue Michoacán uno de los que sumó más asesinatos violentos, con cerca de 570 ejecuciones. En Sinaloa, otro de los estados con mayor incidencia delictiva generada por el narcotráfico, fueron 601 homicidios. Entre las víctimas se incluyeron niños, ancianos y mujeres que no tenían nada que ver con el negocio de las drogas.

Aún con los operativos mixtos —en los que participaron agentes locales y federales y efectivos del Ejército mexicano, llamados Bases Operativas Mixtas Urbanas (BOMU), hoy extintos— la violencia fue avanzando, acallando voces, enclaustrando ciudadanos, que prefirieron los lugares cerrados, como sus casas, a la vida pública de calles, centros comerciales y plazuelas.

En Sinaloa, entre los casos más impactantes y graves está el ocurrido el 26 de octubre, en la ciudad de Guamúchil, cabecera municipal de Salvador Alvarado: un comando de gatilleros asesinó a tres niños y dos adultos, durante un supuesto ajuste de cuentas efectuado de carro a carro, en el que otra menor y un joven resultaron heridos. En el ataque también fallecieron Carlos Alberto Gastélum Pacheco y Carlos Eleodoro Valdez Huerta.

De estos más de 600 casos, 53 fueron en diciembre. Cuando Guadalupe estaba internado en la montaña, despatando, cosechando y empaquetando mariguana. En enero de 2007, Guadalupe regresó de nuevo a clases, lo cual no sirvió de mucho porque ese año lo reprobó. Como también reprobó su economía y la de los suyos. Fue entonces que decidió no terminar la secundaria.

"Siempre me dieron poco para gastar en la escuela", dice Guadalupe, echado en ese sillón. Y se acomoda mejor, pero se hunde. Platica que su madre le daba veinte pesos para la escuela, de los cuales diez se iban en pagar el transporte público.

Guadalupe confiesa que se entristecía durante los recesos. Sus amigos llevaban siempre más y él se quedaba viendo cómo compraban refrescos, papitas, fruta, tortas y tacos. Y él nada. Muchas de las veces cuando terminaba de jugar futbol y beis no tenía ni para el agua.

"La neta yo me agüitaba a veces. Me daba hambre y no tenía con qué. Jugaba y no podía comprarme un refresco o agua. Y veía cómo los demás compraban y compraban y lo antojaban a uno."

En la secundaria Gabriel Leyva los patios se agrandan, desolados, igual que los pasillos, salones y canchas deportivas. Se abren al paso de Guadalupe y su bolsillo enjuto. Todo es un páramo: no hay opción ni esperanza. No hay nada más aquí. No para él. Así lo siente. Por eso les vuelve a decir sí a los parientes que lo invitan a que le entre de nuevo, que suba a la montaña a la siembra de mariguana, que también puede emplearse en el cultivo de amapola.

O bien, está la invitación vigente de sus primos: órale, éntrale de sicario, de guardaespaldas del jefe, de matón.

"Nuestro sistema educativo está hecho para escolarizar, no para aprender, además el nivel de deserción es altísimo: de 100 que ingresan a primaria sólo nueve concluyen su licenciatura; no podemos decir, con estas bases, que hay interés por los jóvenes." Ángel Díaz Barriga, profesor del Instituto de Investigaciones sobre la Universidad y la Educación, de la Universidad Nacional Autónoma de México (UNAM), señaló que el Gobierno Federal tendría que morderse la lengua antes de decir que garantiza espacios para la educación de los jóvenes mexicanos. No puede haber compromiso con los jóvenes cuando una cantidad considerable de personas de entre quince y veintitrés años no va a la escuela ni tiene nada qué hacer.

Él es trabajador. No le saca a la chamba, así lo demostró desde niño. Pero a la escuela como que no. La primaria la cursó en un plantel de la colonia Rafael Buelna, pero como se cambiaron de casa estudió los otros cinco años en la escuela José María Morelos, en la colonia Buenos Aires.

No tenía ni quince cuando ya andaba paleando en su calidad de peón de albañil, con unos parientes. Acarreando ladrillos, grava y arena, reventando sacos de cal y cemento para la mezcla. Siempre obediente y callado. Envuelto en sí mismo, seguro y pausado. Sin gritos ni aspavientos, serpenteando entre la cimbra, yendo y viniendo, de arriba abajo, dejando que cal y cemento se coman la piel de sus manos, surquen sus dedos y metan piedras a sus muñecas y antebrazos. Forjándolo.

No fue la primera ni la última incursión de Guadalupe en el cultivo de enervantes. En otras dos ocasiones acudió a esos predios, en medio de ejecuciones, muertes violentas a manos de efectivos del Ejército mexicano y otras travesías en las que apareció encuernado —portando un fusil AK-47, conocido como cuerno de chivo—, entre llantos de velorio y sueños de fajos de billetes.

En el 2007 un familiar suyo, también joven, inventó un pretexto para salirse del negocio. Era originario de la comunidad Las Calabazas, Badiraguato. Al parecer, sus socios o cómplices descubrieron que se trataba de una mentira. Varios desconocidos lo interceptaron, forcejearon y finalmente lo sometieron. Llevaban armas largas, se dice que fusiles. Se lo llevaron de ahí, lo "levantaron" (como coloquialmente se le llama a los casos de personas que son privadas de su libertad, pero no para pedir rescate por su liberación, sino para torturarlas y ejecutarlas), y después apareció muerto a tiros y decapitado en la ciudad de Guamúchil, municipio de Salvador Alvarado.

Su madre escucha cuando aquellos lo invitan a que regrese al plantío, donde hay trabajo para él. Apenas tiene dieciséis años. Es el muchacho que quiere ser adulto y emprender el vuelo. El joven que no quiere serlo, que ya hizo sus planes: "Quiero sembrar mariguana y ser pistolero, igual que mis primos."

Sus primos se comunicaron: "Oye vato, vente pa acá. Aquí hay chamba y muchos billetes." Él contestó que sí.

"¿Qué?", le espetó su mamá, que había escuchado la conversación. "Tas loco plebe. Tas loco y no te vas a ir, te lo prohíbo. De mi cuenta corre que no te vas. Eres menor de edad. Tienes que seguir estudiando y si quieres trabajar aquí hay chamba. Así que te quedas."

Él se puso iracundo. Frunció la parte superior del rostro, media cara arrugada y toda roja. Agrietó las manos y se sobó las palmas, entre enojado y nervioso. Le dijo que aunque no quisiera ella, se iba. Y se retiró.

El morro encabritado. Cómo que no, vamos a ver si no. Ya contaba con su padre. Un padre distante y ausente. Uno que había andado en las mismas: las que lo tenían ahí, postrado, tiroteado, con la pierna derecha inmóvil, a ratos en muletas y a otros en la silla de ruedas. Él le había prometido que le iba a dar dinero para que se fuera p'arriba, a la sierra, a sembrar.

La madre lo supo, le habló, le dijo que si le daba dinero a Guadalupe ella le iba a echar a la policía. "Le reclamé, que se dejara de cosas. Porque soy yo quien le debe dar permiso, porque yo lo mantengo, lo saqué adelante, lo tengo en la escuela, le doy de comer. Y él, en cambio, no está aquí ni se ha hecho responsable de los hijos", confesó.

El padre le dio la razón. Y ella lo emplazó: o le decía a su hijo que se calmara, que no iba a cumplir su promesa de financiar su partida a la montaña o ella le iba a mandar a la policía.

Los primos allá en lo alto de la orografía: en el cenit de la sierra, sobre montones de dinero, cartuchos y rifles automáticos. Sonriendo y sobando las cachas, los cargadores. Orgullosos y seguros. Casi invisibles. Casi intocables. Casi.

Cometiendo tropelías ayer aquí. Hoy allá. Más tarde, de aquel lado. En los municipios de Culiacán y Navolato. En Guamúchil y Guasave. En lo alto, en sus terrenos impunes. Fantasmales y trashumantes.

Acreditándose todos los ejecutados. Presumiendo. Levantando polvo. Haciendo del mapa local una borrasca teñida de rojo sangre y gris plomizo, hirviente.

Y él terco, caliente con la posibilidad de partir a la sierra. Soñando: me incorporo a la banda, alimento la cartera, engordo los sueños, compro troca y me fajo una 45. Y ellos desde allá gritándole: "Está fácil. Vente, acá la vamos a hacer juntos, primo. Nos va a ir bien. Acá no nos hacen nada. Los guachos, los policías, los otros, todos nos la pelan", tal como le dijeron, según recuerda Guadalupe, ese día que fueron a visitarlo a su casa para invitarlo a que se incorporara a la siembra de la yerba en Los Alamillos, Badiraguato.

Pero en la región había más y más homicidios. Todos a balazos. Señoreo de las fuscas y el fuego, dominio de los fusiles de asalto: hay que descargarlo todo, machacar la carne ajena, cocerlo a tiros, asegurar el trabajo y firmar los jales. Son ellos y qué.

Y también empezó la respuesta. Del otro lado no se iban a dejar. Agazapados primero, en aparente repliegue. Ahora emergen los del bando contrario de entre casas de seguridad, caminos vecinales y montañas. Les contestan también con fuego, con ráfagas.

Son ellos los que huyen ahora. Los primos corren. Unos emigran de la región y el estado. Otros, los menos, se quedan. No creen que pase nada. Se fían.

Guadalupe insiste. Le dice a su madre "no tengo miedo, quiero entrarle". Ella le responde negativamente y le advierte que es ella la que manda en esa casa. Él patalea, empuña, arruga, se irrita. "Te digo que no, que te quedas", le insiste.

Él se pone serio. Escucha la última frase de su madre y se le afloja todo: "No te vas y menos ahora que los están matando, no quiero que vuelvas en trozos, como tu primo, al que decapitaron."

Guadalupe porta un fusil AK-47. También le dan de vez en cuando un M-1 o pistolas calibres 45, 38, y 9 mm. Aunque él prefiere el cuerno de chivo. Así anda, enfierrado, entre las parcelas, trabajando. Algunos se quejan porque están pesados los rifles, pero él los prefiere a la escuadra.

Todos andan así por las calles de ese pueblo de no más de veinte casitas. Y entre veredas le da gusto al gatillo. Lo carga, corta el cartucho y suelta una ráfaga. Ra-ta-ta-ta-ta-ta. Así sin más, de puro gusto, y sus parientes y amigos le festejan.

"Me gusta disparar, nomás. Ellos me decían que si me atrevía, porque creían que me iba a regañar el patrón, por los cartuchos que se gastan. Pero no me dice nada. Nomás le jalé y se siente bonito. Pero no he disparado a nadie, a ninguna persona, nomás así, al aire, al monte", cuenta.

En esa ocasión se pusieron de acuerdo para ir a un pueblo cercano, a robarse a una muchacha. En el camino, de veredas angostas y trayectoria sinuosa, de piedras sueltas y polvoriento, la instrucción siempre es detener la camioneta adelante si se ve que los siguen, descender, esconderse en las veras, detrás de árboles o matorrales, o bajo la camioneta. Porque si los del otro vehículo los siguen es porque quieren broncas y pretenden matarlos. Entonces hay que defenderse, emboscarlos, esperarlos del otro lado de la curva, sorpresivamente.

Esa vez le pegaron accidentalmente a una camioneta, en un camino angosto. Los de la otra unidad nada más gritaron "¡epa!" y se fueron. Llegaron al pueblo en busca de la muchacha, pero no la encontraron. De regreso, la noche los estaba envolviendo: los caminos son todavía más peligrosos, los jóvenes pistoleros andan armados, borrachos, idos y locos por la coca y el toque al cigarro de mariguana. El fuego quema más, perfora y mata.

Los de otra camioneta venían muy pegados a la suya. Guadalupe y sus primos aceleraban. Los otros también. Se mantenían cerca. Pensaron que eran los mismos, los del leve choque aquel. Levantaron polvareda. Frenadas intempestivas, derrapes y acelerones.

Adelante, luego de una curva prolongada, se bajaron. Guadalupe traía su cuerno de chivo cortito y dos cargadores asidos uno a otro con cinta adhesiva, cada uno con treinta tiros. Los otros armas cortas y un AR-15. Unos se fueron a la orilla, Guadalupe los espero bajo la camioneta, tirado de panza, apuntándoles.

No hizo falta. No eran aquellos del percance, pero tampoco parecían querer pleito: pasaron despacio, sin detenerse, y luego le dieron recio.

Guadalupe tiene cruces en su árbol genealógico. Su padre herido de bala e inmóvil. Un tío muerto. Un primo levantado, torturado y decapitado. Otro primo ejecutado a tiros. Pero siguió ahí, aunque sus pasos pisaran las manchas de sangre y los cartuchos percutidos que otros dejaron.

A mediados de 2009, un primo suyo fue a hacer un "jale", como le llaman a los trabajos por encargo. Su patrón le dio docientos mil pesos para que fueran a comprar goma de opio a Chihuahua. Él tomó el camino más directo, ya que esas comunidades ubicadas en lo alto de la sierra sinaloense colindan con otras que están en Chihuahua. Pero esos caminos están llenos de retenes del ejército y de personas armadas de uno y otro bando.

Los grupos se han dividido después de la supuesta entrega de Alfredo Beltrán Leyva, El Mochomo, en Culiacán, por parte de los jefes del llamado Cártel de Sinaloa. Los capos se enemistan allá y en todos lados. Esas cuentas también se cobran en la sierra y en cualquier otro rincón del país.

Los militares patrullan, instalan retenes. Uno de esos dejó pasar al primo de Guadalupe y a su amigo, que iban en una troca tipo Lobo, no tan nueva, pero en buenas condiciones. Ambos se pusieron nerviosos cuando vieron a los de verde olivo y les pareció extraño que no los revisaran. El que manejaba soltó el aire y dejó de empuñar la 45 mm que traía fajada.

Adelante, otro retén les hizo señas de que se detuvieran. No pudo hacerse para atrás porque aquellos soldados que le habían dado el pase ahora los seguían. Estaban cerca de la comunidad El Tigre, ya en terrenos de Chihuahua. Ambos llevaban armas de fuego y radios para comunicarse. Se asustaron y prefirieron intentar huir. Los militares les dispararon. Ellos dejaron la camioneta y se echaron a correr entre el monte. A unos metros bajaron por una barranca, habían dejado atrás el contingente de uniformados, pero sabían que allá ellos eran más que gobierno: semidioses. Y podían hacer lo que quisieran.

El sonido del disparo se escuchó y viajó entre los pinos y las montañas. Ambos salían de la barranca y alcanzaban un camino. El primo de Guadalupe quedó tirado y ya no se movió. Alcanzó a decir "me chingaron, tú síguete", de acuerdo con las versiones de su acompañante. Lo repitió después, por el radio. Y la familia, que había escuchado el disparo, lo supo también. Quedó recargado, después de haber rodado hacia abajo, en un pequeño árbol. Y ahí murió.

El otro había recibido un rozón de bala. Y corrió hasta huir. En clave, a través del radio Motorola, en plena huida, les informó a todos que habían sido los guachos, que había muerto su acompañante, y que él estaba bien, aunque levemente herido.

Guadalupe escuchó todo por el radio. Le pareció que su primo dijo "vengan por mí, ya no puedo", y cuando quiso avisar a los parientes, ya todos estaban enterados. Se bañó y acudió a la casa de su familia. Tomó un cuerno de chivo y se apostó afuera de la casa de su tío, quien confesó que no quería quedarse solo. Unos veinte llegaron después y formaron un cerco de seguridad de tres anillos. Él, joven, nuevo en eso, quedó en la cerca de enmedio. Los más bragados estaban al frente, esperando a los militares, o a lo que fuera, con el dedo en el gatillo.

"Me acuerdo que la mamá de mi primo, mi tía, estaba inconsolable, y agarró a otro primo de la camada de su hijo muerto, lo abrazó y sacudió hasta que ambos se cayeron", dijo Guadalupe.

Los militares que habían participado en el enfrentamiento no querían entregar el cadáver. Más y más familiares, vecinos y conocidos, se apostaron frente al contingente de soldados y empezaron a reclamarles. Entre los inconformes, que prácticamente estaban realizando un mitin, un acto de protesta, había varios sicarios. Todos reclamando, exigiendo, gritándoles a los del ejército. Se gestaba un enfrentamiento verbal que estaba a punto de estallar entre tantos cañones de armas de fuego. Los jefes del comando pidieron por radio que les mandaran refuerzos. Primero eran unos quince, pero llegaron más patrullas militares y al rato sumaron cerca de treinta. Los que reclamaban el cadáver les decían a los soldados que si no se los entregaban iban a arrebatárselo "a punta de chingazos y balas".

Otras versiones indican que mientras esto sucedía, parte de la familia se preocupó por sacar la evidencia que estaba dentro de la casa, ya que había información que alertaba sobre la llegada de militares y de una agente del Ministerio Público a revisarla. Entre varios jóvenes sacaron de la vivienda cerca de cuatro costales con alrededor de 20 kilos de mariguana cada uno, un fusil AK-47 y un AR-15.

Al fin los militares permitieron que una tía y la madre vieran el cadáver, que permaneció ahí, desangrándose, recargado en la rama aquella, alrededor de día y medio. La familia optó por acudir al juez de una comunidad cercana, llamada San Javier, para que les firmara una carta en la que autorizaba la entrega del cuerpo, a lo que accedió. Y también los militares. La noche del día siguiente obtuvieron el cuerpo. Los amigos cavaron la fosa, otros parientes fueron por la banda y algunos más a preparar comida. Entre borrachera, los malos olores que expedía el muerto y la música de tambora, fueron realizadas las exequias. Todos los hombres que ahí estaban tiraron balazos al aire y al suelo, con las armas de alto poder, las pistolas. Ráfagas, tiros dispersos, separados por sonidos, esparcidas aquí y allá por el viento arbitrario e insurrecto.

Al último, en solitario, apurado y lloroso, el menor de los hermanos del difunto agarró un AK-47 y lo vació. Al suelo, al aire, a nada.

Guadalupe andaba por esos lares para enrolarse en la cosecha de goma de opio, en plantíos de amapola. Traía una navaja de hoja curveada, para facilitar el trazo preciso del bulbo de la flor de amapola.

"La navaja que yo traía era especial para rajar la bola de la amapola, tiene una curva para cortarla. Le vas dando vueltas sin dejar de abrirla y va saliendo la goma, el líquido chirri (delgado, de consistencia ligera) y al otro día que se seca hay que recolectarlo, ya más espeso, y dejarlo en pequeños depósitos", dijo.

En esa ocasión, los recipientes que usaron Guadalupe y los otros trabajadores fueron de pilas vacías marca Duracell. El patrón y otros empleados, algunos de ellos amigos de Guadalupe, le permitieron "chivear", es decir, recolectar una parte para él, hasta juntar la mitad de lo que había entregado al negocio, para que la vendiera por su cuenta y se "alivianara" económicamente.

Logró acumular alrededor de 20 gramos de goma de opio. En la ciudad, a salvo, cerca de su casa, logró venderla a un conocido. Le pagó dos mil pesos. Eso se sumó a los doscientos pesos que ganaba por día y que conservó hasta el final, cuando juntó unos 3,000 pesos.

Cuando terminaba el 2009 volvió a las andadas en la serranía. Una tía le enseñó a taspanar, hacer los hoyos, surcar y sembrar mariguana. Desmontó el predio y se aprestó a sembrar por su cuenta. En eso se percató que no le iba a alcanzar el dinero. Le hacían falta alrededor de dos mil pesos para fertilizante y otros insumos.

Le dijo a su tía que no le alcanzaba, que regresaba a Culiacán en busca de dinero. Ella le dijo que no se preocupara: ella sería la patrona, la dueña de la tierra, y él sembraría y cosecharía, para al final repartirse las ganancias. Así lo acordaron.

Bajó el 2 de enero a la ciudad y no regresó más: con su hijo de apenas dos meses en brazos, su esposa recién parida y amorosa, y su madre regañándolo, no pudo. La tierra terminó sembrada por su tía, quien espera ver una buena cosecha y también buenas ganancias.

Hace cuentas. Las hace ella, allá arriba. Y él acá, abajo, resignado: a setecientos pesos o con suerte a mil, el kilo de mariguana, por una tonelada, sale a…

En enero de 2010 le hablaron de nuevo. Sus primos del otro lado del auricular le ofrecieron trabajo de pistolero. Y a él le destellaron los ojos. Se le humedecieron los intersticios. Sonó, le pareció escuchar, la caja registradora, de los nuevos y mejores ingresos.

"Me dijeron que tenían trabajo para mí, de pistolero, ellos andan por allá, por toda esa zona, y de repente bajan a Guamúchil, a otras ciudades, a hacer desmadre. Es gente contraria a El Chapo (Guzmán), y quieren que ande con ellos, que trabaje, y la neta me dan ganas, pero…"

Guadalupe manifestó que sus parientes le hablan de un jefecillo, que trae consigo unos treinta pistoleros, que se esconden en un túnel, cerca de la sierra. Le platicaron que cuando les cae la policía o el ejército se meten a la guarida y no los hallan, porque además salen por otro lado. Le ofrecieron 1,000 pesos diarios, vacaciones cada rato y que no iba a haber mucho problema ni riesgos. Porque ellos mandan allá, son los jefes, los patrones, controlan, asesinan cuando hay que matar.

Le dieron un número telefónico para que llamara si se animaba. Él está entre las limitaciones lacerantes y los fracasos que siempre acechan. Entre el sí del arma en la mano, el tiro arriba y la billetera surtida, y el sí del no.

—¿Si te ofrecen chamba de pistolero?

—Sí lo hubiera hecho, me lo han ofrecido los primos, los de la sierra, pero les contesté que de momento no, que quería tener seguro social, un trabajo formal, seguro.

El mismo ofrecimiento se lo hizo otro grupo, también familiares de él, a quienes les dio la misma respuesta. No sin antes trastabillar.

—¿Te da miedo todo esto?

—No, me gustan las armas.

—Pero ¿te crees invencible, que no te va a pasar nada, o te vale madre porque eres joven?

—La neta me gustan mucho las armas, sobre todo el cuerno cortito, porque es más cómodo. Pero ahorita, como están las cosas, meterse de gatillero es como matarse uno mismo. Ahorita no se puede confiar en nadie. Te pueden contratar, prometer cosas y a la hora de la hora lo usan a uno, lo matan y hasta mensaje dejan para que se enteren los enemigos. Por eso, por el momento no pienso en esa otra opción. Lo pensé en enero, pero preferí quedarme, a pesar de que tengo poco dinero, por el salario bajo. Y si me meto no me voy a poder salir. No me importa, lo digo en serio, entrarle, porque quiero dejarles algo a mi hijo, a mi esposa. Pero quiero verlo crecer, que vaya a la escuela.

Guadalupe tiene trabajo. Labora en una tienda donde venden zapatos y ropa para jóvenes. Entró el 2 de marzo, tiene un horario de nueve de la mañana a dos y media de la tarde. Sale a comer y regresa a las cuatro de la tarde, y termina su jornada a las siete con treinta minutos. Su salario es de 1,400 pesos más incentivos. En total, suma cada quincena 2,000 pesos.

Trae un pantalón que le costó noventa pesos, aunque él hubiera querido uno de 500 pesos o tal vez comprarse un Moschino. La camisa es de marca desconocida y no se atreve siquiera a hacer que asome la etiqueta. Zapatos Flexi de 800 pesos.

Su voz suena como un lamento: por estar hundido en ese sillón, junto a su familia, viviendo en casa de su madre, a duras penas, en lugar de hacer zumbar las balas, desgarrando, penetrando carne, arrancando vidas. Se resigna, acomoda de nuevo su cuerpo. Busca el respaldo, estira las piernas y ve a su hijo, que sonríe sin motivo aparente y, al ver ese brillo en los ojos, Guadalupe también sonríe.

Su madre, presente en la sala, le dice que está loco si quiere volver a sembrar mariguana. Ella insiste en que no salga ni a los bailes porque está todo muy descompuesto, hay mucha violencia.

"Yo los he batallado, nadie más, y si algo le pasa, si anda en eso, soy yo la que se va a preocupar, nadie más", dijo. Y Guadalupe dibuja una media sonrisa en su cara.

Posterga la instalación de su dedo en el gatillo. Pospone que emerja ese narco suyo, que habita sus interiores. Lo esconde. Que espere, que aguarde el matón. Habrá otras fechas para cargar su cuernito recortado. Será para otros tiempos, otros menos violentos. "Porque en estos —asegura— sería como meterse uno mismo una bala." Aquí. Y se agarra el lado izquierdo. En el pecho. (3 de abril de 2010.)

El ponchado

Él creció en el contraste. De un lado la opulencia de los grandes consorcios transnacionales, como Ponds, Nissan y Mexana. Y del otro lado, con Édgar y los suyos, el arrabal: una de las zonas más densamente pobladas y con altos niveles de pobreza y pandillerismo.

Es la zona de Tejalpa, en el municipio de Juitepec, junto a Cuernavaca, capital del estado de Morelos. Cerca y lejos de toda opulencia. Aquí todo es ajeno y distante, todo lo bueno, menos la muerte y el narcotráfico, que son consustanciales.

Ambas, muerte y dinero, se le presentaron a él, a ese niño, a primera hora. Es como si lo estuvieran esperando para asirlo, someterlo, bajo amenaza, para que cumpliera órdenes: las más atroces.

Era un bebé apenas egresado de niño cuando un familiar lo vio fuerte, corpulento. Por eso le pusieron El Ponchado, por fortachón. Creció en la colonia Guerrero, con sus seis hermanos y sus padres, aunque aparentemente nació en San Diego, Estados Unidos, donde es presentado por su abuela, la madre de su papá, ante la Corte, de acuerdo con el certificado de nacimiento extendido, donde aparece el nombre de Carmen Solís Lugo.

La semilla de la desintegración familiar ya estaba sembrada, y crecía, sin que se dieran cuenta, en sus relaciones, en esa falta de cohesión, de hogar y calor. En los números rojos del amor y los abrazos que arrojó el corte de caja de la vida instaurada por los padres, sus relaciones, hacia ellos.

El padre, quien al parecer no tenía un trabajo estable, se separó de la madre y decidío regresar a México, trayéndose a tres de sus hijos, dos menores. El Ponchado y el resto se quedan allá, con la abuela, en esa ciudad de California. Entre el 2006 y 2007, ella muere y la entierran en Cuernavaca, por eso Édgar es traído de regreso a esta poblada región de Morelos. Están ahí, instalados en la colonia Guerrero, donde todos son admitidos y se reparte generosa la falta de comida y oportunidades, la violencia cotidiana y los días en los que no sale el sol y en el horizonte siempre está, estática, condensada y vigilante, a lo alto, la polvareda.

Estudió parte de la primaria y la secundaria en un plantel cercano a la Laguna Seca, en la Técnica número 41, ubicada en el llamado Zivac (Zona Industrial del Valle de Cuernavaca), dentro de un terco escenario de basura y pobreza, pandillas de niños y jóvenes que se alimentan, crecen y se multiplican, y que actúan a cualquier hora, pero sobre todo de noche, en asaltos y robos de todo tipo.

"Él empieza a formar parte de las bandas, pandillitas, pero luego se empiezan a coludir con el crimen organizado y siempre andaba con chavos mayores, ya ves que siempre en las pandillas hay un niño más pequeñito. Édgar se cría lejos de la mamá, con la abuela, y la mamá se junta con otro señor allá, en Estados Unidos, y tiene dos hijos más, y aquí el papá prácticamente se deslinda de ellos. Los dejó desamparados totalmente, olvidados", contó una persona que vive en el sector y conoció a la familia, aunque no trató mucho con ellos.

El 15 por ciento de las 350 detenciones realizadas en promedio al mes por la Procuraduría General de la República (PGR) en el Estado de México son de jóvenes de entre veinte y veintisiete años de edad que abandonaron sus estudios de preparatoria o nivel profesional, y ante la falta de opciones de desarrollo personal se incorporaron al narcotráfico, informó Pedro Guevara Pérez, delegado de la dependencia en esta entidad, el 15 de mayo de 2010, al participar en la Jornada de Prevención del Delito y Servicios a la Comunidad.

Frente a unos 500 alumnos de primaria, secundaria y preparatoria, señaló que la falta de educación y empleo incide en la decisión de jóvenes de sumarse a estructuras criminales dedicadas a la venta de drogas. Dijo que padres de familia, profesores y gobierno deben contribuir en "no permitir que los jóvenes, sobre todo los niños, abandonen sus estudios a una edad temprana, porque son presas del dinero fácil que ofrece el narcotráfico".

Ahí está él. Es el niño sicario, el homicida, el que decapita. Le han dicho de todo. Esa vez, que el Ejército mexicano lo presentó ante los medios, en medio de la calle, mostró el rostro de un asesino y se defendió. Pero pronto quedó ahí, de pie, derretido. Es el niño, un niño: uno de catorce años, escondido, temeroso y abandonado.

Ahora es conocido y recordado. Y lo será por mucho tiempo. Lo sacaron de ahí, del anonimato y la pobreza de Juitepec, entre pandillas que atracan y niños drogos o que venden enervantes, para exhibirlo, como un trofeo en vitrina, como un matón.

El semillero estaba ahí, esparcido y sembrado, fecundo, en el aire y la tierra, ese polvo como manto de muerte, esas noches de nadie, ese asfalto de calles vacías. Tiene alrededor de seis años que en Juitepec todo se empezó a descomponer: la pobreza y el olvido trajeron hambre, y el hambre robos, asaltos, pandillas, y éstas, la muerte. Antes de que la ciudad, y toda la región, fuera tomada por los hermanos Beltrán Leyva, cuando éstos todavía operaban para el Cártel de Sinaloa, liderado por Joaquín Guzmán, El Chapo, e Ismael Zambada, El Mayo, ya había sido estrenada la guadaña y esparcida la sangre en sus aceras y banquetas. Aquella noche del 15 de septiembre, una pandilla de niños y jóvenes, todos ellos menores, asaltó y mató a dos taxistas, en Cuernavaca, en el 2007. Los agentes de las diferentes corporaciones policiacas lograron detener a algunos de los presuntos responsables, quienes, de acuerdo con la legislación que castiga a menores en aquella entidad, saldrán en libertad pronto, ya que la pena máxima es de tres años de encierro.

Llegan los Beltrán

En el 2007 empezaron las incursiones de los Beltrán Leyva en Cuernavaca y la zona conurbada. Los hermanos, originarios de Badiraguato, municipio ubicado en lo alto de la sierra de Sinaloa, quienes durante muchos años fueron operadores de Guzmán Loera, infiltraron a las corporaciones policiacas y llegaron a los más altos niveles del aparato gubernamental estatal. Empezaron así a construir células y en éstas cooptan y capitalizan la trayectoria criminal de las pandillas de niños y jóvenes menores de edad. Ellos, esos muchachos, con varios viajes en el mundo de las drogas y arrojo a la hora de delinquir, fungieron como "orejas y ojos" de esta organización criminal: vigilantes en la calle, medidores de riesgos y peligros, correo, cuervos y halcones, venta al menudeo y matones que no requerían escuela ni pruebas, pues ya traían el dedo en el gatillo. Ya apuntaban y jalaban, empuñando el arma, a la altura de la espalda, el abdomen, la cabeza, la nuca.

En el 2008, después de la detención de Alfredo Beltrán, El Mochomo, en la colonia Burócrata, en Culiacán, aquel mes de febrero, cuando se da el rompimiento con los hermanos Beltrán Leyva, esta célula pelea la plaza. Entonces se da un reacomodo dentro del Cártel de Sinaloa, algunos de los suyos se van a la organización de Guzmán Loera y otros se quedan. Empiezan así la guerra y el exterminio del contrario, que antes era socio, operador o sicario.

La debacle de los Beltrán vino después, en el 2009, luego de que a principios de mayo fueran detenidos varios de sus principales operadores, en un operativo realizado en la capital, en medio de una cadena de detenciones que, de una u otra manera, impactaron negativamente en la estructura organizativa del cártel y llegaron a desarticularlo.

Entre estas detenciones está la de Alberto Pineda Villa, El Borrado, uno de los principales jefes de los hermanos Beltrán Leyva, en un operativo realizado por agentes de la Policía Federal y efectivos del Ejército mexicano, en un inmueble localizado a sólo 100 metros de la Casa de Gobierno de Morelos, residencia oficial del gobernador, en la colonia Vistahermosa, Cuernavaca.

Estas acciones, en las que participaron cerca de 400 agentes federales y militares, se dan luego del cateo de un rancho en el municipio de Emiliano Zapata, donde se detuvo a otros integrantes de esa organización criminal, que revelaron la ubicación de Pineda Villa. Además, la acción permitió la captura de trece personas más, entre ellas cuatro mujeres, confirmó Rodrigo Esparza Cristerna, entonces Comisionado de la Policía Federal Preventiva, de la Secretaría de Seguridad Pública Federal.

Fuentes gubernamentales señalaron que la incursión empezó con un cateo al rancho El Despertar, ubicado en Tepetzingo, donde fueron detenidas 10 personas. El Borrado es identificado como uno de los principales operadores, quien se encargaba de sobornar a servidores públicos y jefes de la policía. Además, es ubicado casi al mismo nivel que Sergio Villarreal Barragán, El Grande, uno de los principales líderes de este cártel en la región. Informes extraoficiales indican que mientras se desplegaban las fuerzas terrestres alrededor del domicilio ubicado en calle Tlaquiltenante, dos helicópteros con visión nocturna sobrevolaron la zona.

A partir de esto, hubo otros desgajamientos de importancia. Personal de la vigésima cuarta zona militar detuvo a 27 policías preventivos de Yautepec, así como a su secretario de Seguridad Pública, Gerardo Calderón Catalán, acusados de proteger a narcotraficantes.

Fuentes policiacas indicaron que Calderón Catalán fue detenido en su domicilio durante la madrugada del sábado y que los militares aprovecharon el pase de lista en la corporación para arrestar a los otros 27 agentes locales. Además, abonaron a la demolición los hechos siguientes: el 15 de mayo es despedido —aunque oficialmente se habló de que había sido una renuncia— Luis Ángel Cabeza de Vaca, entonces Secretario de Seguridad Pública. Enseguida cae también Francisco Sánchez González, Secretario de Seguridad Pública en Cuernavaca. Ambos habían trabajado siempre juntos, "aunque eso no quiere decir que hayan estado en el crimen organizado juntos, pero sí habían permanecido muy unidos, casi de la mano, desde el anterior sexenio", reveló una fuente del gobierno de aquella entidad.

Rastros de sangre y restos

Cuernavaca y sus alrededores ya sabían de violencia y muertos, pero no a este nivel. La lucha por la plaza fue cruenta entre los herederos del Cártel de los Beltrán y aquellos que habían decidido jugársela con El Chapo. De repente, en las ciudades aparecieron decapitados y mutilados, asesinados a tiros, torturados salvajemente, colgados de puentes y hasta quemados. Al mismo tiempo se daban nuevas detenciones de policías, por su presunta colusión con las organizaciones criminales del narcotráfico. Nuevas muertes, nueva piel, nuevos jefes.

Hasta aquellos atisbos de diciembre, cuando las fuerzas federales cayeron en una fiesta en un rancho ubicado en las cercanías de Tepoztlán, Morelos, amenizada por grupos de música norteña, algunos de ellos de fama internacional, como Ramón Ayala y Los Bravos del Norte, y Los Cadetes de Linares, cuyos integrantes fueron arraigados por la Procuraduría General de la República (PGR), por sus presuntos nexos con el hampa. Los uniformados no iban por los músicos, sino por Arturo Beltrán Leyva, El Barbas, quien logró evadir el cerco policíaco.

El 16 de diciembre, el capo, considerado uno de los más importantes, sanguinario, poderoso e influyente, Arturo Beltrán Leyva, El Barbas, también llamado Jefe de Jefes, fue muerto durante un enfrentamiento a balazos con efectivos de la Secretaría de Marina y del Ejército mexicano, en una zona residencial de Cuernavaca. En las acciones, seis de sus guardaespaldas perdieron la vida, y cerca de seis efectivos de la marina resultaron heridos.

Y la plaza hirvió, entre mutilados, ejecutados y torturados, y entró como sucesor Jesús Radilla, conocido como El Negro, y ante la desarticulación —protagonizada por Édgar Valdez Villarreal, La Barbi, quien se salió de la organización de los Beltrán Leyva—, trabaja para retomar el control y abatir a los enemigos: él, que fundó el Cártel Pacífico Sur (CPS), remanente de la organización de los hermanos Alfredo, Arturo y Héctor, aliado con los llamados Zetas, contra La Familia Michoacana y El Cártel de Sinaloa. La guerra fue cruenta y con visos de no tener reversa.

Fue él, el Negro, quien se acercó a Édgar, al que de niño llamaban El Ponchado, y que ahora se había quedado con el apócope de Ponchi, ya involucrado en pandillas de asaltantes. El Negro lo hace suyo, al parecer luego de un supuesto secuestro o levantón, y lo toma como un objeto al que se enciende y revoluciona, se le ponen pilas alcalinas y se le programa para matar. Y si no, si en medio de la nebulosa reacción en sus reflejos, sangre y cabeza, por el consumo de drogas, se arredraba, tenía la espada encima, el cañón de un fusil apuntándole con la amenaza de matarlo: entonces, como un zombi, un cuasi humano, un animal lento y en el limbo, se dispuso a obedecer, decapitando.

Los niveles de violencia, el escándalo nacional en que ya se estaba convirtiendo esta y otras zonas del país atrajo la atención de las fuerzas armadas, que desplegaron un operativo en la región conurbada de Cuernavaca, en busca de El Negro y los operadores del llamado CPS, cuyas siglas eran tatuadas en la piel de las víctimas.

"Entonces el ejército empieza a actuar, a meterse duro a Jiutepec, detener gente, pero no es hasta septiembre de 2010 cuando catean una casa y encuentran imágenes del santo patrono de los narcos, Jesús Malverde, una soga que pende del techo, un palo con las siglas CPS y huellas de sangre. Quince días después dos cadáveres fueron encontrados enterrados, con huellas de tortura, destrozados", informó un funcionario de la Procuraduría

General de Justicia de aquella entidad, quien pidió conservar el anonimato.

Unas semanas después, confirmaron otras versiones, en el mes de noviembre, dieron con otro inmueble que funcionaba como casa de seguridad del Cártel del Pacífico Sur, y luego de catearlo detuvieron a seis de los principales operadores de El Negro, entre ellos iba El Ponchi. El capo local, quien aparentemente estaba en el lugar minutos antes de las acciones de los militares, logró fugarse. Los uniformados, que lo vieron como lo que es, un niño, decidieron que no tiene nada que ver con el resto y lo dejan ir. Ya en los interrogatorios, el resto confiesa que aquel, al que dejaron ir, era el más sanguinario: el encargado de decapitar a los enemigos.

Las imágenes de las fotos encontradas en internet y en algunas populares páginas electrónicas como Youtube dieron cuenta de un niño formado entre varios más, con armas de fuego, mirada de malo, pose de rudeza, y arma de fuego a la mano. En otras está acompañado por seis hombres, todos ellos con fusiles AK-47, cuyos cargadores están envueltos en cinta adhesiva, conocida como cinta canela, para voltearlo y abastecer de nuevo cartuchos durante los enfrentamientos y las ejecuciones. Todos de negro, todos altivos, mirando fijamente a la cámara: el *flash* los eterniza, así, como esa rudeza, con la frente levantada hasta el Apocalipsis, las manos apretadas, posición altiva, de reto, de ajustador, cobrador, cuentas en cero. Un cero siempre rojo.

Hay otras fotos. Él con amigas, jovencitas que no llegan a quince. O con aquel desconocido que tiene descubierto de la cintura para arriba y el rostro envuelto en trapos y cinta adhesiva. Parece preparar el corte del cuello de su víctima, pero no se aprecia arma punzocortante en sus manos. Se ve serio, quizá demacrado. No parece un niño feliz, sino un animal, uno atrapado, cercado: al que le dicen matas o mueres.

También hay fotos en las que Édgar aparece con una mirada apacible, aquella que perdió años atrás. En otras posa con amigas y amigos. Apuntando con un fusil AK-47 a sus víctimas y en un video él y sus compinches se divierten sometiendo y simulando golpear a un plagiado, quien también finge ser víctima y luego de quitarse los trapos festeja a carcajadas con el resto. Pero los más de 300 asesinatos que se le atribuyen a esta célula no son de risa, sino de carne y hueso, y algunos, como lo confesó después El Ponchi, eran inocentes, es decir no tenían nada qué ver con las pugnas entre las organizaciones criminales, pero tenían que presentarlos como tales, tenían que cobrar dinero por ellos.

Cuernavaca era conocida como la ciudad de la eterna primavera: clima agradable, lugar de descanso, santuario de defeños y de habitantes de ciudades vecinas, oasis en medio de los páramos, el chapopote galopante y el desierto. Ahora lo único que permanece es la violencia y lo perenne e inmortal es la muerte, la de las decapitaciones y las ráfagas de armas de alto poder. Por eso la gente tiene miedo. Y la vida se ha ido.

—¿Cómo era antes de todo esto Cuernavaca?

—Uf, era una maravilla. Las discos y los centros nocturnos se llenaban, había mucho atractivo, fuertes grupos musicales que venían a amenizar las fiestas —contesta un periodista y corresponsal de un diario nacional que trabaja en aquella entidad, y que prefiere mantener el anonimato.

Algo así como una ciudad que siempre estaba en fiesta y en paz.

"Había una discoteca que se llama el Alebrije, que tiene sucursales en muchas regiones del país, quebró hace como seis meses, y ahora es un cantabar. Al lado estaba El Clásico, que estaba muy fuerte y era exitoso, pero cuando el narco se desarrolló aquí empezaron a ejecutar y a amenazar, lo quemaron", señaló.

El Clásico fue incendiado por desconocidos, en un caso aparentemente relacionado con el crimen organizado, el 15 de mayo de 2010. Una mujer que se desempeñaba como mesera sufrió graves quemaduras y murió días después.

Versiones extraoficiales señalan el suceso del salón de fiestas El Gran Hotel, que era más elitista. Éste fue cerrado luego del homicidio de Juan Sebastián Figueroa González, hijo del compositor y cantante Joan Sebastian, el 12 de junio. Un día después del crimen, un comando entró en la vivienda de un comandante de la Policía Ministerial del Estado, en esa ciudad, y lo mató con su hijo. Fuentes de la Procuraduría General de Justicia indican que, aunque las investigaciones no han sido cerradas, esta doble ejecución fue resultado del homicidio del hijo del cantautor.

En el 2009 todo se quebró. Y en la ciudad empezó ese hedor a muerto. Hoy apesta, hay terror, ya no miedo. Y ausencia, un baldío fantasmal, de cementerio.

Antes de esa fecha los homicidios eran esporádicos, pero a principios de 2009 la violencia se generalizó y con ella la psicosis. En octubre de 2008, truena en esa entidad el conflicto magisterial y dura alrededor de un año, y justo cuando la economía y la política se estabilizaban, inicia el problema del virus de la influenza "y se cae todo", dijo el reportero.

Después, cuando la sociedad morelense sacaba la cabeza a la superficie, para tomar de nuevo aire y empezar a crecer, empieza la guerra entre los cárteles del narcotráfico y se resquebraja lo poco que quedaba en pie y lo otro, que ya se había desmoronado, no puede recuperarse.

Ahora son miles las casas y departamentos que están en renta o venta, o son rematadas por sus dueños, quienes emigraron en busca de una ciudad más tranquila, menos violenta, sin psicosis, para no volver más. Son muchos los negocios que han cerrado sus puertas, víctimas de la violencia generalizada o bien de extorsiones y secuestros operados por narcotraficantes del Cártel de Los Zetas, que en esta región opera en complicidad con los del Pacífico Sur (CPS).

El 19 de noviembre de 2010, los cibernautas de Morelos y las redacciones de los medios informativos, tanto impresos como electrónicos, recibieron un correo con el título "Narco-mail", en el que se advertía que ese viernes, a partir de las 19 horas, habría toque de queda por parte del Cártel Pacífico Sur, cuyos integrantes patrullarían la ciudad vestidos de negro, con armas de grueso calibre y encapuchados, y que querían evitar que en los enfrentamientos muriera gente inocente.

Las autoridades pidieron desestimar esta advertencia. Gastón Mechaca, titular de la Secretaría de Seguridad Pública de Morelos, pidió prudencia a la ciudadanía: "Seamos prudentes, actuemos con mesura, ése es un rumor y al rumor hay que tratarlo como tal, que tengan confianza en sus autoridades", y agregó, "este día y mañana, y siempre habrá bastante presencia policial de los tres niveles de gobierno, hoy el gobernador tiene un amplia gira por todo el estado, para demostrar que todo está en paz".

Pero la gente común, el de los raspados, los boleros, la carreta de dulces, los negocios establecidos como restaurantes, farmacias, tiendas de artículos diversos, prefirieron no hacer caso a la prudencia de la que tanto les habló el Gobierno Estatal y cerraron.

"Salí a ver cómo estaba la onda con el de los raspados y me dijo «ya me voy», yo le contesté que se aguantara, y me dijo «no, ya me voy porque hay toque de queda». Y efectivamente, voltee y vi que todos los negocios estaban cerrando, eran ya las 8 de la noche y Cuernavaca, Morelos, era un fantasma", dijo el periodista.

Los cerca de 2,500 agentes de las diferentes corporaciones, distribuidos en la capital morelense y en zonas importantes del Estado, no se vieron por ningún lado. Por eso nadie va a los *tables* o a los karaokes, los centros comerciales o áreas recreativas. Eran otros los que gobernaban la calle, la ciudad, sus rincones: el miedo, el pavor instaurado por el narco. El gobierno era un fantasma, al igual que los ciudadanos y las principales ciudades.

Cicatrices

Édgar confiesa que ha matado a otros que no tienen que ver con el narcotráfico. Lo han hecho, él y sus cómplices, con tal de que les paguen dinero al reportar a los ejecutados como integrantes de organizaciones enemigas. Se dice adicto a la mariguana, víctima de las amenazas de muerte de El Negro, su jefe, dueño y apoderado: el amo.

Su rostro tiene trazos de la adicción. Las ojeras delatan sus tormentas nocturnas, de insomnio y llanto. Tiene el labio superior más prominente que el inferior, su rostro luce huellas de fatiga. Cansado, sucio, con un rasguño en el cuello, y toda una cadena de olvido, abandono y perdición: maltratado por sus padres, hambriento de abrazos negados y miradas fraternales.

Su primera reacción ante los reporteros, luego de que se detiene el convoy del ejército que lo lleva a las instalaciones de la delegación estatal de la Procuraduría General de la República (PGR) para que le tomen fotos y video, y le hagan preguntas, es la de un ser duro y amenazante. Levanta la cabeza, muestra su rostro: intimida y taladra con sus ojos que lanzan dardos profundos, que calan e incomodan. Pero se desvanece esa máscara y aparece, de pronto, un niño asustado y tímido. Los *flashes* disparan, las cámaras de video encienden el foquito rojo que indica que están grabando, acercan los micrófonos, las grabadoras, se escucha el crac crac del rosar de tanto aparato y el tic de cada flachazo y cada foto.

Se doblega. Encorvado, mete las manos a las bolsas del pantalón. Las extremidades le sobran. Los ojos buscan escapes y guaridas. Pero él, ese niño, ya desnudo y desvalido, está ahí, en la vitrina de los trofeos del gobierno, saciando la sed de periodistas de secciones policíacas y de uniformados enhiestos y con el pecho salido por tal captura y tanto logro contra el hampa. Es un niño asustado, derrotado. Busca rostros conocidos, quizá a su hermana, Elizabeth, a quien se acusó, con otras hermanas suyas, de trasladar a los ejecutados y decapitados a los puentes y parajes de carreteras y colgarlos.

Cuatro días después, en San Diego, California, fue detenida su madre Yolanda Jiménez Lugo, con su esposo, frente a las hijas de ésta. Las autoridades estadounidenses vistieron estas acciones como parte del combate a la migración ilegal. En 1997, ella y un hombre no identificado se declararon ante la corte culpables de posesión de cocaína.

En el tiroteo de preguntas y respuestas, Édgar no se abre del todo. Llega, incluso, al intento de proteger a sus padres de toda responsabilidad en su vida delictiva y asegura que ambos están muertos:

—¿Cómo te llamas?

—Édgar Jiménez Lugo.

—¿A cuántas personas has matado?

—A cuatro.

—¿Cómo lo hacías?

—Los degollaba.

—¿Qué sentías al hacerlo?

—Muy feo.

—¿Por qué lo hacías?

—Me obligaban.

—¿De qué forma te obligaban?

—Me decían que si no lo hacía me iban a matar.

—Se dice que eres responsable de los colgados de Galerías.

—Esos no los colgué. Los otros nomás los degollé, pero yo nunca fui a colgar a los puentes.

—¿Tienes miedo?

—No.

—¿Sabes lo que viene?

—Sí, sé lo que va a pasar.

—¿Por qué los matabas?

—Me ordenaban. Sólo me drogaba con mota y no sabía lo que hacía.

—¿Por qué te metiste en esto?
—No me metí, me jalaron.
—¿Cómo y dónde te detuvieron?
—Me detuvieron allí. ¿Cómo se llama? Ya se me olvidó. Ahí en el avión.
—¿Hacia dónde ibas?
—A San Diego, California.
—¿Qué ibas a hacer allá?
—A cambiar, a ver a mi mamá. Mi madrastra, pues.
—¿Con quién ibas?
—Con mi hermana.
—¿Quién te dio el dinero para viajar?
—Mi mamá.
—¿Cómo te involucraste con esta organización criminal?
—Me levantaron. Decían que iban a matarme.
—¿Cuál es tu edad?
—Catorce años.
—¿Desde cuándo estás en esto?
—Desde los once años.
—¿Cuál es tu apodo?
—El Ponchis.
—¿Por qué te dicen así?
—Desde chiquito así me dicen.

Una psicóloga, "especialista" en estos casos, se apuró a declarar ante medios informativos nacionales que Édgar era un psicópata. Pero no, sólo es un niño, uno que es al mismo tiempo víctima y victimario, como muchos millones en este país, vivos y muertos, o que sin saberlo van muriendo, quedando a la orilla del camino.

Por eso Édgar abandona el círculo del poder. Ya no está protegido ni blindado. Nadie lo resguarda más que esos policías y militares. Está ahí, fusilado por lentes, *flashes*, preguntas, micrófonos y cámaras, rendido y rodeado. Los militares que fueron por él a detenerlo hicieron gala de valentía, astucia y temeridad, al acudir en siete vehículos, todos ellos artillados, y con soldados amurallados por chalecos antibalas, cascos, lentes tipo *goggles*, abituallados y con todas las fornituras. Y luego de una faena que no duró nada ni tuvo el menor esfuerzo, en un acto en el que nadie desenfundó armas, lo aprehendieron.

Édgar ya agachó la cabeza. No saca más las manos de los bolsillos del pantalón. Es un niño asustado, acorralado, recién sacado del clóset o sorprendido detrás de la puerta del ropero, en el que se escondió después de robarse unos dulces, tomar monedas del bolso de la madre, quebrar un vaso o cometer alguna travesura. "Yo fui", dice arrepentido: castíguenme, mientras parece estirar las manos para el chicotazo o hincarse para la reprimenda. "No lo vuelvo a hacer."

El Tribunal Unitario de Justicia para Menores Adolescentes (TUJA) de Morelos informó que durante el 2010 fueron sentenciados 44 menores por haber incurrido en delitos federales, y que las sentencias dictadas contra menores de edad por este rubro han aumentado en cerca de un 600 por ciento, en comparación con el 2009.

Datos publicados por la corresponsal Rubicela Morelos y el reportero Alfredo Méndez, de *La Jornada*, señalan que en el 2009 sólo se dictaron seis sentencias contra menores. Ana Pérez y Ocampo, presidenta de este tribunal, dijo que en el 2010 suman 44 penas.

"Ante este aumento «alarmante», jueces de esta institución urgieron al Gobierno Federal, estatal y municipal, priorizar las políticas sociales de educación empleo, salud y alimentación para impedir que los menores de edad sigan engrosando las filas del narcotráfico."

"En el 2009 (agrega la nota), se les aplicó una sanción —de cinco años pena máxima de la Ley del Sistema Integral de Justicia para Adolescentes— a tres jóvenes por portación de armas exclusivas del Ejército mexicano, dos por posesión de cocaína y uno por marihuana. Y en 2010 fueron sancionados 44 jóvenes por delitos federales: cinco por posesión con fines de venta de cocaína, cinco más por posesión con fines de venta de marihuana, tres por posesión con fines de venta de cocaína y marihuana, 8 por posesión de marihuana, uno por posesión de cocaína, 13 por portación de armas de fuego de uso exclusivo del Ejército, Armada y Fuerza Aérea, y uno por uso de moneda falsa, cinco por delito contra la salud en su modalidad de narcomenudeo, uno por armas de fuego y contra la salud, otro por secuestro y otro más por violación a la Ley Federal de Propiedad Industrial."

"Este año los delitos federales cometidos por adolescentes se incrementaron mucho. En el 2009 fueron 6 casos y en el 2010 ya van 44 casos", reconoció la titular del TUJA.

Los factores más recurrentes para que los jóvenes engrosen las filas del crimen organizado, afirmó, es principalmente la pobreza en la que viven, falta de oportunidades, que no están en la secundaria o preparatoria, sus padres o hermanos adultos se dedican a cuestiones del narcotráfico, también porque aspiran a convertirse en capos de la droga y porque ven en esas organizaciones delictivas la forma de obtener dinero para sus necesidades de supervivencia.

A nivel general (delitos del fuero común y federales), en el 2009 se sentenció a 145 jóvenes por diversos delitos. En el 2010 van 185 aumentado principalmente los de carácter federal. De los jóvenes que se han sancionado casi 90 por ciento son hombres y el 10 por ciento mujeres.

Te pueden matar

"Te dejas llevar porque ¿qué puede hacer uno contra todo un cáncer que traes atrás? Tienes que dejarte llevar porque estorbas y te pueden matar."

Es Ángel, joven de veintiocho años. Alto y fuerte. Todavía trae destellos de inocencia y buenas intenciones en esa mirada traviesa. Está a gusto, relajado. Se acaba de bañar y bosteza apacible. Ya no tiene preocupaciones. No desde que dejó de ser agente de la Policía Federal Preventiva.

De niño, cuando veía a las patrullas pasar, a los policías con sus uniformes y las armas, decidió que más grande iba a ser agente. Entonces escogió la Policía Federal porque le pareció una corporación de admiración, pero se equivocó.

"Era algo que yo quería, era una corporación de mucho respeto... Desde niño veía las patrullas y me gustaban, los oficiales. Y ver a la institución que en ese momento yo sabía que más gente respetaba, la respetaba mucho la gente, por eso", dijo.

Pero duró cerca de cuatro años y terminó decepcionado: "No se respetan días de descanso ni vacaciones, y, además, lo peor, es que no hay garantías ni respaldo, y en la corporación, que está infiltrada por la delincuencia organizada, hay mucha fuga de información."

Ángel, como le llamaremos, ya que pidió que no se diera a conocer su nombre por temor a represalias, va de paso por Sinaloa. Se dirige a su tierra (nombre que también evita mencionar), para encontrarse con sus hijos y su esposa, a quienes, asegura, ha descuidado por su trabajo.

Muchos de sus compañeros agentes, añadió, han terminado sin familia, con muchos conflictos personales o divorciados, porque los jefes de la corporación los llaman de un momento a otro para que se presenten de nuevo en las oficinas centrales y sean enviados a operativos, a lugares que no conocen, a enfrentamientos y otras acciones cuyas magnitudes ignoran.

—Te mandaron a operativos fuera, ¿qué hacías?

—Básicamente defenderme.

—¿Ibas con miedo?

—Sí.

—¿Les decían a lo que se enfrentaban, "va a pasar esto o aquello"?

—No, no sabíamos. Nomás nos mandaban llamar. Te mandan llamar, te dicen "vente rápido", te vas y preguntas "¿qué paso?" Y te contestan "tú súbete y vámonos". En una ocasión un compañero se fue sin su arma corta, sin fornitura, nada más con el arma larga —un fusil AR-15—, era algo grande y cuando llegó dijo "chin…"

"Eran operativos fuertes, pero no sé de qué magnitud. Llegábamos al enfrentamiento, disparábamos, pero otros entraban. No sé qué había dentro. Me tocó defenderme, nomás."

—¿Te tocó ver la muerte de algún compañero?

—De eso no quiero hablar.

—Bueno, entiendo que no me des detalles, pero seguro te tocaron casos fuertes.

—Sí. Pero de eso no quiero hablar.

Luego, más relajado, habla, pero no mucho. Blinda sus labios y al rato decide dejar que las palabras abandonen el búnker de los trágicos recuerdos: uno de los agentes que estaba a su lado cayó abatido por las balas, una de las cuales le atravesó el cráneo. Cuando quiso arrastrarlo para que no le dieran más, se dio cuenta de que ya había muerto y que le seguían pegando en el resto del cuerpo. Ahí lo dejó, porque además tuvo que volver a levantar la mirada y apretar el gatillo del fusil para defenderse en medio de la copiosa lluvia de balas.

Coños, tablazos y cartuchos

Ángel contó que fue muy duro el curso a que se sometió en el Instituto de Formación Policial, ubicado en San Luis Potosí, cuyo actual nombre es Centro de Formación Policial. Ahí, lamentó, se dio prioridad a la preparación física, durante cerca del año y dos meses que permaneció en la institución. A su juicio, una de las deficiencias en esta formación es la academia, aquellas materias que tienen que ver con leyes, derechos humanos y reglamentos.

Los instructores, en su mayoría ex militares, incurrían en abusos: golpes con tablas, malos tratos, y coños o manazos con el anillo volteado, para que la pieza que sobresale sea la que impacte en la cabeza de los cadetes.

"El que no haya sido víctima de un abuso ahí es porque era apadrinado o recomendado. En el Instituto hay maltratos físicos, tablazos, «siricuazos», con la mano volteando el anillo, y te dan un manazo en la cabeza, y otras técnicas que usan los soldados."

Cuando terminó, los mandaron a trabajar pero desarmados. Como a los dos meses, les pidieron que se regresaran al plantel para la ceremonia de graduación. Quienes costearon todos los gastos fueron ellos y no la institución, ellos tuvieron que comprar uniformes, los cuales venden algunos de los mandos de la PFP, el costo del unifome es de alrededor de 1,200 pesos, es decir, casi el 10 por ciento de su salario mensual (12,000 pesos). Además tuvieron que hacerse de fornituras y equipo para portar el arma AR-15.

Afirmó que la primera arma que le dieron fue una Browning calibre 40 mm, tres cargadores y treinta cartuchos, pero al poco tiempo le pidieron que la regresara. Le recogieron el arma y en lugar de los treinta cartuchos le exigieron que entregara sesenta. A cambio, le entregaron una Prieto Beretta 9 mm y noventa cartuchos.

Cuando se le pregunta cómo consiguieron él y sus amigos las treinta balas que no tenían a la hora del canje, contestó, levantando los hombros y volteando para otro lado, "equis, igual tienes que conseguirlas".

—¿Y no protestaron?

—Claro que sí, pero nos dijeron que eran órdenes de arriba. Y qué va a hacer uno.

Ángel estira las piernas. Termina casi recostado en la cómoda silla del lugar donde fue la entrevista. Pajarea, tal vez vigila. Ahí anda rondando su alma de policía: expectante, con ojos de resorte, a la defensiva.

—¿Se contaminó la Policía Federal?

—Más bien creo que ya estaba contaminada, no se contaminó de un día para otro, viene de mucho tiempo atrás... Desde los altos funcionarios te exigen muchas cosas que tu salario no alcanza para sustentarlas y el mismo gobierno te lo exige, y creo que los compañeros buscan cómo llevar esos gastos, como dijo uno, que hay dos tipos de corrupción, la tradicional y la organizada. Yo creo que antes no se veía tanto o no se sabía tanto de delincuencia organizada, como hay ahora, y la tradicional pues es, por ejemplo, los de carreteras (Federal de Caminos), que paran automóviles, camiones, y ahí te va el dinero. Y la organizada pues afecta a todo el país.

Ángel tiene trabajo, pero no trae prisa. Por lo pronto no anda en nada ilícito, dice. Al decirlo mira fijamente y así se mantiene, como una manera de mostrarse seguro.

Recordó que estuvo en un curso de capacitación, al que fue enviado por sus jefes. Le dijeron que él sufragara los gastos y facturara, y que al presentar las facturas le pagarían sus viáticos. Gastó cerca de 10,000 pesos en avión y comida. Y nada le regresaron, ni le regresarán.

Apenas empezó el año acudió a su jefe inmediato, a renunciar. Le preguntaron por qué. Les dijo "nomás". Cuando le insistieron, les contestó que ya no quería estar ahí, y ya.

Las maletas

A él no le tocó que sus jefes le pidieran cuotas para tener privilegios y recibir ciertos tratos. Tampoco escuchó que sus compañeros se quejaran de eso. En cambio, en uno de los aeropuertos en los que trabajó, supo de un cargamento en varias maletas: era cocaína. Cien kilos. Llegaban del extranjero y tenían como destino otra ciudad del país. No era la primera ni la última: droga, sobre todo coca, llegaba de otros países. En ocasiones, era mercancía de paso, y en otras, se quedaba y repartía en el mercado nacional.

Invariablemente, el paso del alcaloide estaba "apalabrado" y nadie decía nada. Dejaban pasar y dejaban de vigilar. Todo a cambio de una buena cantidad de dinero.

—¿Qué viste ahí?

—Droga, robos, indocumentados, prácticamente eso... Extorsión, corrupción, dejar de hacer el trabajo a cambio de remuneración económica, de pasar droga. Armas nunca me tocó. Cocaína, sí, de otros países llegaba y de ahí mismo la mandaban dentro de México. Lo que recuerdo son unos 100 kilos de cocaína en maletas... Escuché que eran 100 kilos en dos maletas grandes. Sí decepciona, pero dentro de la misma decepción qué puede hacer uno.

—Le entras al juego.

—Te dejas llevar, porque qué puedes hacer, uno contra todo un cáncer que traes atrás. Tienes que dejarte llevar porque estorbas y te pueden matar.

—Te pueden matar desde dentro de la policía y de fuera también.

—Si llegas a agarrar algo que ya está arreglado, y que tus mismos compañeros estén arreglados con delincuentes, con narcotraficantes, ellos te pueden poner el dedo con el delincuente y se acabó. Hay mucho dinero en juego, muchos intereses.

—¿Los altos funcionarios están coludidos?

—No sé, de eso no podría hablar porque no sé. Lo que vi fue de abajo, la tropa. Arriba, no sé.

Miedo

En la policía hay miedo: al narco, a los compañeros que filtran información a los delincuentes, a perder la familia, a todo. Casi en secreto, otros agentes contaron a *Ríodoce*, un periódico semanal que circula en Sinaloa, que en 2010 en Ciudad Juárez un policía —*fuercita*, les llaman— fue levantado por un comando, y días después lo encontraron en medio de un escenario macabro: el uniformado tenía la cabeza llena de clavos.

Uno de ellos comentó que entre los agentes hay simpatías hacia tal o cual cártel y trabajan para ellos. En otras regiones, los patrullajes son simulados: las caravanas de patrullas federales hacen un recorrido para que los vean, y a los pocos minutos desaparecen para alojarse de nuevo en sus cuartos de hotel.

Para Ángel, los operativos contra el narco y la llamada "Guerra contra el crimen organizado" es "pura matadera, nada más". Asegura que el narcotráfico está mal, pero mucha gente tiene ingresos gracias a este negocio y buena parte de la economía del país depende de él.

—¿Hay miedo en la policía?

—Sí, mucho.

—¿Por qué?

—Por falta de garantías y mucha fuga de información... Es mucho riesgo frente al narco.

En tres meses, cinco de sus compañeros renunciaron. Pero esos son los conocidos. Hay más, muchos más. Apenas a finales de agosto de 2010, fueron dados de baja 3,200 agentes de la PFP por "incumplimiento del reglamento". Esta es una primera etapa, pero el siguiente paso incluye procedimiento disciplinario contra 1,020 policías por no haber acreditado los exámenes de control de confianza. Facundo Rosas, comisionado general de esta corporación, informó que 465 agentes han sido consignados ante el Consejo Federal de Desarrollo Policial, para ser dados de baja por violar diferentes disposiciones legales.

—¿Por qué dices que se desvirtuó la Policía Federal?

—Ya no es preventiva, no es netamente preventiva, se hizo un grupo de reacción, siempre nos quitaban los ratos libres que teníamos para ir a hacer operativos. Siento que está por debajo del nivel de la delincuencia, no tiene poder de fuego para enfrentarse a ellos, y el ejército sí. Ellos siempre andan en grupos grandes, y la policía anda uno o dos por patrulla, y en dos o tres patrullas cuando mucho.

"Yo sabía a lo que iba cuando entré, iba a ser policía, pero sí me decepcionó la falta de apoyo, la falta de garantías, que me cancelaran vacaciones, días de descanso, y tener el riesgo de perder a mi familia. Otros también se fueron, no por miedo. Sabes que puedes perder la vida pero así es, entraste aquí porque te gusta."

Otros, añadió, no se animan a renunciar para no perder sus ingresos, pero no saben qué van a hacer si siguen dentro de la policía ni qué va a pasar después.

—¿Extrañas ser policía?

—No, la verdad vivo más tranquilo. Y ya estoy yendo a trabajar.

—¿Lícito?

—Lícito. El que quiere trabajar, hay trabajo, vas a ganar poco o mucho, pero hay.

—Pero otros se van a la delincuencia organizada.

—Es su gusto, trabajo hay.

—¿Y qué les dices a los jóvenes que quieren ser policías federales?

—Que la piensen, que piensen bien lo que quieren y que no todo lo que brilla es oro.

Ángel se levanta. Con su pelo aplacado con gel y ese andar desenfadado, le pide al reportero que no le tome fotos ni dé su nombre. Estira la mano. Es la despedida. "Quiero vivir en paz", dice. Y camina, no voltea para atrás: sólo a los lados, atento, en vigilia. Y así se retira.

Sicario

Lo conoció porque estuvieron juntos en la primaria. Allá, en la zona serrana del municipio de San Ignacio, a unos 160 kilómetros al sur de Culiacán, y a casi 40 kilómetros de Mazatlán. Esa región de los altos, donde las comunidades llevan nombres de santos —como San Javier o San Juan—, tienen fresco el recuerdo de Manuel Salcido Uzeta, mejor conocido como El Cochiloco, un pistolero y narcotraficante que trabajó para los hermanos Arellano Félix, del Cártel de Tijuana y que durante mucho tiempo fue comandante de la Policía Judicial en Sinaloa.

Ahí nació y vivió parte de su infancia Jorge, en esa zona asolada por las gavillas, muchas de las cuales siguen operando para los Arellano y se dedican a la siembra de mariguana y el cultivo de la amapola, secuestran y asesinan si es necesario. Saúl se lo encontró en una fiesta, cerca del fraccionamiento Fovissste Chapultepec, en Culiacán. A él lo habían invitado unos amigos de la Escuela de Psicología, que estaba a unos cuantos metros de este sector, en Ciudad Universitaria.

Saúl fue a echarse unas cervezas, comer algo, bailar, divertirse y quizá, con un poco de suerte, conquistar alguna morrita. En eso estaban, mirando el desfile de muchachas veinteañeras cuando se le acercó un joven que de momento no conoció. Le estiró la mano para saludarlo y Saúl correspondió el gesto: soy Jorge, ya veo que no te acuerdas de mí, le dijo. Luego le explicó que habían estado juntos en la primaria, allá, arriba, en lo alto, en San Ignacio. Y fue entonces cuando le cayó el veinte. Hablaron de los otros compañeros, los apodos, las vivencias, las bromas, el pueblo.

"Jorge se veía bien. Hablaba tranquilo, pausado. No vestía mal y me dijo que andaba ahí porque quería llevarse a la cama a una de las muchachas de la escuela, con la que ya casi se ponía de novio", recordó Saúl.

A los jóvenes aquellos los separaban cerca de doce años de ausencias, de caminos bifurcados y experiencias por separado. Jorge se quedó más tiempo que Saúl en la montaña donde aprendió oficios del campo y ayudó a su familia. Años después emigró a Culiacán para trabajar.

Jorge contaba algunos detalles, no muchos, sobre ese pasado. Pero prefería que Saúl le hablara de lo que estaba haciendo, a qué se dedicaba, y fue cuando éste le contestó que estaba estudiando psicología. Jorge abrió sus ya de por sí grandes ojos: puso su mano en el hombro de su interlocutor y lo apretó, se la acercó y le provocó a Saúl un hormigueo en la oreja derecha cuando pasaron el viento y los sonidos de las palabras aquellas pronunciadas a tan corta distancia: "Necesito que me ayudes, tú me puedes alivianar." Saúl le preguntó de qué se trataba, Jorge ni siquiera tomó aire ni la pensó: "Soy matón, soy sicario."

"Me dijo, con una calma que espanta, así como que me da escalofríos cuando me acuerdo y lo platico, que era matón a sueldo, que trabajaba para unos narcos. Que le iba bien, porque le pagaban buena lana, pero que no podía dormir... No conocía a la gente que había matado, pero todos, todos, cada uno de ellos, se le aparecían. Él me dijo que no los soñaba, que eso le pasaba despierto, de noche y de día."

Le pidió que lo atendiera, que quería que le diera terapia. Saúl quiso soltarse un poco pero trató de disimular y se mantuvo cerca. Le contestó que no podía, que no había terminado la carrera, pero Jorge, insistente, le señaló que no tenía salida ni a quién acudir, que él era psicólogo y además amigo, que sólo quería que lo escuchara y le diera algún consejo que le permitiera superar ese macabro trance.

"Le contesté que estaba bien. Le di mi número de teléfono, pero nunca me llamó", dijo Saúl. A los días leyó en los periódicos que lo habían matado a balazos cuando manejaba un vehículo por la colonia Rafael Buelna. Le entró la nostalgia: un dolor que recorre y que de repente se queda, estacionado, en la acera de los recuerdos, los más tiernos y los más tristes. Preguntó un poco, una vez que fue de regreso a visitar a unos parientes a San Ignacio, y eso bastó para informarse del resto de la historia: todos los de su salón, los de la escuela primaria, estaban muertos: asesinados a balazos o por sobredosis de droga.

Ahora sólo quedaba él. Sumido en la borrachera y quizá alguna droga ocasional, las fiestas y las dunas de piel de mujer, esperaba terminar la carrera, ser psicólogo y dar terapia. O por lo menos escuchar. (3 de diciembre de 2010.)

***

Voces de la calle

"«Todo México es territorio Telcel», dice el comercial. Ahora decimos «Todo México es territorio narco». Seminario: Mafias, corrupción, crimen organizado: el desafío des la década." (Alejandro Almazán, Lagos de Moreno, 24 de septiembre 2010.)

"(Mis amigos) me invitaban: «Wacha el carro que me cargo y la lana». Ahora ya no están. En paz descasen." (Roderick Lizárraga, interno del Penal de Aguaruto, inscrito en el programa Tú Puedes Vivir sin Adicciones, del penal de Culiacán, publicado en *El Debate* de Culiacán, 18 de septiembre de 2010.)

—Eduardo, una de las cosas que uno alcanza a ver es que de repente uno se pone a pensar en que si a los músicos, a ustedes que son garbanzo de a libra y no lo digo por estar aquí, ¿les pasa de largo o no lo que pasa en México? Ya sabes, ¿si les pasa de largo o no la inseguridad, porque si no es que a lo mejor viven en el privilegio? ¿Si les pasa de largo que los políticos se peleen? ¿Que nos entiendan? ¿La inconformidad? ¿Cómo lo ven?

—Preocupa, aunque no vivimos aquí en la República Mexicana. Te preocupa porque tienes muchos familiares todavía aquí en México. Preocupa por la inseguridad que existe. Sabemos que no es de ahorita. Yo creo que el Presidente ha hecho ciertas cosas para parar todo esto. Sabemos que no es algo fácil, que se tardará un tiempo para lograr el propósito que tiene, pero ojalá que con el tiempo se logre. Y si ya no está él, que el próximo que venga siga con esto, para que se pare todo esto y que la gente tenga más maneras de cómo salir a divertirse, porque es lo que tiene triste a México ahorita, no hay manera de salir a divertirte, de irte de una ciudad a otra con tranquilidad. Entonces yo creo que se deben hacer muchas cosas más para que esto se tranquilice y tengamos más seguridad en el país. (Eduardo, integrante de *Los Tigres del Norte*, *El Universal*, 20 de septiembre de 2010.)

—¿Ismael? ¿Usted es Ismael Bojórquez?

—Sí, nada más no me vaya a dar un balazo.

(Ismael Bojórquez, director del semanario *Ríodoce*, de Culiacán, abordado por un desconocido. Septiembre de 2010.)

—¿Usted es periodista, verdad?

—Sí, ¿por qué?

—No se preocupe, no se lo voy a decir a nadie.

(Diálogo en un bar de Culiacán, entre un indigente y un reportero. Agosto de 2010.)

"No vivas con miedo a morir. Mejor muere viviendo. Vive, vive. Y deja de morir." (Manta colocada en el edificio del IPN, en Culiacán, 29 de abril de 2009.)

"Te amo Mochomo, te extraño. Tu niña que te ama." (Pinta en el portón de la cochera de la casa donde fue detenido Alfredo Beltrán Leyva, El Mochomo, del Cártel de los Beltrán Leyva, 18 de septiembre de 2008.)

ESTAR TRANQUILO… EN EL CEMENTERIO

Después de darle los buenos días, un sicario asesinó a quemarropa a un joven cuando llegaba a su departamento acompañado de su esposa en el fraccionamiento Pradera Dorada. La Policía Ministerial del Estado (PME) informó que la víctima fue identificada como Juan Jesús López Mercado, de 21 años, quien trabajaba en un taller mecánico.
Foto: Juan Carlos Cruz / © Procesofoto / Sinaloa

El niño bueno

Los que lo vieron disparar se sorprendieron de su frialdad: tomó el arma con una sola mano y así, a centímetros, quizá a medio metro de distancia disparó: pum-pum. El joven tocó el suelo, ya ensangrentado, ya muerto.

Era un niño bueno, sin duda. No le hacía falta la muerte para que se le calificará así. No en ese barrio: todos lo eran. Esa zona de Culiacán estaba rodeada de colonias pudientes, como la Guadalupe, y ahí cerca nacieron los primeros supermercados de la localidad, avenidas de gran circulación, hospitales, escuelas y el estadio de beisbol. Circundados por una polución creciente: el ruido, la mariguana rolando y la cerveza repartida en las esquinas, pobladas por bandas de cholos, siempre armados con fileras (como le llamaban a las navajas 07 o de muelle), o pistolas de bajo calibre.

Esos alrededores de jóvenes de secundaria y prepa, o sin escuela ni trabajo, eran de calles y colonias vecinas, aprendices del grafiti y las sombras, de los asaltos y las broncas de pandilla, de robos y agandalles, de guerras por el simple hecho de ser de otro barrio.

Y ellos ahí, como un oasis en medio del desierto de fama negra, poblado de vándalos que igual apedreaban que herían, así, ligeramente, mortalmente, a navajazos o balazos, a sus enemigos, estaban ellos: muchachos de esquinas con pan bolillo y coca cola, de futbol y beisbol, de tomar la calle para mantener viva la chispa de lo colectivo: los juegos inocentes, de calle y gritería, como "el bote", "la rabia", "las escondidas", "la chinchilegua" o el "cero, cero por chapucero". Esa era la vida: un balón, un palo, un grito, dos carcajadas, una canción *oldie* de los años sesenta o setenta, una grabadora en las piernas y todos sentados en los escalones o banquetas, un chiste malo, un alias y los personajes adultos que no se salvaban de epítetos y de ser imitados por los chistosos del barrio.

Esa era su calle. Calle empinada, repleta de chavos que escasamente usaban groserías para referirse a los demás, que hacían de las azoteas y la lluvia una fiesta, un acto de convivencia. Esa calle era de piedras y tierra, y ahí quedaron untados dedos y uñas de varios jóvenes, antebrazos fracturados y besos nunca dados.

Eran muchachos de diez, quince y menos de veinte años. Que igual convivían con los cholos de los barrios de abajo, adictos a la mariguana y cerveceros de baldío, que con sus rivales en el futbol, que eran los de las calles vecinas. Todos iban a la escuela, descomponían letras de canciones de moda y rara vez protagonizaban pleitos entre ellos. Imperio de la burla sana, la carrilla, la invención de alias que se repartían como el pan dulce, democráticamente, como la calle, las banquetas, sus piedras y rincones.

Ahí creció él, entre porteros de guantes de trapo hechos de retazos y goleadores descalzos, bolitas de portón y escalones, con grabadora en las piernas para escuchar la NW, que transmitía "Alta Fidelidad", aquel programa de rock, o "Apolilladitas, pero qué bonitas", de canciones viejas, que ellos cantaban con su mal inglés.

El Niño, que también llevaba el apodo de Cocoliso, por su parecido con aquel personaje de la caricatura *Popeye*, era de ese barrio. Pero fue El Niño el mote que se le quedó. Era del grupo, como una sombra que se movía por su cuenta, que emitía sonidos agudos, que se pegaba a las piernas, a las rodillas de los mayores que lo mismo jugaban con él o lo defendían.

Su familia numerosa creció entre gritos, bajo la falda siempre amplia y generosa de doña Angelina, su abuelita, quien dejó brazos y espalda lavando ropa, haciendo comida y atendiendo a los chavos de la cuadra, bajándolos del árbol de arrayán o guayaba, o dándoles frijoles caldudos con granos de maíz, que servía en platos de plástico. Pero la abuela no pudo con todo, menos cuando se le fueron yendo los mayores por senderos lícitos e ilícitos, de vagancia siempre teñida. O cuando se fue Ramón, su esposo, aquel seco y humeante taxista, poco después. Cuando Angelina murió se fueron con ella las aguas negras de su lavadero siempre canturriento, el cerco de cantera de tambos y el patio siempre verde. El entorno familiar de El Niño también se descompuso (madre siempre trabajando, hermanos disgregados, padre ausente), y escogió las rodillas de esos púberes, sus bolitas en la esquina, sus idas al parque, a jugar futbol, como su nuevo hogar. Comió, durmió y se cobijó en camas ajenas, frente a televisores que siempre eran de otros, de platos de peltre con óxido y pústula eterna. Eran sus primeros pasos, los años ochenta.

Un vecino que lo conoció de cerca y llegó a cobijarlo en el barrio se acuerda de que "era un niño de ojos grandes y vivos, de sonrisa eterna, independientemente de las madrizas diarias propinadas por sus «cariñosos tíos». Recuerdo cómo se refugiaba con los vecinos buscando algo de cariño, de comprensión, buscando cómplices de sus travesuras, buscando amor. Y de repente se encuentra que su mundo cambia..."

El Niño y sus ojos de platillo volador, como le llamaban, parecía decir con la mirada: "Nada es mío." Y sí, era nada y era todo. Dos, tres casas le dieron cobija y comida. Dos, tres, cuatro le hicieron campo en el suelo para que se sentara a ver la tele. Dos o más le dijeron "ven y acomodaba media nalga en la silla", que compartía con otro, frente a los frijoles con queso o los "tacos tacamba": sin nada, sólo de frijoles, pero con algo de magia, de manos amorosas, que sabían a gloria sin par.

En esa calle empinada de casas modestas y patios grandes, ellos, El Niño y los otros, eran los reyes, los dueños de la gritería, del polvo, del sol y de la sombra de sus marquesinas y aceras. El Niño y esa soledad, esos ojos a punto de desbordarse, esas manos agrietadas y siempre vacías: era mascota, era el barrio, era de todos, era de nadie.

Pronto, muy pronto, antes de subir de nuevo los párpados, él estaría corriendo. Y luego, en una cachetada de viento de Semana Santa, correría para huir, y también para perseguir.

Los de su camada ya no eran tan sanos como aquellos que de niño lo protegían. Éstos ya eran profesionistas y algunos ya no vivían ahí, en el barrio al que frecuentaban cuando había fiestas familiares. Otros, pocos, habían decidido hacer vida en otra región del estado o del país, para estudiar o trabajar, o habían ido a perseguir a alguna mujer que alcanzaron, y al final los abandonó. Y él, antes de la primera emanación de esa semilla líquida que anuncia la pubertad, ya no estaba en la escuela, cuya presencia estaba sembrada por taches, vandalismo y actos de rebeldía.

El Niño ya era todo un mequetrefe, un gandul. Poco después de los quince, en una pausa de ese trance alocado de armas, borracheras y amigos ligados al narcotráfico, de andar "piñado" (acelerado, creyendo ser algo que no es), en una fiesta del barrio sacó un arma de fuego. Era una escuadra de color oscuro, seminueva, pero en buenas condiciones. Así, como quien muestra un juguete, una prenda o un disco de moda, la sacó de entre sus ropas luego de recoger esa panza que apenas asomaba. La empuñó, abrió sus dentros, sacó el cargador, los cartuchos uno a uno, incluso el de la recámara. Metió de nuevo las tripas, no las balas. La dejó sobre la mesa. Dos adultos y cinco niños vieron la escena.

Lo miraron a él y luego al arma. "Qué chingona, qué bonita", dijo uno de los menores. Los otros callaron. Uno de los grandes lo reprendió discretamente. Le dijo a señas, sin hacer mucho escándalo, que se la llevara. Y así lo hizo.

Ahí, en sus adentros, estaba ese morro que se escondía, que era sombra de aquellos que cuando era infante lo protegían, paseaban y cuidaban. Detrás de esos gritos, esos ademanes de reto, de sus groserías y sus bromas pesadas, estaba El Niño, el joven bueno, sediento de familia y amigos, ávido de nuevos refugios y guías. Ahora no. Comía aquí y allá, como en aquellos años, pero ya sin rumbo ni guía, ni barrio ni faro de luz: él, no más, con esos conocidos y amigos que le guiñaban y le tendían la mano tramposa para que se involucrara en el negocio de las drogas, en el narco.

En tránsito hacia la adultez y la perdición, uno de los dueños de aquellas rodillas, uno de los menores de esa generación del barrio, dentro de la resaca de la decencia en esa calle que ya no era polvareda ni piedras, sino de concreto hidráulico, se le acercó y le dijo: "Cuando tengas un problema, una bronca, búscame, yo te voy a proteger."

El Niño se le quedó viendo. Abrió sus ojos grandes, se le perdieron en la frente esas cejas pobladas, y pareció enseñar su alma desolada y baldía: la frase aquella, el ofrecimiento, el frondoso árbol del hombre aquel, le habían tatuado adentro, a fuego lento, en su memoria, en el cariño básico del barrio que todavía conservaba y que en ocasiones se le escondía en el laberíntico sendero que ya había empezado, de medianoche, madrugada y arrabal.

Algo se quebró en el barrio. Algo en las piedras y el polvo de la calle, en esa calle de convivencia y colectividad. Los vehículos de modelo reciente entraban hasta media cuadra, para estacionarse, mientras los pobladores de sus alrededores dormían en casas remodeladas y ampliadas. Las camionetas de cabinas ahumadas los esperaban al amanecer. Otros, menores que El Niño, se estrenaban como rateros de casonas, asaltantes y adictos a la heroína, la cocaína y el cristal. Todos tenían amigos, contactos, relaciones aquí y allá. Unos decían "soy gente de El Chapo", como se le conoce a Joaquín Guzmán Loera, el poderoso capo que se fugó del penal de máxima seguridad de Puente Grande, en el estado de Jalisco, en el año 2000, considerado "el hombre más buscado", aunque nadie, ninguna autoridad, intente detenerlo. Otros afirman ser gente de El Mayo, Ismael Zambada García. Ambos, El Chapo y El Mayo, son los jefes del llamado Cártel de Sinaloa, la más poderosa organización del narco tanto en México como a nivel internacional. Los nuevos jóvenes, locos por quedar bien y matar por unas cuantas dosis o tres mil pesos, se apuran en presentarse como gente con relaciones allá y acá, con contactos con "raza pesada" y se asumen intocables. Se creen poderosos e inalcanzables. Contradictoriamente, asumen que vivirán poco: la muerte, esa mujer con rostro de cañón humeante de fusil AK-47, los espera en una encrucijada, en los camellones, al dar vuelta en calles y callejones que no tienen que ser oscuros: es una vida de desbarrancadero, de abismos, de prisas por vivir, de atajos para morir. Siempre acumulando otras muertes y riqueza, camionetas y mujeres (morras, como las llaman ellos).

Por eso Culiacán, municipio con apenas un millón de habitantes, es una zona de ejecuciones, un pavimentado cementerio gigante: por todos lados pueden verse cenotafios y altares con fotos de las víctimas de la violencia, algunas de las cuales posan con sus alhajas y pistolas escuadra fajadas. Otras, no pocas, son de víctimas inocentes, gente que pasaba por ahí, en el autobús de transporte urbano, que caminaba con la novia o iba en otro vehículo o de "raite" con la persona tras la que iban los matones.

La cifra de homicidios por día oscila de siete a diez. En seis años del gobierno de Jesús Aguilar Padilla sumaron alrededor de 6,200 asesinatos, tan sólo en el 2010, la cifra acumulada de enero a poco antes de terminar noviembre ya era cercana a las 2,000 ejecuciones, en los mencionados "ajustes de cuentas". Era la aportación estatal a la ensangrentada vida nacional: en cuatro años del gobierno de Felipe Calderón suman aproximadamente 32,000 asesinatos, resultado de la llamada "Guerra contra el narco".

El Niño, aquel plebe bueno, de ojos grandes como ventanales a la nostalgia, a la bondad que siempre afloró, ya andaba en esos rumbos con gente pesada. "Soy gente de fulano", el patrón, el jefe, el chaca (como les llaman a los capos de la delincuencia organizada que operan en la región). Después de 2008, como gran parte del país, se han disputado las plazas los distintos cárteles, como el de los hermanos Beltrán Leyva, otrora operadores de Guzmán Loera y ahora enemigos sin retorno.

El Niño a veces manejaba un vehículo Jetta, otras un Bora o un Camaro, ambos negros. Contaba con una colección de treinta perfumes Hugo Boss, casi de dos mil pesos cada uno, pantalones Moshimo, camisetas Hollister, camisas Versache. Joyas y relojes de oro, adornando su cuerpo, colgando de sus muñecas, su cuello, apretando sus dedos. De barba cerrada, apenas crecida pero bien delineada. Era el mismo gritón, el de paso gandul, sólo que ahora tenía sus cumbres, intermedias, sí, pero finalmente cumbres, trozos de poder e influencia, parcelas suyas: departamentos, terrenos, casas, vehículos.

Parado en su parcela de poder, sentado frente al volante de su bemedobleú azul oscuro, se encontró en el barrio con aquel adulto que lo había adoptado como su hermano menor y que sin decírselo lo consideraba su amigo. Esta vez él lo interceptó, le habló y lo jaló para hablar de cerca, de frente: "Compa —le dijo El Niño—, usted me ayudó y yo estoy muy agradecido, por eso ahora soy yo quien lo va a cuidar, a proteger, y nada le va a faltar." Otras fuentes consultadas confirmaron esta versión. El Niño ahora todo un hombre, veinteañero, al que debía respetarse y cumplir sus órdenes, le estaba regresando el gesto a su antiguo protector. El otro sonrió y le agradeció. Le dijo que no hacía falta, que igual eran amigos. Una sonora y cariñosa palmada en la espalda, un abono de abrazo. Una despedida.

En una ocasión un muchacho le debía dinero. "Vamos a buscarlo", le dijo El Niño a uno de sus compinches. Éste se negó, le contestó que estaba su madre enferma, que no podía ir. Entonces El Niño se subió a uno de sus vehículos y enfiló a buscar al deudor. Lo encontró en una esquina muy cerca de su casa junto a otros. Se bajó del vehículo y le cobró airadamente. El otro sonrió burlón. Algo le gritó y El Niño le soltó una letanía de insultos. Sacó después un arma de fuego corta y le disparó. Se habían acercado tanto mientras discutían que puede decirse que el homicidio fue a quemarropa. Le dio dos balazos, uno de ellos en la cabeza.

Con una frialdad que repartía escarchas entre los testigos, miró caer a su víctima, desangrado, ya sin vida. Se metió lentamente el arma entre el pantalón y su panza. Levantó la mirada retadora. Como si fuera un ensayo subió a su automóvil y salió de ahí con desenfado.

"Lo hubieras visto. Como si no fuera la primera vez, como si ya hubiera matado. Fue muy frío, muy frío. Pum, pum, le disparó el vato y se fue", contó luego uno de los testigos. Nadie lo persiguió.

A pesar de ese ambiente de violencia e inseguridad, El Niño siguió fiel a aquél que fue en su infancia, visitando ese barrio que nunca dejó de ser suyo. Dicen los que lo conocieron de cerca que abría las puertas de su casa de par en par, como sus brazos, como su alma o esos ojos de ventanal, generoso para dar comida, bueno para guisar mariscos, dado a la hora de los apuros económicos de conocidos y amigos, y justo, incluso a la hora de los chingazos.

"Te puedo decir, por ejemplo, que no le gustaban las broncas si no había necesidad. Recuerdo que en un antro dos cabrones se estaban peleando machín. Él los vio, tomó un balde que estaba lleno de cerveza y hielo, les sacó todos los botes de cerveza y les echó encima el agua helada y el hielo a los que se estaban peleando. Los dos le dijeron «qué te traes» y él les contestó que la estaban pasando bien, que se calmaran, que no echaran a perder la fiesta. Todos nos quedamos desconcertados. Ellos se levantaron y se fueron. Nosotros seguimos pisteando", contó uno de sus amigos.

El Niño era amiguero. En todos lados lo conocían porque no se arredraba. Debía varias vidas, "pero ninguna de ellas por su cuenta, todas eran autorizadas, encargos de los jefes".

En el barrio decía que le gustaba cómo se llevaban los integrantes de tal familia, que convivían, se reunían. Veía en ellos lo que le hubiera gustado tener para sí, pero quería más: tener mucho dinero, vehículos, propiedades, dejar de ser el pobre aquel. Y lo logró, quizá para llenar sus soledades y esa mirada baldía, sufrida, esos pleitos que peleó y siempre perdió. Ahora quería ganar. Convertirse en un triunfador. Tenía mucho valor, era decidido.

Esa vez, un conocido capo les pidió que golpearan a un joven que le estorbaba en amores. El Niño y su mejor amigo acordaron ir juntos y jugarse en un volado para ver quién de ellos se tramaría a golpes con el desconocido a quien ya tenían ubicado. Justo antes de que la moneda cayera, El Niño la atrapó en el aire y dijo "yo voy". Y así lo hizo, terminó estrellando a su contrincante contra un vehículo, de inmediato tuvieron que irse de ahí porque ya se escuchaban a lo lejos las sirenas de la policía.

En otra ocasión, cuatro de ellos, incluido El Niño, iban en un vehículo Grand Marquís escoltando a aquel capo que habían recogido en el aeropuerto de Culiacán. Por el bulevar Zapata iban los tres vehículos y en el de enmedio viajaba el jefe. Ellos atrás tenían que quedarse para disparar o distraer, por si pasaba algo. Una patrulla de la Policía Ministerial les prendió las luces y ellos se detuvieron. Antes de que los policías se acercaran, El Niño, que iba al volante, les dijo que si golpeaba el volante era la señal para que les dispararan. La caravana siguió. Los agentes se asomaron y vieron a todos con fusiles AK-47. Uno de ellos dijo "ay cabrón". El jefe de los agentes se acercó y preguntó a qué se dedicaban. El Niño lo miró a los ojos y le dijo "somos narcotraficantes".

"La verdad yo me espanté de que se los dijera. Pudo haber dicho cualquier otra cosa, arreglarse con ellos, no sé, pero les dijo así, sin pensarla, «somos narcos». Los agentes se tuvieron que conformar con dejarnos ir, no sin antes pedirnos dinero. Cuando le platicamos al jefe él nos mandó por ellos para preguntar si era cierto lo que El Niño les había contestado. Los polis dijeron que sí, entonces el jefe les dio una lana y les pidió que siguieran vigilando alrededor. Y soltó una carcajada."

Sus amigos cuentan sus hazañas para pintar al aventado, al valeroso y temerario que era. Aquella ocasión ya pardeaba el día, cuando fueron a jugarle una broma a uno de sus amigos. Cruzaron media ciudad en ese Camaro y cuando tuvieron a pocos metros un retén del ejército, su acompañante le pidió que le bajara la velocidad. Él aceleró. "Ni modo que me alcancen", contestó. Llegaron a la casa y tocaron la puerta. Salió uno de los amigos y le apuntaron con un cuerno de chivo. "El Niño le dijo «ahora sí te va a llevar la chingada» y aquél se puso colorado y luego pálido." Se retiraron de ahí, festejando, pensando si no hubiera sido bueno soltar una ráfaga al aire. En el camino les llamó un familiar de El Niño para explicarles que había chocado y que el chofer del autobús de pasajeros, conocido por sus abusos en la vía pública, no quería pagarle. El Niño se dirigió hacia allá y de nuevo pasó por el retén. Los soldados le hacían señas de que se detuviera. Él, burlón, pasó a toda velocidad y llegó hasta la escena del choque. El chofer gritaba. Se bajó del vehículo con una pistola fajada y el cuerno en la mano. Lo puso en el cofre del carro de su pariente y dirigiéndose al conductor le espetó «entonces qué, vas a pagar o no». Y el chofer de volada dijo «sí, sí, claro»", recordó la persona que en aquella ocasión lo acompañaba. Después, dirigiéndose a todos, gritó "ya ven, así se arreglan las cosas, hablando, como la gente". Sonrió, tomó su arma y se fue.

Dicen personas allegadas a él o metidas en ese ambiente del narcotráfico y los negocios sucios, que El Niño ya era pesadito, tenía influencia y poder. Por lo tanto importaba, quitaba ganancias, peleaba mercado y poder. Sus codos alcanzaban otros codos y esas manos gordas y fuertes apretaban manos de "vatos pesadotes". Piensan que por eso lo mataron.

Cerca de las 15 horas recibe una llamada a su teléfono Nextel, aquel 15 de octubre. Contactan una cita. Se subió a su bemedobleú reluciente y tomó el bulevar Norma Corona, en el fraccionamiento Universidad 94, a cerca de un kilómetro de su residencia, ubicada en el fraccionamiento Montecarlo, dentro del sector norte de la ciudad de Culiacán.

Del camellón del bulevar salieron varios pistoleros con fusiles de alto poder y le empezaron a disparar a su paso. Otros lo seguían en un vehículo también de modelo reciente. Ambos grupos se unieron con el mismo propósito: perforar su existencia, abrir sus cauces y secar sus venas, a punta de las ráfagas calibre 7.62, cuyos proyectiles zigzagueantes le dieron por todos lados. El Niño perdió el control al tratar de huir. Su habilidad frente al volante no le sirvió de mucho: herido de muerte y asustado, quiso luchar, apretó su mano izquierda como queriendo asirse, buscar agarraderas, manivelas, empuñar un arma. Sin embargo, se quedó así, con esa extensión de su existencia, en un puño, una mano cerrada. Unos dedos inflexibles, duros, que jamás se abrieron, quizá frustrados, quizá impotentes.

Un vado terminó por descontrolarlo. El vehículo pegó con las guarniciones y culminó su huida estrellándose en la barda de una casa. Ahí, quizá todavía con vida, lo alcanzaron de nuevo. Dos de los sicarios descendieron del automóvil, dieron algunos pasos y le soltaron otra descarga con sus 7.62. El Niño brincó, bailó esa danza abismal de la guadaña, la muerte con rostro de fusil humeante, la vida ida, rápida, veloz, ya un hálito inexistente.

Los reportes de la Policía Ministerial del Estado indicaron que el vehículo del occiso, un BMW color azul, placas VKL-7558 de

Sinaloa, recibió una gran cantidad de los 30 disparos, que fue también el número de casquillos encontrados en la escena del crimen.

Nadie lo podía creer. Mataron a El Niño. La funeraria, ubicada en lo alto de la ciudad, era una pasarela: mujeres de tetas operadas, escotadas, entalladas, pelo alaciado, nalgas de bisturí, duelo de escaparate. Relojes con incrustaciones de brillantes, pantalones Pavi, cinto piteado, orgía de aromas, competencia de cuerpos, cuellos humedecidos por el *chit* del pomo de perfume, camionetas Lincoln y automóviles 300, desfiles de Dolce and Gavanna, Versache, lágrimas de utilería, pómulos como piedras, miradas vidriosas, botes de cerveza y botellas Buchanans.

Los pocos amigos que asistieron —porque los hombres no van a las funerarias, a menos de que estén dispuestos a retar al capo que ordenó la ejecución—, estaban llorosos, tramando mentalmente la venganza, dejando salir el agua con sal de la nariz, los ojos y la boca. Soltaban un "chingada madre" de impotencia y frustración. Entre ellos estaba aquél que había ofrecido protegerlo: "Le fallé", masculló, y abrió sus ojos para dejar salir todo.

Abajo en el sótano, afuera en pasillos, apostados en lugares estratégicos, se veía a unos desconocidos. Eran de mediana y alta estatura, iban con gruesas pecheras que bien podían ser chalecos antibalas, cargados con granadas de fragmentación colgando de ese atuendo macabro y fusiles terciados. No hablaban con nadie ni saludaban. Se mostraban ojerosos y vigilantes: amenazas vivientes, mensajes de carne y hueso. Los del negocio que estaban ahí entendieron el mensaje: "No se metan." Y él también.

Aquel domingo 17, saliendo de la funeraria y camino al Panteón Municipal, así se sintió. Él, que no era de armas, que ofrecía su cobija, la frondosa sombra del árbol de su vida, con nidos y pájaros canturrientos, como el agua con la que lavaba doña Angelina, esos patios floridos, llenos de plantas, de la abuela de El Niño, se sintió menos: sintió que algo por dentro se le moría. Era su muerte, su muertita, su pequeña gran muerte, tan ajena, tan suya.

En la página de internet del periódico *El Debate*, una galería de siete fotos mostraba el homicidio. Galería de la muerte parecen decir las imágenes. Pásenle, pásenle a ver al muerto. Culto, morbo, desahogo, llantos. En apenas nueve días una de las fotos acumuló 10,581 visitas y la que menos visitas tuvo sumó 10,215. En total, las imágenes fueron vistas por cerca de 80,000 personas.

En esa imagen está él solo. Hay veladoras de vaso de vidrio en el suelo y en una mesita de centro que apenas se puede mantener, recargada en una pared sin enjarrar. Su madre tiene los ojos hinchados y musita que la foto es reciente. Prende cirios y velas, prepara el rosario. Un desconocido llega y le ofrece cooperar para la cena, el café y los cigarros. Ella dice que no, que gracias, hay suficiente.

Uno de los vecinos del barrio recordó los apodos ganados por El Niño: El Cocoliso, El Titocamioneta, El Italiano. También recordaron aquellos juegos que a todos divertían, en los que El Niño era el protagonista:

"Yo me acuerdo que estaba en la profesional y le preguntaba «¿qué es el interferón?», y él contestaba, «una proteína». Y le soltaba otra: «¿qué es el estreptococo?», y reviraba «una bacteria». Luego le preguntaba, «¿y el anófeles?», y él me decía «un mosquito». Y todos nos reíamos."

Otro de esos vecinos de esa primera generación noble y sana se pregunta en qué momento se quebró, se echó a perder la calle, la loma, El Niño. "Y de repente se encuentra que su mundo cambia y se ve rodeado de dinero y sueños fugaces, materia efímera. Eso pasó con él, con nuestro Niño."

El Niño está ahí de frente, con una tímida sonrisa. Es su mejor rostro, es el mejor Niño. El Niño bueno. No es él el de la foto, sino su alma: sus ojos están más abiertos, más que de costumbre y permiten, aun tratándose de una imagen, asomarse por esos grandes ventanales, ver al morro, al plebe, la raza, los juegos, el barrio y toda la calle de piedras y polvo, ya sin él. (24 de octubre de 2010.)

Muertes anunciadas

Ya le habían dicho que la iban a matar. Ella no se arredró. Los que la conocieron y convivían con ella cuentan que hasta se rió: "Ella recibió esa amenaza, ya lo sabía. Pero en lugar de que le diera miedo soltó la carcajada y hasta se burló. Como diciendo: «Aquí estoy, vengan por mí, no les tengo miedo.» Como si no les creyera o pensara que no le iba a pasar nada", señaló una de sus más cercanas.

Era Laura, nacida en Culiacán, de apellido demoledor que hace recordar a uno de los capos más famosos del crimen organizado en México, que tuvo su auge en los años ochenta y que hoy fenece en un penal de máxima seguridad: Rafael Caro Quintero. Aunque no se sabe si ella tenía parentesco con este personaje de la mafia mexicana, aunque su apellido se repite entre capos e importantes operadores del narcotráfico en estados como Sinaloa, Sonora y Jalisco.

Laura andaba siempre armada. Una pistola escuadra entre sus prendas, en ese bolso de mujer que todo guarda y que a la hora de buscar nada encuentra. En su caso, si el arma estaba en el bolso, quedaba a la mano. Ella sabía bien que podía meter sus dedos y sujetarla, sacarla con rapidez y apuntar. Jalar del gatillo.

En Culiacán era conocida por entrona. No como esas que se exhiben en la calle o en los lugares en los que vive, sino de aquellas que no se dejan, que están en el negocio del narcotráfico y que sin hacer mucho ruido van y vienen, llevan y traen encargos de sus jefes. Cuando estaba en su tierra, su ciudad, cuidaba a sus dos hijos y visitaba a familiares y amigos. Así aprovechaba para divertirse, le gustaba la vida nocturna, pulular entre luces multicolores y estrobos, oscuridades relampagueantes, cuerpos ajenos, manos y dedos traviesos, fondos de vasos y botellas, en los antros citadinos. Era una mujer entera, viva, galopante y al filo: siempre en el vendaval de las fronteras, el peligro y los abismos. De noche y de día, intensa y apasionada.

Fuentes cercanas confirmaron que era mujer de un capo del Cártel de Sinaloa, de uno encumbrado. Quizá por eso sintió el blindaje de los brazos y pecho del hombre aquel que la tenía y la usaba, la protegía y le servía. Sobrevivió a la borrasca de las balaceras y las detenciones. Así había sido con los ajustes de cuentas, hasta que una de ellas, aparentemente pendientes, la alcanzó. Fue allá, en Zapopan, Jalisco. Un diciembre en 2006. Allá también tenía una residencia en el fraccionamiento Santa Isabel, frente a la Puerta de Hierro.

Su cuerpo fue encontrado sin vida. Sus amigos señalaron que le habían llamado por teléfono para avisarle: "Te vamos a matar." Ella festejó, se rió. Además se burló de su interlocutor, lo que se supo después es que iba a encontrarse con su amante y protector, porque así lo dijo ella.

Laura Quintero tenía alrededor de cuarenta años, movía dinero, millones y millones de dólares. Versiones extraoficiales cercanas a las indagatorias (que fueron escasas, por supuesto) señalan que los narcos la habían acusado, y se lo habían reclamado, de haberse quedado con paquetes de billetes verdes. Muchos.

Ese día que salió para acudir a la cita con su amante ya no regresó. La hallaron mutilada: con las prótesis de sus pechos arrancados, huellas de una tortura salvaje y lesiones de bala.

"¿Para qué la torturaron? Fue de más eso. Si la querían matar, pues disparan y ya. Pero eso de torturarla, de quitarle los implantes, cercenarla, como que no", señaló una afligida mujer que estaba en su círculo cercano.

El miedo nombra

Para su hija Cristina era como si la muerte trajera su nombre. No lo dijo así, pero su mirada y esa voz que vibraba con los recuerdos de su madre la desnudaron: tenía miedo, pavor de que esas balas la alcanzaran donde estuviera, enmedio de la luz del día o bajo el manto fresco y oscuro de una noche, que no sería cualquiera.

Ella no era como su madre, de armas tomar. Ni palpaba su arma al meter la mano al bolso ni movía fajos de billetes de Culiacán a la Perla Tapatía, como le llaman cariñosamente a Guadalajara, la capital de Jalisco. No. Era una joven que había visto caer a su madre, tendida en el suelo, vestida con ese traje de madera color caoba, metida en esa caja rectangular, después de haberla disfrutado, de haberse encumbrado en el negocio, "ese del narcotráfico", de haberse sentido tan segura y dispuesta. Pero sobre todo joven, a pesar de sus cuarenta.

Cristina no era de esas. No vivía así en el torbellino de su madre. De ella había heredado esa fina tela, esa neblina que, como en las películas de miedo, lo persiguen a uno en un camino ya de por sí brumoso y espeso, movedizo y fangoso. No tenía ella los arrestos y la turbulencia de su madre, esa forma de escupir al cielo sin temor a salpicarse: ese reto a todo, al poder, la vida, el horizonte, sin bajar la mirada, elevando la vista y su arma disparando.

Al contrario, la hija temía que esa neblina de media noche, de película macabra, la alcanzara. Tenía apenas catorce cuando la vio sin color, con un maquillaje grotesco que la hacía parecer triste y pálida, porque la muerte no le iba a través de esa ventanilla. Ahí, en ese diciembre, en los confines del 2006 y enmedio de las fiestas navideñas y las balaceras de fin de año, la enterró.

De inmediato florecieron sus miedos. Desenterró con las exequias de su madre sus peores pavores: sus caminos nebulosos, fríos, desolados, en los que siempre parecía esperarla algo o alguien para hacerle daño. Quizá matarla.

Ella se había hecho cargo de su hermano de apenas once años. A los pocos años del asesinato de su madre había encontrado un hombre con quien se casó. Estaba enamorada y esos sentimientos, ese logro de encontrar pareja y contraer matrimonio, espantó sus temores. O al menos los aplazó.

Siguió cuidando a su hermano, ahora de quince, pero su matrimonio no era como soñaba ni lo que esperaba, porque ese hombre también estaba involucrado en el crimen organizado, con sus propias cuentas, asuntos, peligros y temores. Sus sombras en ocasiones expropiaban esa mirada de la que ella se había enamorado y se adueñaban del total de su rostro, lo que le hacía un brillo extraño en sus ojos, transformándolo.

Cristina era ama de casa. Una mujer honesta y responsable. Metida y apasionada en el cuidado de su hermano, en el mantenimiento de su hogar y en ser un ama de casa ejemplar. Se embarazó al poco tiempo y parió. Traía ese Rolex que su madre le había regalado, de oro y con brillantes alrededor de la carátula. Siempre le hablaba, a solas, para decirle que había sido una excelente madre, que la recordaba.

Pero el destino tiene prisa y la muerte trabaja con la misma intensidad apasionada de los vivos que pisan los filos abismales del peligro. Esa noche de octubre, un grupo de desconocidos abrió la puerta de su casa en la colonia Las Quintas, una de las más conflictivas de Culiacán, residencia de vándalos y *juniors*, narcos y pistoleros, entre casas de seguridad, una vida nocturna en forma de proyectil calibre 7.62, y el imperio impune de capos y capitos.

Iban encapuchados y bien armados. Dicen los investigadores de la Policía Ministerial que los homicidas no batallaron para entrar. Otras versiones indican que usaron un marro para tumbar la puerta de acceso, además, supieron milimétricamente el camino a la recámara de ella. Contaron los pasos sin enumerarlos. Viraron por pasillos, en esa casa mediana y modesta hasta que alcanzaron su recámara. Era media noche. El siguiente día asoma, pero muy, muy a lo lejos, infinitamente lejos para Cristina. Dicen que no los vio ni gritó, que se quedó dormida ahí, sin darse cuenta. Que muy cerca había ropa de bebé, un biberón a medio tomar, talco, cremas y latas de leche en polvo.

Cuarenta y cinco minutos apenas transcurrían del nuevo día, pero esa noche duró mucho más. La oscuridad para Cristina se hizo neblina fría, escarcha en su pecho y sus párpados, ya negros, perforados, rojos, sin latidos. Los homicidas usaron un arma digna para ajustes de cuentas: de esas ejecuciones escandalosas en las que quieren dejar huella, firma, muesca, en el cadáver y en las notas periodísticas y, por lo tanto, en el recuerdo de la gente, los familiares, amigos y vecinos. Eran armas calibre 5.7 x 28, conocidas como matapolicías, por su capacidad para atravesar los chalecos antibalas que usan los policías de las diferentes corporaciones. Los agentes de la Policía Ministerial encontraron nueve casquillos. Nueve fogonazos que reportaron los de las casas de alrededor. Alarde de guadaña y poder. Pero ella, ni agente ni chaleco ni nada. Era un ama de casa. Una mujer, una hija. Una madre. Otra más, ida.

Descansar como rey

Tranquilidad de cementerio. Calma de castillo encantado, de panteón embrujado. Paz frágil, quebrada y sumisa: en este panteón, el más popular de Culiacán, reina una apacibilidad engañosa que en cualquier momento puede hacerse trizas y estallar hasta convertirse en un campo de guerra sin refugio posible. Como ya ha pasado.

Tanto como cualquier fraccionamiento, cualquier ciudad o región del país: paz impuesta a punta de bala y el estruendo de fusiles automáticos, granadas y grotescos y cavernarios actos de violencia. Es el panteón de Jardines del Humaya, ubicado al sur de Culiacán, por la carretera México 15. Es un camposanto que poco tiene de santo y mucho de derroche y lujo: capillas de hasta dos o tres pisos, cuyas cúpulas se levantan queriendo alcanzar el cielo, mausoleos del derroche, veneración al poder y extensión de las estridentes construcciones de los narcos y sus servicios.

Son cerca de un centenar las edificaciones que los narcos mandaron levantar en este lugar. Altas, anchas, brillosas, con materiales y acabados de primera, enormes y excéntricas hasta el escándalo. Aquí están enterrados capos famosos como Gonzalo Araujo, El Chalo, quien apareció muerto en el interior de su recámara, en su casa de Infonavit Humaya, el 13 de octubre de 2006. Todo un misterio. Una muerte que a nadie convenció y sí dividió los ya de por sí cuarteados sentimientos entre grupos del Cártel de Sinaloa. La familia de Araujo optó por aliarse con la organización de los Beltrán Leyva cuando éstos rompieron con Ismael Zambada García, El Mayo, y Joaquín Guzmán Loera, El Chapo. Ahora, la consigna, como uno de los saldos de esta división que luego se convirtió en inquebrantable enemistad, es ejecutar a todos los Araujo sobre la faz de la Tierra: en Sinaloa, Sonora, Nayarit o Morelos, o donde sea. Y así ha sido, aunque algunos de ellos no hayan tenido nada qué ver con el narcotráfico y mucho menos con sus pugnas internas. El apellido es condena y muerte.

Están también los restos de Arturo Beltrán Leyva, El Barbas, también llamado Jefe de Jefes, y a pocos metros la tumba de Ignacio Coronel, El Nacho Coronel, en la cripta familiar. En vida, enemigos; ahora vecinos en el panteón: tumba suntuosa para el primero, sepulcro sencillo para el segundo. Muchas mujeres regaron con su llanto estos pasillos y paredes de frío mármol. Hay pocos hombres, porque, como se ha dicho, ir a un sepelio de narcos está prohibido para los familiares jóvenes: puede ser el tatuaje que los perseguirá hasta alcanzarlos... las balas. Mujeres de negro, blancas, altas, plantosonas (frondosas) de implantes y rostro cubierto, para que no las registre la prensa ni las cámaras del gobierno, que también asisten a despedir y pasar el reporte de la asistencia, tumultos y posibles incidentes.

Descansan de las balaceras, persecuciones, celadas y enfrentamientos, quizá no en paz, restos de muchos jóvenes, más de la mitad de los pobladores de estos jardines fúnebres: montando a caballo, en fotografías, en fiestas, trajeados, con la pistola fajada o el fusil AK-47 terciado, con la botella de Buchannas al lado o el bote de cerveza, las muchachas engalanadas, como si se tratara de un desfile de modas, la banda tocando, los conjuntos norteños, la alfombra verde de mariguana tipo Chronic, de apenas un metro de altura, las camionetas Hummer, las botas de avestruz y las camisetas con siluetas formadas de piedras brillosas, marca Ed Hardley y Aeropostal. Muy caras, pero lo valen y lo merecen.

En los pasillos de las tumbas y palacios hay salas para descansar, balcones para que la familia se asome, patios para la reunión, bancas, sillones. Plantas propias de energía eléctrica, antenas parabólicas, áreas de juego, repisas y jugueteros donde colocan los objetos de veneración del occiso: la colección de carros de juguete de lujo, los trailers en miniatura, el pomo de caguama (botella de cerveza de un litro), los monos de peluche, balones de futbol, chocolates Snickers, veladoras, flores, coronas y mensajes de "Te amamos", "Te extrañamos", en mantas alrededor de la foto del muerto: altar para la suntuosa insolación.

Y a pesar del silencio, de los sepulcros y las lápidas, el lugar es ruidoso. Las fiestas retratadas ahí, los cuernos de chivo sujetados, abrazados por los narcos asesinados y homenajeados, las flores y mensajes de felicitación dibujados en lonas de fondo blanco, las fotografías tamaño póster en los aposentos: soledad de aquelarre, ruido de pachanga que aturde en el silencio, imágenes que siempre traen sonidos, que gritan, ensordecen, festejan.

Entre los materiales usados en las edificaciones de Jardines del Humaya sobresalen el mármol, la cantera gris o rosa, el granito. Barandales que cubren accesos, puertas que dividen compartimentos, cercas que delimitan propiedades: todo de acero inoxidable. Hay también plantas propias para generar energía eléctrica, antenas parabólicas, aire acondicionado y muebles. Son edificios altos, de dos y tres pisos. Residencias inservibles, visitadas por el viento, el frío, el sol, los empleados que acuden a dar mantenimiento y la familia el 1 o el 2 de noviembre. Y ya.

Un castillo acaba de ser levantado al fondo del cementerio, que en buen número aloja a jóvenes no mayores de veinticinco años. El edificio es blanco y alto, con pintura café en algunos detalles, de dos pisos, con torres en las cuatro esquinas y dos patios: uno al frente, como recibidor, y otro al lado, que abarca también la parte de atrás. Tiene alumbrado propio, área de juego y espacio para la convivencia. Pero ahí nadie se reúne, menos después de ese febrero de 2008 y los cerca de 5,000 asesinatos violentos: decapitados, torturados, desaparecidos, que suman estos casi tres años de cruenta y apocalíptica guerra.

Se fueron lejos, allende los calendarios y la memoria, los primeros de noviembre en que la tumba de esposa e hijos de Héctor Palma Salazar, El Güero Palma —decapitados por órdenes de los hermanos Arellano Félix, del Cártel de Tijuana—, que está entrando a la derecha. Ahí tocaron varias veces Los Cadetes de Linares. No es una tumba tan lujosa como otras muchas que están ahí, como fraccionamiento residencial, pero era forrada por flores de colores y papel brilloso que llamaba la atención. Eran tiempos de largas filas de vehículos y mares de hombres y mujeres de negro, que acudían a ver al pariente empresario muerto, al padre ido, a la madre abnegada y con olor a ajo, tomillo y tomate. De chirrines y banda sinaloense entre pasillos. De muerte fría entre criptas, dolor, fiesta y borrachera para los visitantes.

El castillo blanco y café tuvo un costo, sólo de materiales alrededor de novecientos mil pesos. Por el material usado —mármol, herrería de lujo, acero inoxidable, vitropiso—, y los acabados de ensueño, el costo total, con mano de obra incluida, luego de casi tres meses de trabajos, suma alrededor de 1.5 millones de pesos.

Arquitectos y contratistas consultados sobre estos precios indican que la cifra podría alcanzar para construir dos viviendas modestas, de dos pisos y sin tanto lujo ni despilfarro. Pero también pueden ser tres o cuatro de las otras, de interés social, de fraccionamientos de Infonavit —conocidas como pichoneras—, de dos recámaras, patio, baño, cocina y una sala que se extiende para morderle espacio al comedor.

Aproximadamente 40 por ciento de los 20 mil asesinados de 2008 a la fecha (finales de 2010) eran jóvenes con edades de entre 18 y 29 años, señalaron fuentes gubernamentales que participan en el gabinete de seguridad nacional. Explicaron que la muerte o ejecución de jóvenes considerados dentro de los ninis se debe a que se ha incrementado su integración a actividades del crimen organizado. Según análisis oficiales, en tanto que durante la administración de Vicente Fox se estima que alrededor de 80 por ciento de los ejecutados tenían edades que superaban los 30 años de edad y menos de 7 por ciento tenían entre 18 y 29 años, la situación se ha transformado debido a la penetración de la imagen de triunfo que tienen quienes se dedican a cuestiones vinculadas con el narcotráfico.

Miércoles 25 de agosto,
periódico *La Jornada*, Gustavo Castillo.

Otra de esas catedrales tiene cristales blindados. La familia ha dicho que quieren evitar ataques, porque dentro se han dado balaceras, por puro placer, hasta estas tierras se han trasladado los enfrentamientos. Versiones extraoficiales, corroboradas con los mismos empleados, indican que de noche ingresan grupos armados, ingieren bebidas embriagantes, ponen música en los aparatos de sonido de los vehículos, y disparan al aire, para homenajear al amigo o pariente fallecido. También ha habido varios "levantones": el 2 de diciembre de 2008 fueron privados de su libertad dos jóvenes que fueron a despedir a un amigo, por un comando de sujetos encapuchados. En septiembre de ese mismo año, otros seis fueron también víctimas de estas desapariciones forzadas.

Cuando participaban en los servicios funerarios de dos reos asesinados a tiros en el penal de Culiacán, seis jóvenes fueron "levantados" en forma violenta por un comando de 20 hombres armados con los rostros cubiertos, su atuendo llevaba siglas de la extinta Agencia Federal de Investigaciones (AFI). Las autoridades señalaron que las víctimas asistieron a los sepelios de Francisco Javier Beltrán León y Alfonso Reyes Ochoa.

El reporte indicó que los desconocidos se desplazaban en dos camionetas Cherokee y otras de modelo reciente. La mayoría de los asistentes, al ver el despliegue, asustados, trataron de ocultarse entre los grandes mausoleos.

Según *El Universal*, el grupo armado logró someter a los jóvenes Mauro Ramírez Ochoa, Miguel López Zepeda, Iván Guerra Ochoa, Miguel Bernal Alvarado, y los hermanos Héctor y Néstor Bernal Ochoa, a los cuales los obligaron a subir a dos de las unidades, para después salir a toda velocidad.

"Pese a un intenso operativo que desplegó las fuerzas federales y elementos del ejército en busca del grupo armado y los seis jóvenes levantados, hasta este momento se desconoce su paradero, sin que ninguna autoridad, admita su detención."

De acuerdo con la versión de la Secretaría de Seguridad Pública, Beltrán León y Reyes Ochoa fueron asesinados por un sólo interno, con una pistola calibre 9 mm, cuando éstos convalecían en el área de enfermería del penal de Culiacán, por las lesiones sufridas durante su detención. Ambos fueron acusados de asesinar a balazos a Ernesto Segura Félix, en la colonia Los Mezcales. En su huída, se toparon de frente con elementos de una de las Bases de Operación Mixta.

El 17 de enero de 2010, un grupo de desconocidos dejó la cabeza de una persona en la tumba de Arturo Beltrán Leyva, muerto en un enfrentamiento con elementos de la marina en diciembre de 2009, en Morelos. El resto del cadáver lo dejaron en el mismo panteón, pero en el mausoleo donde están los restos de Gonzalo Araujo Payán, El Chalo Araujo. Tanto la cabeza como al cuerpo estaban acompañados de arreglos florales.

No se sabe si fue una ofrenda rendida al patrón o una forma de reto o venganza.

También hay restos de jóvenes pistoleros, de familiares de narcos y operadores, gente que trabajó para El Mayo Zambada o El Chapo Guzmán, parientes de El Chalo Araujo, o de Nacho Coronel o los Beltrán Leyva. Todos aquí, conviviendo la vecindad mortuoria que de vivos no supieron alcanzar: extendiendo su poder, sus lujos, las catedrales inservibles de su riqueza, a este ruidoso y extravagante cementerio.

Prohibido tomar fotos o video y acercarse. Pueden enojarse los muertos, levantarse. Nada de asomarse a los palacios y castillos. Los capos, los jefes, descansan como reyes y príncipes. No molestar, porque aun muertos siguen matando.

Morir dos veces

En ciudades afectadas por el manto violento del narcotráfico, la gente muere y no se da cuenta: muere de pie mientras camina, cuando ingiere alimentos y bebe cerveza o tequila, camino a la escuela o al trabajo, al dormir o al despertar, al mirar evasivos y al evadir mirando pero sin observar, al callar y al hablar a cambio de no decir nada. Todos se quejan, denuncian, afirman, señalan, pero nadie da la cara. Las declaraciones a reporteros, aun en denuncias que nada tienen que ver con el narcotráfico, se dan a cambio de que no se mencionen sus nombres. Así la ciudadanía estrena otra forma de callar. Callar es censura, silencio. Y silencio es morir.

La joven activista se acerca a la casa. Busca a una señora, preguntando dio con la vivienda. Como dice ella, y lo dice bien, en los casos de violencia relacionada con el narcotráfico, todos los caminos conducen al silencio. Pero tiene esperanzas, por eso llega a esa casa de la colonia Los Pinos, aunque en la ciudad también es conocida como Ejidal, en Culiacán. Toca la puerta y abre una señora de unos sesenta años. Trae hondas ojeras y unos ojos que siguen llorando, pero no le avisan. Una temblorina en la voz que baja a sus brazos, sus dedos, invasiva y funesta, llega a sus muslos y rodillas.

Doña Cande recibe a la joven con un"no". Ella no se lo explica, si le acaban de matar a un hijo, con otros chavos, por qué no quiere hablar, protestar, reclamarle al gobierno y denunciar, hacer plantones y exigir justicia para que cese la impunidad.

"No puedo, no puedo. Tengo miedo, oiga. Y tengo otro hijo más chico. No quiero que le pase nada." Y estrella la puerta. "Gracias", grita desde fuera la joven. Y se va. Poco tiempo después se entera: a la señora le mataron al otro hijo, ese al que ella quería proteger con su silencio.

En su cabeza cubierta de pelo ondulado y corto, suenan todavía sus palabras, como una premonición oscura y al mismo tiempo clara, aquellas cuando le pidió que, como ella, quien perdió a un hijo en una balacera aparentemente relacionada con el crimen organizado, acudiera a los actos de protesta contra el gobierno, "porque aquí no hay ley más que la de los narcos", le dijo.

"Yo quiero dejar las cosas así. Se las dejo a Dios, porque a parte de que tengo miedo, usted sabe cómo está la situación aquí. Estoy en una depresión total, no puedo, no puedo. Y a usted yo la veo muy fuerte, pero yo no."

Fue el 8 de julio de 2008. Dos muchachos trabajaban en el interior de una tapicería, ubicada por la calle Pascual Orozco, a unas seis cuadras de la Unidad Administrativa, sede del gobierno estatal en Culiacán. A eso de las 19:50 horas llegó un grupo de encapuchados, quienes traían como rehén a otro joven, al parecer de nombre Omar Caín Ramos Estrada, de veinticuatro años, quien presuntamente laboraba de ayudante en ese taller. Los homicidas iban en dos automóviles, uno tipo Tsuru y otro Jetta, negro. Todos se introdujeron al lugar y dispararon con fusiles AK-47, en contra de dos jóvenes, identificados como Juan José Guamba Pardo, de veintisiete años, hijo del dueño del negocio, y Pedro Gilberto Medina Tizoc, de veinticuatro. Después, también a quemarropa, dispararon en contra de Ramos Estrada, a quien prácticamente le destrozaron la cabeza a balazos.

En el lugar, agentes investigadores de la Policía Ministerial y personal de Servicios Periciales y de Investigación Criminalística encontraron alrededor de cien casquillos calibre 7.62.

Versiones extraoficiales indican que Medina Tizoc corrió buscando protegerse, pero fue alcanzado por las balas. Su cadáver quedó en la banqueta, junto a una camioneta Tornado, de modelo reciente sin placas de circulación.

Dos ataques simultáneos ocurrieron aquel 27 de febrero de 2010. Dos grupos de jóvenes, uno de los cuales jugaba a la baraja en la banqueta, fueron masacrados por comandos que al parecer sincronizaron las manecillas de sus relojes para que no hubiera lugar a dudas ni escapatoria. El saldo de ese ataque con fusiles AK-47 y armas calibre 7.5 o "matapolicías" por su capacidad para atravesar los chalecos antibalas que usan los agentes de las corporaciones de seguridad, fue de siete muertos y uno gravemente herido.

El primer ataque sucedió alrededor de las 13:30 horas, en la esquina de avenida Guadalupe Victoria y Juan de Dios Bátiz, en la colonia Nuevo Culiacán, a cuatro cuadras del Instituto Tecnológico de Culiacán.

Ahí quedaron Víctor Alfredo Medina Tizoc, de veintiún años, estudiante de la Facultad de Derecho de la UAS, y Diego Saucedo Hernández, también de veintiuno, con domicilio en el lugar donde fue la agresión. Otros tres jóvenes que no fueron identificados quedaron gravemente lesionados, dos de los cuales murieron minutos después en el Hospital General de Culiacán.

Versiones de testigos indican que las cinco víctimas jugaban baraja en la banqueta, frente a la casa de Diego Saucedo, cuando los homicidas en dos vehículos, uno color rojo y otro blanco, cuyas características se desconocen. Los pistoleros les dispararon y luego emprendieron la huida por la Juan de Dios Bátiz, rumbo al poniente.

Otro comando atacó a balazos a tres muchachos que estaban en la esquina de la calle Sebastian Lerdo de Tejada y Juan de Dios Bátiz, de este sector. Ahí murieron Miguel Ángel Reyes Gastélum, de veintiséis años, con domicilio en el fraccionamiento Capistrano, Francisco Javier Pardo Quiroz y Raúl Ricardo Díaz Salcido, ambos de veintiún años, vecinos de la colonia Los Pinos. Peritos de la Procuraduría General de Justicia del Estado recogieron más de 100 casquillos.

Ese día, sumaron trece las personas muertas a balazos. Otros casos correspondieron a los municipios de El Fuerte y Ahome, que incluyeron dos mujeres. No terminaba febrero y ya eran 188 personas asesinadas en circunstancias similares, y unas 411 cuando todavía no terminaba el primer bimestre del año en la entidad.

Es el silencio imperante la otra forma de morir. Familias que han preferido no salir a la calle ni asomarse. Estas ciudades que se incendian y a pesar del fuego abrasivo y de que todo se consume no parecen nunca acabarse y la muerte es lo único que tiene vida y permanece, crece, se multiplica, no hay espacio para la convivencia y hasta la calle, la esquina, la banqueta ha sido cedida: a los narcos, el sicariato y los malandrines de quinta fila, esos que fisgonean, roban, violan y asaltan. En Culiacán han muerto menores mientras jugaban en las cocheras de sus casas y padres de familia que estaban asando carne en el patio durante un festejo familiar. No hace falta que sea Navidad ni fiesta de Año Nuevo para que las balas surquen, bajen, penetren, provoquen sangre y dejen cuerpos inermes, tendidos en el suelo.

Son ciudades sin seguridad ni ciudadanía. Nadie quiere hablar ante los periodistas, ni siquiera cuando se trata de una denuncia sobre alguna arbitrariedad en instituciones educativas o relacionadas con servicios públicos municipales. Cuando lo hacen es a cambio del anonimato. Entonces, si la denuncia sale publicada en los medios informativos locales, el único nombre que aparece es el del reportero. Esta situación se acentúa con los muertos. A los sepelios acuden familiares, vecinos, amigos, pero no hay quién dé la cara y reclame. Nadie quiere problemas. Es el desconocimiento de los muertos: muertos despadreados y parias, huérfanos de deudos y de indignación. La vida estorba, igual que las convicciones y los principios. La vida es desechable y breve. La muerte asumida como enseñanza cotidiana y trámite de rutina. Las bocas tienen siempre un cañón de fusil automático o conservan el sabor de hierro de las escuadras 38, y 9 mm. La vida es breve, los muertos son desconocidos, incluso si tienen nombre, apellido, domicilio, credencial del Instituto Federal Electoral y Clave Única de Registro Poblacional (CURP). Son ciudades de las fosas comunes: hay que enterrar a los muertos de nadie, a los muertos de todos en los que nadie da la cara ni protesta ni reclama. La mordaza de siempre, silencio de muerte: la boca llena de balas sin usar y alguien, desde algún lugar, apunta con un cuerno de chivo para jalar del gatillo si alguien se pasa de la raya.

La gente sale con las manos en alto. Parecen gritar, agachados, rendidos, hincados, "me rindo, estoy rodeado", aunque afuera no haya nadie, pero no hace falta. El poder del narco es omnipresente, se respira y huele. Huele mal. No son necesarias las amenazas directas. El sólo vivir aquí es una amenaza, un riesgo. "Es el peligro de estar vivos", señaló sobre este ambiente de riesgo permanente el periodista y escritor Alejandro Almazán. Tal parece que está prohibido seguir vivos. A ellos, los sicarios, la vida les sobra y la andan malgastando, lo mismo hacen con las vidas ajenas, provocan números rojos. Por eso todos guardan silencio.

Alma Trinidad Herrera tiene un hijo muerto y dos más que viven con ella, todos jóvenes. Su hijo Cristóbal tenía diecisiete años cuando un comando atacó a balazos un taller mecánico ubicado en la colonia Los Pinos, a dos cuadras de la Policía Ministerial del Estado. Ahí, aquel sábado 10 de junio de 2008, unos 10 ó 15 sicarios, encapuchados, armados con fusiles, reciben la orden del jefe, quien les grita "a chingar a su madre todos". Cristóbal quedó entre los carros, tirado en el suelo boca arriba. Parecía dormido plácidamente. Su hermano mayor, César, que ese día lo acompañó al taller, logró salvarse y quiso despertarlo, pero no pudo. Se echó a llorar como niño, cuando tocó la espalda y la nuca de Cristóbal, empapado, muerto.

Alma buscó a las familias de otras de las víctimas de aquel ataque que dejó un saldo de nueve personas muertas, tres de ellos clientes del negocio. "Las cosas —dijo— no podían quedarse así, tenían que manifestarse, exigirle al gobierno, buscar justicia y ganarle terreno al fuego impune del narco." Preguntando aquí y allá dio con la familia Ochoa Casillas, también víctima del feroz ataque: Alfonso, un joven trabajador de la Universidad Autónoma de Sinaloa y su padre Luis Alfonso, catedrático y ex director de la Facultad de Derecho, de la misma universidad.

Dio con la casa, ubicada en la colonia Universitarios, pero no con los familiares. Unos menores estaban en la vivienda. Ella esperó horas y nada. Dejó recado y obtuvo la misma respuesta. A través de otras personas, les hizo llegar la inquietud de platicar y organizarse, hacer un acto de protesta juntos, tal vez un plantón, un mitin frente a la Casa de Gobierno, residencia oficial del gobernador Jesús Aguilar Padilla, o en la Unidad Administrativa, o en el primer cuadro de la ciudad. Le mandaron decir que no, que no querían problemas, además de que formaban parte de una religión. Que así la dejarían.

"Me dijeron, a través de otra gente, que eso de protestar no iba con ellos, con la religión y que no iban a hacer nada", recordó Herrera, de contadora profesión y actual activista y dirigente de la organización Voces Unidas por la Vida, que lucha contra la violencia y la ausencia de autoridad. Telarañas en el desierto.

Alma es terca. Su voz ronca, tímida emerge de su garganta como clavos que lanza. No se rindió con ese ni con ningún otro rechazo a su propuesta de organizarse para protestar contra el narcotráfico, pero sobre todo contra el gobierno coludido con los capos del crimen organizado. Esta vez acude a la casa de los padres de Jesús, un joven empleado del Taller Mega 2000, a quien habían buscado para que arreglara el vehículo de su madre aquel día del ataque a balazos. Jesús murió suplicando por agua y aire, pidiendo perdón, rogando por ver a su familia, por última vez, en brazos de César Herrera, quien vio cómo aquel amigo se le desangraba, se iba.

"De hecho, algunos de esta familia nos acompañaron en las primeras reuniones de Voces Unidas, pero después de eso ya no quisieron seguir", manifestó. Versiones cercanas a la familia indicaron que el joven muerto a balazos se quería salir del taller: algo no le gustaba, el ambiente, o quizá temía que la ola de proyectiles y los fantasmas encapuchados y portando los famosos AK-47, llegaran hasta su trabajo y los mataran a todos. Lo que finalmente sucedió.

"Jesús nos había dicho que ya, que se quería salir del taller, pero no sabíamos por qué, no nos lo dijo, como que le daba miedo, pero él le había dicho a unos amigos y algunos de sus familiares que ya no quería estar ahí."

Alma Trinidad, de baja estatura, pasos cortos, tiene ojos filosos. Les ha sacado filo en este trajinar: de espetarle al agente del Ministerio Público especializado en homicidios dolosos que los investigó más a ellos como víctimas, que a los homicidas y a los dueños del taller y otros involucrados. Pero también de ir a México, a la Procuraduría General de la República, a protestar, al Zócalo capitalino, con todo y ataúd, y a otras oficinas de gobierno, exigiendo avances en las indagatorias. Reclamando justicia, casi al grado de escupir rostros de funcionarios cobardes, corruptos y miserables. Ella sabe que son, como el título de aquella canción de Luis Eduardo Aute, "Rosas en el mar". Ella las busca en el mar calmo, entre las olas o la profundidad. Las quiere cortar, admirar, espinarse. Pero no hay rosas. Sólo olas, un mar que todo lo traga como esa galopante impunidad. Unas espinas que todo lo rompen y desangran.

"El señor, el padre de Jesús, después se desapareció y luego ya no quiso ni contestarme el teléfono. Yo le dije a un investigador de la Policía Ministerial que llevaba el caso de nosotros que le comentara que lo andábamos buscando. Y el policía, que era muy bueno para eso del corre y dile, me contestó que el señor decía que no quería saber nada de nosotros, que lo dejáramos en paz. Algo así como «dígale a la señora que no queremos problemas, que ya no nos moleste»."

Otra de las activistas de Voces Unidas por la Vida acudió a la colonia 5 de Mayo, también en Culiacán, uno de los sectores más viejos y no tan lejano del centro, pero sí destacado en cuanto a niveles de marginación, drogadicción y pobreza. Barrios crecidos como hongos en temporada de lluvias, casas en los cerros, callejones sinuosos y entre vericuetos, calles que no terminan, curvas entre el baldío y las casas con paredes de cartón y basura, y madera y láminas de asbesto. La razón de su visita a ese sector fue una niña muerta.

Brendy tenía doce años y vivía aquí hasta esa noche. Ella iba a un mandado, a la tienda. Eran cerca de las 14 horas de aquel domingo. La muerte diurna estaba ahí cerca, y la rozó hasta perforar su cuerpo: un desconocido la interceptó para quitarle los 100 pesos que llevaba en la mano, con el billete extendido, caminando y cantando, relajada, por ese callejón Manuel Angulo, entre la 27 de Septiembre y la 18 de Marzo. Al parecer, la niña se resistió o no soportó el espanto y se echó a correr. El asaltante y homicida le disparó a pocos metros de distancia y la bala penetró su espalda. Los vecinos y familiares escucharon la detonación y la encontraron tirada y malherida. La trasladaron al hospital Manuel Cárdenas de la Vega, del ISSSTE, ubicado a pocos metros del sector, pero ya no pudieron salvarla.

La niña quedó ahí, tendida en la camilla del nosocomio. Ya sin billete ni vida. Los vecinos se indignaron. En los sitios web los cibernautas mentaron y lamentaron. Dijeron que el homicida era un drogadicto, algunos desearon su muerte. Los abogados se apontaron para declarar ante grabadoras y cámaras de noticieros de radio y televisión que estaban indignados, que ya bastaba de violencia y crímenes sin castigo.

Igual pasó con aquel anciano, Alejo Garza Támez de setenta y siete años, quien en noviembre de 2010, en un rancho de nombre San José, a unos 15 kilómetros de Ciudad Victoria, en el estado de Tamaulipas, decidió enfrentarse a un grupo de gatilleros del Cártel de los Zetas, quienes le exigieron que les entregara su propiedad. El viejo, heroico y digno, los esperó desde la noche y hasta la madrugada, defendió durante horas su propiedad, se enfrentó a balazos y logró matar a cuatro y herir a dos de los homicidas. Su cadáver fue encontrado dentro del inmueble, hecho trizas por las balas y artefactos explosivos lanzados por los sicarios. En los *blogs*, Twitter, Facebook y páginas de internet, su caso provocó admiración e idolatría. También condenas y protestas de papel y de computadora. No pasó de ahí: genitales anónimos, valientes de escaparate, ciberdignidad.

Desconfiada, apenas abriendo la puerta pero manteniendo cerrada bajo llave su valentía, pospuestos los reclamos y las exigencias, la madre de Brendy le dijo a la joven que la invitaba a salir a las calles, que no tenía fuerzas, que lo hiciera ella, ella sola. Y así se quedó, en la calle, el callejón aquel, el cadáver sin dueño, como los espacios públicos: que son de nadie y nadie son ellos: los narcos, los delincuentes, tan nuestros, tan ajenos, tan ellos. Esos que quitan vidas y a cambio otorgan silencios, mordaza, ciudadanía sin voz y censura.

El reportero llama por teléfono. Es la casa de la madre de un joven que fue muerto a balazos una madrugada cualquiera. Contesta una mujer, no da su nombre. El periodista se identifica, pide hablar con la madre. La desconocida pregunta para qué y aquél contesta que quiere hacer un reportaje sobre su hijo asesinado. Ella le dice que no va a hablar, que la madre ha sufrido mucho por este homicidio. El periodista insiste en que quiere planteárselo a ella y que después decida. Promete pasarle el recado, con todo y teléfonos. No sucede nada ni al día siguiente ni al otro. Llama de nuevo. Esta vez contesta una joven, dice que es sobrina. Pregunta quién habla, qué quiere, y antes de las explicaciones sigue diciendo, casi a gritos, que nada, que no, que la madre del joven aquel ha decidido guardar silencio. El comunicador insiste en hablar con la madre, pero se la niega. Lo trata con agresividad, como si fuera el enemigo. Después, otras personas cercanas a la familia le explican que la madre no ha dejado de ir cada semana, sábado a sábado, al cementerio, durante dos años. El reportero dice que es la desconfianza, el miedo, que sabe que han recibido amenazas a través de mensajes telefónicos y los correos electrónicos, pero que quiere hablar con ella y contar la historia de ese joven estudiante que no le hacía daño a nadie, pero que se atravesó en la trayectoria que llevaban esas balas, y entonces fue otro su destino. El resultado es el mismo: nadie habla, sólo los proyectiles, el pasado negado y los muertos sin propietarios ni familiares, desolados.

El periodista quiso rescatar la historia de inocencia en la muerte de dos jóvenes, casi niños, que aparecieron asesinados a balazos y salvajemente torturados. Al parecer, las víctimas trabajaban en la casa de unos narcos en Culiacán, y un comando enemigo llegó y se los llevó, tal vez seguros de que eran parientes de los dueños de la residencia. Cuando logró hablar con los familiares, le pidieron que no publicara nada. Que estaban pensando en ni siquiera velarlos, por temor a nuevos actos de violencia contra otros parientes. Y eso que nada tenían qué ver con el crimen organizado. La historia quedó así: en más números de muertos, de casquillos, de edades, pero sin latidos, sin torrente sanguíneo ni vida. Un lote baldío, una oquedad.

El gobierno tiene la culpa

Alma Trinidad lleva dos años en la calle, en protestas. Ya se graduó como defensora de los derechos de los ciudadanos. Fundó Voces Unidas por la Vida a pocos meses de que fue muerto su hijo Cristóbal. Tenían unas 15 personas afiliadas, todas ellas con hijos, padres, hermanos asesinados a balazos, en su mayoría con armas de alto poder, sobre todo fusiles de asalto. Pero no hicieron falta muchos meses, poco a poco fueron desertando. Las manifestaciones de medio centenar de familiares adelgazaron y se hicieron de 20, 25 personas, si acaso. La desnutrición ganó terreno y los genitales se poncharon, flácidos y empequeñecidos, para que los participantes en plantones y mítines, algunos de ellos realizados frente a la Casa de Gobierno, en la colonia Guadalupe en Culiacán, sumaran apenas diez. Ahora, tienen cinco casos, cinco familiares que quieren justicia, que no cejan ni ceden, como ella. Que están solos, gritando, extraviados, en el desierto de una sociedad sin ciudadanía: inerme, deshumanizada, ida.

"La autoridad también hace su parte para que tú no exijas. Cuando vas a reclamarles, a pedirles cuentas sobre los avances en las investigaciones, te traen con evasivas, «que es muy difícil su caso, que está muy peligroso, que uno corre peligro»... y la gente también se cansa, se atemoriza."

Contó que a ella hasta su familia, entre ellos algunos hermanos, le han dicho que abandone la lucha, que se calle, que al rato van por ella o su otro hijo y que entonces lo va a lamentar. "Me han dicho «déjate de eso ya, corres peligro, no solamente tú, luego te va a dar remordimiento si le hacen algo a tu otro hijo». Has de cuenta que me están amenazando mis propios hermanos, mis amigos, que me deje de eso ya", manifestó.

Recordó que en uno de los casos que ellos estaban defendiendo, el mismo juez penal les recomendó que ya no hicieran ruido, que el expediente iba a quedar como un hecho de "legítima defensa", y que no había para dónde hacerse, aunque era claro que se había tratado de un homicidio.

Recientemente, un agente del Ministerio Público Federal que lleva el caso de su hijo asesinado le dijo que se quedara callada y que él no le iba a informar por teléfono, que tenía que ir a la ciudad de México, para que le diera detalles, avances, porque era muy peligroso. "Y a la hora de verlo me dijo puras pendejadas. Yo sentí como que quería cargar los muertos a César mi hijo y a mí, otra vez, y le preguntaba a mi hijo si había visto a los matones, que si cómo eran, que si cómo quedaron los cadáveres, cómo salieron los gatilleros... Que nosotros les digamos quiénes fueron, si ellos tienen toda la información, pueden ir con la madre de ellos, de los matones, con sus familiares, ahí viven, ellos saben dónde. ¿Por qué no traen a la madre de los asesinos, en lugar de atacar a la madre y al hermano de la víctima?"

Ella lo sabe: el gobierno no investiga, está coludido y también sus funcionarios tienen miedo. Lo que no se explica es que los familiares de los muertos se encierren en sus casas, prefieran el silencio y amordazarse, vivir en cero. Lo que se ve es a una ciudadanía viva que está muerta y enterrada. El número de muertos crece, humedece banquetas, esquinas, plazuelas, tierra de parques y zonas recreativas: pero son los muertos de nadie, sin lazos sanguíneos ni sangre, sin apellidos, totales desconocidos: muertos a balazos, ahí, entre luces y sombras citadinas, y muertos otra vez por las bocas calladas y los corazones apagados, en automático, enmohecidos y oxidados en el olvido, en la fosa común sin comunidad ni familia ni ciudadanía: muertos dos veces. (4 de diciembre de 2010.)

***

Voces de la calle

"¿El narco? El narco nunca se va a acabar: agarran a un capo y salen diez más. Y está mal por la violencia, la gente que muere. Pero está bien por la economía. Sin narco, sin el dinero del narco, no la haríamos." (Rafa, obrero de la construcción.)

"Gerardo Osornio: ¿Me pregunto por qué Culiacán le vendió tan barata su alma al diablo? ¿No pudimos vendérsela por algo mejor que carros, *glamour kitsch*, cerveza, banda, corridos, narcos famosos, historias estúpidas y buchonas nacas? ¿Habrá manera de rescatar esa alma que diario baila la danza de la muerte como celebración a ritmo de tambora y chirrines?" (21 de septiembre 2010.)

"Los twiteros han tomado en sus manos el periodismo ciudadano en Tamaupilas, y han desarrollado códigos ciudadanos de validación de la información... Es la imaginación periodística de la gente.

A1 «alguien te dijo», A2 «son rumores», A3 «lo dicen los medios», A4 «tú lo viste», A5 «estoy aquí»" (Rosana Reguillo, Seminario sobre periodismo, Lagos de Moreno, Jalisco).

—¿Estos güeyes a qué se dedicarán?

—Puro lavadero.

(Diálogo entre meseros de un restaurante, después del retiro de cuatro comensales, en Culiacán).

Santa Pascuala, que no me alcance una bala.

Santa Enriqueta, que no me quiten mi camioneta.
San Malova, líbrame del Cártel de Sinaloa.
San Macario, que no me confundan con un sicario.
Santa Librada, que no me caiga una granada.
San Andrés, que no me toque un secuestro express.
San Abulón, líbrame de un levantón.
Santa Enriqueta, líbrame de los "Z".
San Timoteo, que no me quede en medio de un tiroteo.
San Federico, que no me rompan el hocico.
Y Santa Fernanda, que no me vaya a cargar la chingada.
¡¡Amén!!
(Oración en Culiacán, enviada por *e-mail*, agosto 2010).

"Yo construyo mi propio mundo, parece una locura, pero viendo las fotos de Arturo Beltrán (Leyva), entre mis libros, mis leyes y los casos judiciales, «hablando» con él e imaginándolo conmigo logro crear para mí una fantasía que me hace feliz, imagínate, recurro a un muerto, porque entre los vivos me siento muy sola, pero finamente lo que me importa es que en ese muerto encuentro lo que no tengo." (Comentario en la web, septiembre 2010.)

"El narco es una cochinada." (Un joven operador al servicio del crimen organizado, meses antes de ser asesinado a balazos.)

EL NEÓN, LOS ANTROS, LA CALLE, LOS PROYECTILES

Once jóvenes muertos y una decena de heridos es el saldo extraoficial de una masacre perpetrada por un comando armado, la noche de este viernes, en un domicilio del Fraccionamiento Horizontes del Sur. Ciudad Juárez, Chihuahua. **Foto: Ricardo Ruiz / © Procesofoto / Chihuahua.**

La bolsita

Para el buitrón

"Nosotros jalamos con la raza que jala", sonó la voz del comandante de la policía. Más que una petición o sugerencia, era una orden vestida de cordialidad.

Dos de la mañana. La ciudad duerme. Los jóvenes cotorrean, bailan y pistean. La policía en vigilia y al acecho. Policías cazando, aguzando la mirada en busca de incautos. Patrullando las calles, afilando dentelladas para las mordidas. Esa noche él había decidido no beber cerveza ni tequila. Se lo propuso y estaba cumpliendo: nada de peda, nada de alcohol, vamos a echar una platicada, mover el bote y hacer desmadre, pero entre camaradas.

Fin de semana. Las fiestas de amigos siempre duran muy poco. Se ponen bien, la raza canta, cuenta chistes. Los compas bailan y se burlan de todo. El loco pasa los cacahuates. "Hey, loco, alcánzame los totopos, el jocoque, las papitas." La reunión había sido en la colonia 21 de Marzo, ubicada al sur de Culiacán.

Son buenas, por eso duran poco. Uno se divierte y se mea de la risa. Así andaba él, rebosante de alegría. Eufórico. Qué buen rato. Qué chingón fin de semana.

Hora de salir. A las dos de la mañana los arbotantes reinan las aceras y arrojan manchas de luz amarilla sobre el pavimento mojado de agosto. Chispitea. Caen montones de gotas ligeras. Una brisa nimia y fina los recibe en la calle.

Salen cuatro. Van él, dos de sus amigos y la novia de uno de ellos. Camioneta blanca de lujo. "Qué preciosa tu camioneta", dice ella, con tanta enjundia que bien podría referirse a una persona. Es una tipo Lobo, doble cabina, vidrios con polarizado reglamentario. Camioneta nueva pero no del año. Su papá la compró y la sigue pagando. Él está estudiando la carrera para ser abogado, es amiguero. Amista fácilmente.

Emergen de esa casa. Los recibe la noche, la calle, el asfalto mojado, la incipiente madrugada. Extasiados de carcajadas y pedazos de felicidad arrebatada y compartida. Nadie borracho. Nadie drogo.

"Vámonos pa la casa. Ámonos pues." Calzada de las Ciudades Hermanas. Llegan a la avenida Andrade. Doblan a la derecha. Traen sed. La chava quiere echarse un refresco. Tal vez unos chicles. Buscan una farmacia o un Oxxo.

Las luces rojas y azules le jalan la mirada. Los códigos de la patrulla de la Dirección de Seguridad Pública Municipal indican que debe detenerse. Nadie se lo dice, pero lo sabe. Jorge Ernesto decide que puede detenerse en el estacionamiento de un minisúper, justo al doblar a la derecha. Los agentes dejan la patrulla atravesada en la parte trasera de la Lobo. "Es una revisión de rutina", argumentan. Son cuatro: uno platica con ellos, tres revisan la camioneta.

Él no les despega el ojo. Ráfaga de preguntas: de dónde vienen, a dónde van, identifíquense. Todo el ritual de las revisiones, toda la rutina. Los agentes están agachados. Empujan asientos, levantan tapaderas de los compartimientos, abren la guantera, levantan la tapicería. Meten mano. Uno de ellos saca una pequeña bolsa de su pantalón. Restos de polvo blanco, apenas visibles. Tira la bolsa en el suelo, cerca de ellos y de la camioneta.

El comandante pregunta de quién es la bolsa. El agente que la tiró dice que uno de ellos la dejó ahí. Le echa la culpa a Jorge Ernesto. Insiste que traía droga. Les contesta que no, puesto que lo vio todo: "no es cierto, éste la tiró, la sacó del pantalón y la dejó ahí".

"Nosotros jalamos con la raza que jala", fue la frase del comandante. Acuñada, repetida tantas veces. "Tú sabes cómo nos arreglamos, pa qué la juegas. Tú sabes, no te hagas." Pero él dijo que no y no cedió.

Cuarenta minutos ahí. Ellos querían mordida, él no se dejó. No tengo nada y ni borracho estoy. En eso estaban cuando los agentes recibieron una llamada de la central: una balacera, una persecución, solicitud de apoyo, algo así. En cuanto oyeron las órdenes por el radio, los polis se fueron de ahí, encabronados.

Tea humana

La noche en la ciudad es una cueva de lobos. Las fauces de una fiera rabiosa y en cacería. Un manto oscuro, una celada, una trampa, un "cuatro", un hombre esperando al doblar la esquina o guarecido bajo una marquesina: con un fusil entre brazos o un cuchillo o un cerillo encendido en una mano y en la otra un recipiente con gasolina.

Jorge había participado en esa cacería. Eran unos diez. No menos de quince años ni mayores de veinte. Él tenía diecisiete y le había tocado cuando el jefe, el líder, que siempre manejaba y rara vez participaba directamente en los ataques, conduciendo por las calles citadinas, cerca de las dos de la mañana, le habló para señalarle a un "condenado".

Era una caravana de tres vehículos. Todos ellos de modelo reciente. Jorge quería andar ahí, ser parte de esa comunidad de *juniors* y narcos, de riquillos y aspirantes a vándalos. El jefe le dijo a él, "allá va uno, échatelo". Él tenía que responder: tomó un palo y el resto lo siguió. Todos empezaron a golpear, patadas, palazos, puñetazos.

Había ya información, aparecida tímidamente en los medios de comunicación, en la que un grupo de agresores pateó y prendió fuego a un indigente, cerca de la zona de El Malecón, también conocido como Paseo Niños Héroes en el sector de Las Quintas. Él no quería quemarlos, tal vez ni siquiera golpearlos. Lo hizo porque así tenía que ser: era el boleto para ser, pertenecer, estar. Eso le daba derecho a tener sexo con las jóvenes que asistían a sus sesiones de mariguana, cerveza y cocaína, en una de las casas de quienes conformaban la pandilla. En síntesis, a consumir todo lo que la banda tenía y a participar de sus rituales que la identifican. Todos ellos eran integrantes de familias de buen nivel económico: algunos hijos de narcos, hijos de empresarios potentados, de familias cuyos padres siempre están ausentes, que se la pasan en reuniones, de viaje, trabajando. Hijos poderosos de padres "importantes". Eran de Las Quintas y de la Chapultepec, igual que Jorge: familias disfuncionales, padres que los dejan libres y no corrigen ni sancionan, acostumbrados a la impunidad como premio, sedientos de formar parte de algo, pertenecer: si no se pertenece a un hogar, entonces que sea una banda o pandilla, un diminuto cártel.

Una persona allegada a la familia de Jorge confesó que él había desertado de la escuela y luego de tener contacto con otros jóvenes de su edad empezó a consumir drogas, específicamente mariguana, y a tomar cerveza.

"Jorge es un joven que se salió de la escuela y empezó a convivir con estos chavos, uno de ellos hijo de un narcotraficante, que vende o distribuye droga. Ellos se reúnen en casas de sus integrantes, de quienes conforman esta especie de pandilla, y en la noche salen a la calle, a divertirse, hacer desmadre… a cazar", dijo.

En la banda hay un jefe. Generalmente es el que tiene más dinero, el que manda, pone vehículos y el que conduce. Hay reglas implícitas que todos respetan. Las mujeres sólo son compañía, diversión y sexo. Ellas no salen a la calle a los chingazos. En el grupo el jefe manda. Escoge cuándo, dónde, también decide a quién agredir, aunque él no se meta: observa, degusta, experimenta el placer de ver que sus súbditos golpean a palos a un desconocido que duerme en la calle, que tiene como hogar un rincón de yerbas y chapopote, un cielo de papel periódico y cartón. Y se echa un pasón. Y exprime el bote de cerveza. Ahí, sentado, oyendo música electrónica, frente al tablero de ese *bulldozer* llamado Hummer.

"Ellos no programan ni planean nada. Al calor de las drogas, del desmadre, le entran a lo que salga: desde asaltar un Oxxo hasta agarrar a un tipo en la calle y ponerle unos chingazos. En esos días se puso de moda chingarse indigentes y a él le tocó golpear, pero luego no le gustó."

Después, Jorge confesó a algunos de sus familiares que se había tratado de un desfogue emocional nada más. Le preguntaron si había también quemado a algunas de sus víctimas y respondió que no, que sólo los habían apaleado y pateado. Ahora quería alejarse de ese ambiente, salirse del círculo. Estaba arrepentido. Le preguntaron por qué y contestó que no se consideraba mala gente. Que nada más quería aventurarse y experimentar. Al final se desafanó.

Ignacio Franco

"Mira lo que me hicieron los culeros. Mira." La voz de Ignacio Franco se escuchaba fuerte, pero empezaba a apagarse. Las heridas del fuego, voraz e iracundo, lo estaban consumiendo: un grupo de vándalos, aparentemente *narcojuniors*, lo habían quemado. Y murió.

De septiembre a la fecha, el saldo de esta ola de xenofobia que está ocurriendo en Culiacán arroja unos seis indigentes quemados, al menos 20 golpeados con bates y palos, y uno con el que jugaron tiro al blanco, que fue muerto a balazos.

Los agresores operan durante la madrugada. Entre una y tres de la mañana. Se transportan en varios vehículos, tres de los cuales coinciden en varios de estos hechos: una camioneta

Chevrolet, un automóvil compacto y una camioneta Lobo, color verde, o Hummer blanca. Los ataques son perpetrados por un grupo de diez a quince jóvenes. Llevan palos y bates de beisbol. Levantan a patadas y palazos a los indigentes, los bañan de gasolina y luego les prenden fuego. Otras veces la agresión queda en los golpes. Los buscan en la plazuela Antonio Rosales, frente al edificio central de la Universidad Autónoma de Sinaloa, el Malecón viejo, la zona circundante a la plaza comercial de Lomas del Bulevar, las descargas de aguas residuales sobre la avenida Aquiles Serdán y el parque Constitución.

La Cruz Roja lo sabe porque han atendido a lesionados. También conoce de esto el Cuerpo de Bomberos y el personal del Hospital Civil, hasta donde han llegado, incluso a internarse algunas de las víctimas.

Y la policía nada sabe. Sólo aquel agente de la Policía Ministerial que, con alevosa imprudencia, soltaba a boca de jarro la insistente pregunta: "¿Y qué hiciste, vato?, ¿qué hiciste para que te hicieran esto? ¡Porque algo has de haber hecho!", recordó una doctora del Civil, identificada como Martha. El lesionado le contestó con un apenas audible "nada". Tembloroso y agonizante, Ignacio Franco insistía negando con la cabeza.

Morir bajo fuego

"Yo me llevaba machín con él. Hasta de la madre nos echábamos." Es Miriam, sobrina de Ignacio Franco Castro. Él tenía cuarenta y un años, era libre y temerario: no le importaba andar de noche o madrugada por las solitarias, filosas e incendiarias calles de Culiacán, ni en medio del monte. Juguetón, bueno con los niños que nunca tuvo. Soltero, sin casa ni mujer ni trabajo permanente. Carrocero a veces, lavacarros recientemente y donde se pudiera.

Un conflicto, una desavenencia o ese ímpetu de caballo salvaje lo hicieron abandonar las casas de sus hermanas y su madre, con quienes vivió. Se fue a recorrer la oscuridad, las bocas de lobo y asfalto de la ciudad. Hasta que lo asaltó el fuego, devorándole la ropa, la piel y sus entrañas.

Ahí estaba, en las bancas de madera de las canchas de voleibol, las que están en Rafael Buelna, esquina con Presa Valsequillo, en el parque Constitución. De pronto llegó un grupo de jóvenes y lo despertaron a patadas. Aún dormido, cuando eran alrededor de las 2:50 horas, sintió el frío líquido de la gasolina. No supo qué era ni qué pasaba. Le echaron un cerillo encendido y lo convirtieron en una antorcha que corría despavorida, gritando y revolcándose en las escasas yerbas del lugar.

Ignacio echó a correr por la avenida Buelna, y en el cruce con Venustiano Carranza lo interceptaron una patrulla de la entonces Dirección de Seguridad Pública Municipal de Culiacán y una ambulancia de la Cruz Roja.

Ya era jueves 12 de octubre de 2006. "(El paciente) Presentó quemaduras de segundo grado en diferentes partes del cuerpo, lesiones que sufrió momentos antes cuando él se encontraba dormido en el piso de las canchas del parque Constitución y llegaron varios individuos desconocidos y lo rociaron de gasolina para posteriormente prenderle fuego", reza el parte informativo 9568/2006 de la Unidad 1036 de la corporación, firmado por el agente Silverio Valdenegro Gómez, del Sector 4, de la compañía zona centro.

El área de urgencias del Hospital Civil lo recibió. Personal de enfermería y médicos confirmaron que llegó consciente, gritando: "¡Ayúdenme, me quemaron los *juniors*!" Los empleados y pacientes que estaban en el lugar señalaron que Ignacio Franco insistía en acusar a un grupo de vándalos que iban en varios vehículos: "Fueron ellos —decía desesperado—, llegaron en una Hummer y empezaron a golpearme, me echaron gasolina, prendieron un cerillo y corrieron."

Efectivamente, tenía quemaduras de segundo grado. Expandidas, voraces, cual mapas invasores de su piel y órganos:

cuello, cara, estómago, pecho y espalda, sumaron el 30 por ciento de su cuerpo, además de sus cavidades mucosas (vías respiratorias).

A las 39 horas de haber ingresado al hospital y en cirugía, a eso de las seis de la tarde del viernes, murió. La familia todavía tuvo que esperar poco más de 12 horas para que les entregaran el cuerpo.

Ese viernes 13, murió también Gonzalo Araujo Payán, El Chalo, supuesto operador del narco. Las órdenes que recibió el Ministerio Público que atendía el caso indicaban que tenían que esperar, pues la prioridad era hacer el acta de defunción del sicario y operador del Cártel de Sinaloa, que fue encontrado con un balazo en la cabeza en su residencia, en el fraccionamiento Infonavit Humaya, y después el de Ignacio Franco.

Así lo dijo el personal de la fiscalía: "Son órdenes de arriba, discúlpennos." Versiones de familiares de la víctima indicaron que en la agresión y homicidio de Franco hubo un testigo, quien presuntamente está identificado por la agencia del Ministerio Público Especializada en Homicidios Dolosos, que realiza las investigaciones del caso.

El supuesto testigo, señalan los parientes del occiso, también fue golpeado. En el lugar del homicidio las gradas sirven como dormitorios a la intemperie. Ahí se juntaban para pasar la noche unos seis indigentes. De ellos no queda nada. El miedo, el pavor, los hizo buscar otras guaridas.

Échale, échale gasolina

La noche se rompió a punta de patadas y batazos. Unos corrieron, pero él se acobardó cuando lo despertó el sentirse acorralado. Diez, quince jóvenes. Dos de la mañana. Mismo día del ataque a Ignacio Franco: 12 de octubre.

Guillermo López Rivas no pudo más. Varias patadas y palazos lo arrinconaron. No los vio, pero sí oyó cuando uno le dijo al otro: "Échale, échale gasolina, pues." La sensación inicial de un líquido helado se convirtió pronto en fuego, en llamas queriendo coparlo todo.

Ellos corrieron a sus vehículos. Él también pero mientras más corría más se encendía su cuerpo. Se echó de cabeza en una de las macetas de la plazuela Rosales, frente al edificio central de la Universidad Autónoma de Sinaloa, cuyas plantas son regadas todas las noches. Ahí mitigó.

Corrió hacia el malecón viejo, bajo el puente de la Teófilo Noris, en el primer cuadro de la ciudad, encontró a unas personas recargadas en una camioneta doble rodada. Les pidió, rogó por ayuda, para que lo llevaran al hospital. Le dijeron que no, que la camioneta no era de ellos. Siguió corriendo por el Malecón, hasta el puente Miguel Hidalgo, ubicado sobre la avenida Álvaro Obregón. Subió y enfiló al norte, rumbo al Hospital Civil. Ahí sintió desfallecer.

"Sentí que me iba a desmayar y fue cuando le dije a Dios: «Señor, un paro, déjame llegar al hospital, no permitas que me desmaye, que me agarre la muerte, dame fuerzas»."

Guillermo llegó a duras penas a urgencias. Lo atendieron rápidamente y ahí sigue, en un área especial, aislado. Su cuerpo se descarapela. La piel vieja, incendiada, caduca, se levanta, se seca. Apenas atisba el rosa-rojo de su otra piel, todavía débil, delgada, incipiente.

Tiene parientes en la colonia Ejidal en Culiacán. Dice que él es de ahí, pero asegura que se va para Tijuana, que ya ha trabajado allá. No quiere vivir más en Culiacán. "La gente —asegura— es mala, desgraciada." Cuando se alivie de ese fuego que se atragantó con su piel, migrará.

Y llora como un pájaro sin alas, desplumado por el fuego. Llora cuando se acuerda de su rezo. Cuando se desmayaba sobre la acera del puente. Llora como ese Cristo que trae tatuado en el lado izquierdo de su cara.

Tiro al blanco

En el tramo Culiacán-Rancho Viejo fue encontrado sin vida un indigente. Vagaba por la orilla de la carretera internacional México 15 cuando fue sorprendido por desconocidos. Era la madrugada del 28 de agosto, de ese funesto 2006.

Los sujetos que viajaban en un automóvil del que se desconocen características lo agarraron de "tiro al blanco" atacándolo a balazos hasta darle muerte: así, sin motivo aparente ni provocación alguna.

En el expediente 102/2006, en manos de la agencia del Ministerio Público especializada en homicidios dolosos, fueron anexadas las fotos del indigente: de cincuenta a sesenta años, barbado. A simple vista se aprecian tres impactos de bala sólo en el costado izquierdo.

Nadie sabe nada, ni cómo se llamaba. Sólo el acta levantada respecto a la muerte violenta de un desconocido.

En todo lugar

"Unos muchachos andan garroteando. Yo no corrí, me paré y se me pusieron dos. Me quebraron un palo de escoba en la cabeza. Eran un montón y andaban en una trocona grande."

Es la voz de un indigente de Veracruz, identificado sólo como Víctor. Dice que el grupo de agresores, todos ellos jóvenes, se ven "pesados" porque andan en tres automóviles, entre ellas una camioneta tipo Lobo, color verde o blanca, una camioneta Chevrolet, chica, y una Hummer, al parecer blanca.

Apunta hacia un carro marca Pontiac compacto, que está estacionado cerca de ahí, para referirse a otro de los automóviles en los que se transportan la banda de supuestos *narcojuniors*.

Versiones extraoficiales de la Dirección de Seguridad Pública Municipal de Culiacán y Policía Ministerial del Estado indican que podría tratarse de *narcojuniors* que viven en Las Quintas,

Chapultepec o el sector conocido como Coloso, pero esta información no ha sido confirmada por las autoridades.

Víctor vive en la zona urbana de Culiacán desde hace un año y estuvo ocho meses en la comunidad de Costa Rica. Antes, en Hermosillo, Sonora, y Mexicali, capital de Baja California. Nunca le había pasado lo que aquí, por eso se va.

En septiembre llegó uno de estos casos al Hospital Civil. Estaba politramautizado y le dolía mucho una pierna. En cuanto lo revisaron y curaron se levantó de la cama. Me voy de aquí, de Sinaloa, porque la gente es muy mala. Ya no se le ha vuelto a ver.

Otro indigente fue apaleado y quemado en las vías del tren. La zona donde ocurrió este hecho queda frente a la zona comercial de Lomas del Bulevar, donde antes funcionaba un supermercado MZ. Para los indigentes que duermen en este sector de Lomas del Bulevar, los que se instalan alrededor del Hospital Regional del IMSS —en la colonia Guadalupe—, el parque Constitución, el Revolución y el Malecón viejo, no son dos ni tres los casos de quemados. En el periodo de septiembre a noviembre de 2006 suman al menos unos seis.

Claudio Lizárraga vive en la calle, pero no se considera vago. Se ayuda con una muleta y su alimento lo extrae de los botes de basura o lo que la gente le da. Tiene cuarenta y seis años, y para él los verdaderos y peores vagos son esos, los que los agraden.

"Andan los vagos ahí en la noche sueltos, golpeándolo a uno, como diez, ocho, hasta quince. Me pegaron en la panza, me dieron un leñazo. Se rieron y se subieron al carro."

Esto fue en septiembre. Quince días después, también de madrugada, en la plazuela Álvaro Obregón, en catedral, ocurrió otro ataque contra indigentes.

"Andan quemando gente", dice. Entrevistado por separado, en la plazuela Rosales, Luis insiste en que son hijos de ricos los atacantes y así les gritan cuando los golpean.

En el alma y el recuerdo de la familia Franco Castro está Ignacio, atacado a golpes y muerto por graves quemaduras. Están él y ese martilleo doloroso del homicidio y la amenaza de que el delito quede impune. Su madre, Carmen Castro de setenta y tres años, exige justicia.

"Si así siguen, por los demás porque al mío ya lo mataron, pero por los demás sí, queremos justicia, porque para eso están las autoridades, porque eso de quemarlo como animal no era para él, porque no hizo nada indebido", señaló en una entrevista publicada por el semanario *Ríodoce*.

La impunidad acecha y gobierna en Sinaloa. En ese 2006 sumaron cerca de 600 asesinatos y cerca del 90 por ciento de los homicidios tienen relación con el narcotráfico.

Odio que se multiplica.

Otros dos indigentes de Culiacán denunciaron que fueron agredidos por presuntos *narcojuniors* en el centro de Culiacán. Las víctimas, identificadas como Gilberto y Guillermo, ambos de alrededor de cuarenta años de edad, revelaron por separado que fueron atacados durante la madrugada del 20 de agosto y 3 de septiembre de 2006, respectivamente. Los dos resultaron con fracturas y otras lesiones.

El 20 de agosto, Gilberto N caminaba hacia el oriente de la capital de Sinaloa cuando un grupo de seis jóvenes de unos veinte años, que viajaban en una camioneta blanca de modelo reciente, lo atacaron en la zona del malecón viejo. Uno de los agresores sacó del vehículo un recipiente con aerosol, prendió un encendedor y lo puso en la base del pivote que al arder acercó al cuerpo de Gilberto. Las llamas alcanzaron parte del rostro, cabello, barba, cejas y bigote del indigente, quien, como pudo, se defendió, apagó el fuego y se echó a correr. Los supuestos *narcojuniors* lo siguieron hasta el centro de Culiacán, donde nuevamente lo golpearon y le causaron fractura de clavícula.

"Son piromaniacos. Si hubieran podido me hubieran matado... Hasta les miré intención de querer subirme a la camioneta, pero me defendí, de alguna manera los apantallé", contó Gilberto. Desde entonces, agregó, ya no camina por Culiacán y menos de noche, pues tiene temor de volver a sufrir un ataque como el que vivió en agosto pasado.

El 3 de septiembre sucedió el otro caso. Guillermo fue rescatado por elementos del Cuerpo Voluntario de Bomberos y paramédicos de la Cruz Roja en la ribera del río Tamazula, a donde fue lanzado por un grupo de jóvenes que lo agredió.

El indígente narró que los presuntos *narcojuniors* lo arrojaron por la barandilla del malecón, desde una altura de alrededor de tres metros, donde se ubica el desagüe de aguas pluviales, bajo el puente José María Morelos. La víctima tuvo golpes en el pecho y fue hospitalizado, donde rápidamente se recuperó.

No tenemos nada: PGJE

A pesar de que su *modus operandi* se repite en cada uno de estos casos y de que podría tratarse del mismo grupo de homicidas. La autoridad no ha investigado y no tiene nada.

Beatriz Fabiola Aquino Rentería, Jefa del Departamento de Integración de Averiguaciones Previas y Consultoría, de la Procuraduría General de Justicia de Sinaloa, fue cuestionada sobre estos casos y sobre la queja planteada a *Ríodoce* por familiares de Ignacio Franco, en el sentido de que ni siquiera los han buscado para aportar más información.

"Es decisión del doliente hablar o si se mantiene ajeno a la investigación, es voluntario, y el Ministerio Público no puede obligar al doliente a que aporte pruebas, ni al testigo", insistió la funcionaria.

"La familia interpreta esto como una falta de interés de parte de la procuraduría y dicen que quedaron de ir a sus casas a entrevistarlos y no fueron, y como se trata de un indigente insisten en que es otro ejemplo de la impunidad que hay en el estado", añadió.

"(Su muerte) fue el 12 de octubre, hace menos de un mes. Va a ser difícil que el Ministerio Público vaya porque para eso está la Policía Ministerial y el Ministerio Público va a esperar esa información que rinda la policía."

"Lo que puedo decir es que se giró un oficio de investigación y todavía estamos dentro del tiempo considerable para la averiguación previa."

—En el caso de Guillermo López Rivas, internado en el Hospital Civil y quien también fue quemado, ¿no ha ido la Procuraduría a investigar? —Preguntó el periodista.

—Difícilmente vamos a saber, no nos informan, no hay agentes en los hospitales sino seguridad privada, pero el hospital está obligado a avisar a la autoridad si se presentan estos casos.

—¿No está registrado este caso?, ¿no saben?

—No, pero los afectados pueden presentar una querella para que se investigue.

—¿No tienen ustedes conocimiento de que está actuando un grupo presuntamente ligado al narco, de *juniors* o pandilleros, que está dedicándose a agredir a indigentes, a golpearlos con palos y a quemarlos?

—No, no tenemos un antecedente de esto.

—¿No tienen nada?

—La verdad no lo tenemos. Sobre estos hechos no. Y si ellos no se acercan a la Institución y nos hacen una petición o nos prenden un foco de alarma, no nos enteramos. Que sean varios casos, dos, tres indigentes, en similares circunstancias, ya hubiese un sólo grupo atendiendo estas investigaciones, porque la naturaleza de la eventualidad así lo está exigiendo.

Más "diversión"

En el municipio de Fresnillo, estado de Zacatecas, un crimen indignó a la población: la noche del 24 de abril de 2005 un grupo de ocho jóvenes, hijos de comerciantes y funcionarios públicos se divertían y decidieron prender fuego a un indigente que dormía en la calle.

"Estas gentes repudiaban este tipo de personas, hay quienes les llamaban incluso basura humana y eso es muy grave", informó el subprocurador de Zacatecas, José Luis Aparicio.

La víctima fue identificada como Javier González Romero, quien horas después murió en un hospital de la localidad. "Al parecer le rociaron gasolina y luego le echaron un cerillo y empezó a arder, él generalmente andaba muy abrigado con cobijas y ropa encima y se fue consumiendo", informó a los reporteros Antonio Espino, encargado de Seguridad Pública en Fresnillo.

Sólo uno de los homicidas fue detenido. Su nombre es Óscar de la Vega, de diecinueve años, a quien se acusa de haber rociado de gasolina a la víctima, aunque esta versión fue negada por Manuel, hermano del aprehendido: "Involucrado en el sentido de que iba con ellos en vehículo sí, pero de que sea responsable, eso está alejado de la realidad. Las personas que están involucradas directamente que iban en el vehículo señalan a Ricardo Wong."

La Procuraduría General de Justicia del Estado informó que Wong, de veinte años, abandonó el país a los pocos días de la agresión y es buscado por la Interpol. "Nos falta otra persona que anda prófuga, respecto de la cual estamos nosotros a través de las policías internacionales y las nacionales mismas en su búsqueda para cumplimentar una orden", precisó el subprocurador José Luis Aparicio.

De acuerdo con expresiones recogidas por diarios locales, la ciudadanía está indignada por estos delitos considerados raciales o de odio. Manuel Domínguez también vive en la calle y le duelen más estas agresiones que su propio desamparo: "Hay mucha gente muy mala aquí. De aquí una pobre viejita se fue porque le dijeron que si no se retiraba la iban a quemar en la noche."

Volver a la tierra

A José Luis le gustaba tanto la tierra que cuando estaba en la secundaria y empezaban las vacaciones, se iba con unos vecinos a trabajar en el campo y se involucraba placenteramente en labores de preparación para la siembra y de cuidado de cultivos.

Los que lo conocieron lo describen como un joven bueno, líder entre sus conocidos de la escuela y la colonia Lomas de Guadalupe, donde vivía: generoso, solidario, amiguero, a quien le gustaban las fiestas y echarse unas cervezas. Por eso cuando fueron a despedirlo, nadie faltó.

Hijo de catedráticos de la Universidad Autónoma de Sinaloa, nació y creció en Culiacán. Decía a unos y a otros que él iba a estudiar agronomía en la UAS, que cuando concluyera sus estudios iba a comprar varias hectáreas para sembrar tomate y maíz, elevar la calidad de los cultivos, incrementar la producción de alimentos y mejorar sus propiedades. Tenía sueños e iba tras ellos.

El 20 de agosto de 2009, cumplió veinte años. Ya estaba estudiando en la Facultad de Agronomía, plantel al que había logrado, por su cuenta, meter a un amigo conocido como Jesús, uno de los cerca de siete millones de jóvenes que en este país llaman despectivamente "ninis". Hizo que lo inscribieran fuera del plazo establecido y al margen de algunos trámites, con tal de que el muchacho aquel estudiara.

"José Luis no se distinguía por buenas calificaciones, pero tampoco eran malas, y sí, era vago porque le gustaban los antros, las fiestas, pero también era amiguero y no andaba por ahí causando y buscando problemas, era inofensivo", contó su padre José Luis Arriaga, actual director de la Biblioteca Central de la UAS, que se ubica en Ciudad Universitaria, en Culiacán.

Es un hombre alto y robusto, de cara grande y barba. Ojos grandes, de mirada y voz gruesa, que se imponen, pero bonachonas. Trae una suerte de conjuntivitis en esas cavidades acuosas de sus ojos y parece que ganan terreno en el espacio blanco: serán los llantos que se hicieron carnosos, las lágrimas detenidas, negadas, reprimidas, que tuvieron que hacer fila, montoncito, mapa rojo, carnoso, hasta que de nuevo se abran los músculos, se agriete la mirada, se nuble su entorno, llueva. Llueva de nuevo.

"Hijos de su puta madre", dice apretando los dientes, agachado pero con el alma erguida. Se apura a alcanzar un pedazo de papel para secarse las mejillas. Los puños encendidos, la mirada enhiesta, la voz clara, transparente y firme, habla y amartilla, golpea, mientras su puño se abre ya más relajado, para seguir contando los días sin su hijo. Los días que no terminan. Su eterna tragedia.

El joven había puesto por su cuenta un negocio de mantenimiento y limpieza de aire acondicionado y hasta rentó un local en un taller mecánico, para guardar sus máquinas. Después abrió con otros miembros de su familia un negocio de venta de jugos y tortas. En la escuela tenía comal y metate con todos, desde el personal administrativo, hasta los de intendencia, los maestros y directivos, y por supuesto los alumnos de los diferentes grados.

Su liderazgo sirvió para organizar a muchos en el plantel, localizado por la carretera Culiacán-Costa Rica, a unos veinte minutos de la ciudad, para que éste obtuviera la certificación que otorga la Secretaría de Educación Pública (SEP) del Gobierno Federal.

Muchas veces, su casa, ubicada a escasos diez minutos del primer cuadro citadino, era refugio de sus compañeros y amigos: ahí escuchaban música, hablaban y hablaban, consumían cerveza y aperitivos. Sabía que la calle era un peligro, que no hacían falta fines de semana y oscuridad ni rincones perdidos para exponerse en una ciudad marcada por el narcotráfico, los pistoleros, la corrupción policial y la impunidad.

"Si sales a algún antro, a pistear con los amigos o a dar la vuelta con la novia, tienes que llegar a más tardar a las dos de la mañana. Después de esa hora ya no hay nada qué hacer en la ciudad, en las calles, los antros están cerrados y también los expendios, a menos que quieras exponerte a los riesgos", le señalaba insistentemente un familiar, intentando aconsejarlo.

En su casa era acomedido, se involucraba en tareas domésticas y era servicial. Y por supuesto le encantaba el internet.

Aquel sábado 29 de agosto de 2009 su padre le llamó a su teléfono celular. Él y su hermana estaban en el negocio de jugos y tortas, de nombre Pepe, en honor al joven, ubicado a pocos metros de la preparatoria Salvador Allende, de la UAS, en la colonia Rosales, a pocos metros de su casa.

El joven le contó al padre que su tía Mari (la cual sólo era amiga de la familia) le iba a preparar unas tortas de cochinita, las que tanto le gustaban. El papá celebró el detalle y le pidió que esa noche no anduviera mucho tiempo en la calle: "Le dije que tuviera mucho cuidado, porque está la cosa que arde, está fea, y él me contestó que no tenía ganas de ir a dar la vuelta, y que en todo caso planeaba quedarse en el negocio y en su casa", recordó Arriaga.

Los meses en Culiacán y en general en cualquiera de los dieciocho municipios de Sinaloa, no duran, no en ese 2010, treinta o treinta y un días, sino docientos, docientos veinte, quiza más, quizá poco menos, muertos. La vida se mide así: por balas, por ráfagas rasgando la noche o el cielo o el ruido habitual de los carros y el trafical, por personas tiradas y encharcadas en rojo espeso, o por cenotafios en las aceras y los camellones, con fotos de hombres que traen pistola fajada y camisa Pavi. Así pasa la vida por aquí. Así se va la ciudad, sus habitantes, aunque no mueran entre los doscientos o más, que hacen una cuota de siete, ocho asesinatos diarios. De todos modos está latente el miedo, el terror y esa paranoia de salir de la casa y no saber si se va a regresar, entre tanto muerto, tanto ajuste de cuentas, tanto que muere y que sigue vivo, pero no se da cuenta: el pavor.

Esa tarde, Jesús, uno de sus amigos, le estuvo llamando a José Luis para convencerlo de salir a algún antro con otros conocidos, hasta que al final, luego de tanta insistencia, lo convenció.

En plena calle, en la jauría de los fines de semana en Culiacán, de carros repletos de jóvenes, algunos de ellos consumiendo cerveza y con la música a todo volumen, haciendo piruetas, en plan de conquista, o rebasando a gran velocidad e imponiendo el poder de las armas y las camionetas como tractocamiones en la acera y en la fila del semáforo, se encontró con su tía Mari. Versiones de parientes señalan que ésta le gritó, de carro a carro, con la confianza que se tenían "¡Hey, cabrón!", y aquel contestó con un ademán que quiso hacer las veces de saludo. A gritos, arremetió que ya eran las 12 de la noche, que se fuera a su casa, pero Pepe ya no escuchó y siguió con sus ademanes festivos. La escena fue por el bulevar Emiliano Zapata, en un céntrico sector de la ciudad.

Versiones extraoficiales señalan que José Luis, quien iba acompañado de varios amigos, estaba en un antro de nombre Kuwa, ya de madrugada cerca de la una, lugar ubicado en la zona comercial conocida como Isla Musala, área de enfrentamientos entre narcos, zona de ejecuciones y de residencias en las que el Ejército Mexicano ha realizado operativos de detención y decomiso de armas y droga. Pero también centro recreativo, de cines, bares, restaurantes y centros nocturnos, donde los jóvenes ingieren alcohol en la calle, en sus vehículos, mientras conversan con novias y amigas, y otros juegan carreras y hacen malabares con sus automóviles deportivos y de lujo: narcos y émulos, pistoleros y *juniors*, altos consumidores de la adrenalina, enfermos y adictos al poder de portar una pistola y de sobar la cacha dorada de una 9 mm. Todos ahí, en esa licuadora infernal de fin de semana, de plomo y llantas marcadas en el pavimento, de calles de gobierno mafioso e ilegal.

Uno de sus acompañantes saludó a una bella mujer y ésta venía acompañada de otra persona, quien reclamó al joven que se había dirigido a su novia. José Luis, que alcanzó a ver la escena, intercedió para calmar los ánimos, pero el hombre aquel, quien al parecer iba armado, le espetó: "Tú no te metas, sé quién eres y quiénes son ustedes, dónde viven, qué hacen."

Los testigos señalaron que al poco rato el que acompañaba a la dama salió del lugar y regresó minutos después, con varios pistoleros. En bola, como suelen hacerlo, los desconocidos sacaron del centro nocturno a empujones y golpes a José Luis, hasta conducirlo a la zona frontal del negocio y luego a uno de los patios. Ahí, frente a muchos (que no fueron nadie, sino maniquís, testigos sin piel ni sentimientos, sin ojos ni boca), lo golpearon hasta dejarlo inconsciente. En el acelere y el lucimiento, uno de los agresores sacó una pistola calibre 45 mm y le disparó a corta distancia.

Una hora después, uno de los jóvenes que acompañaba a José Luis se anima y por fin llama a sus familiares. Les dice, con palabras atropelladas, que su hijo, Pepe, había sido herido de bala.

"Mi hija me llamó alrededor de las dos de la mañana al celular y como no contesté, me marcó a la casa. Me dijo gritando que habían balaceado a José Luis, que había una balacera en un antro y que José Luis no había salido todavía", luego agregó que acudió al lugar y encontró todo oscuro y sin presencia de la policía, además de que ya habían retirado el listón amarillo para delimitar la escena del crimen y sólo estaban empleados de una empresa funeraria. Uno de ellos le explicó a Arriaga que los agentes de la policía se habían retirado con el agente del Ministerio Público, porque había otra balacera en el municipio de Navolato y se hablaba de varios muertos.

Jornada mortal

En total, de acuerdo con versiones del entonces subprocurador de Justicia Zona Centro, José Luis Leyva Rochín, fueron 15 las personas asesinadas entre el sábado 29 y el domingo 30 de agosto: en un sólo hecho, ocho jóvenes fueron masacrados a balazos en Navolato; y en otros ataques, tres más en Mazatlán, y dos en Culiacán, además de uno en Guamúchil, cabecera municipal de Salvador Alvarado, y otro en el municipio de Sinaloa.

En uno de los casos, señalaron testigos que un grupo armado ejecutó con fusiles AK-47 a ocho jóvenes, entre ellos dos mujeres y dos menores, en la colonia Stasan, municipio de Navolato, donde hubo tres heridos. La PGJE informó que la masacre ocurrió alrededor de las 23:30 horas del sábado, por el bulevar Las Palmas, frente a las instalaciones de la textilera Max Ray. Ahí en la calle, en ese sector conocido como Malecón, las víctimas, todos ellos jóvenes, estaban ingiriendo bebidas embriagantes y escuchando música, cuando llegaron varios desconocidos que viajaban en una camioneta tipo Cheyenne, doble cabina, blanca. Los homicidas llevaban pecheras con portacargadores, y luego de descender del vehículo empezaron a disparar sin más. Algunos de los jóvenes intentaron huir, pero fueron alcanzados por las balas. Ocho de ellos cayeron muertos y tres más resultaron heridos.

En el lugar murieron los hermanos Cirilo y Óscar Manuel López Obeso, de treinta y siete y treinta y dos años, respectivamente, ambos de oficio agricultores y con domicilio en el ejido La Sinaloa. Versiones extraoficiales señalan que contra ellos iba dirigido el ataque, además de que contaban con antecedentes penales por robo de vehículo, de acuerdo con información proporcionada por la Procuraduría local.

Algunas de las víctimas fueron identificadas como Raúl Geovanni Parra Cruz, de veintitrés años, José María, de dieciséis, Jordán Erick, de quince. También Rigoberto Benítez Díaz, de diecinueve años, Marisol Moreno Verástica, de veinticinco, y Dalia Azucena Rocha Arisqueta, de dieciocho años. José María y Erick eran estudiantes. El resto eran empleados y jornaleros.

En otro hecho aparentemente relacionado con el narcotráfico, en el poblado Bariometo, la Policía Ministerial del Estado encontró una camioneta Jeep Compass, color beige, placas VLA-9512 de Sinaloa, con impactos de bala y huellas de sangre.

José Luis tiene diabetes y le entran unas crisis de tal magnitud que perdió algunos de sus dientes, por esta enfermedad . Su mujer, de quien hace años se separó, tiene también una depresión grave.

Trae coraje, rabia, indignación en esta conjuntivitis. Sus ojos se agrandan cuando habla con ese corazón adolorido, desde el fondo, entrañable, sobre los hechos: "La autoridad vale para pura madre, porque están coludidos o por temor, o es que están rebasados totalmente. El brazo armado del crimen organizado ha sido la policía, si no, ¿cómo es que esta gente puede transitar por la ciudad en convoyes armados, sin ser molestados? Pues con la complicidad de la autoridad, de la policía.

"No me apellido Wallace ni Vargas, ni tengo una empresa de prendas deportivas, ni tengo peso político alguno como para gritarles que si no pueden contra el crimen, que renuncien. Aquí tenemos a un Subprocurador de Justicia, Rolando Bonn Bustamante, al que le encantan los medios, hacer declaraciones y hablar de criminalística y demás, pero nunca da resultados."

En su oficina de la Biblioteca Central, rodeado de libros y documentos, y teniendo a sus espaldas un ventanal que da a las áreas verdes de Ciudad Universitaria, Arriaga Robles no duda en ubicar este sexenio, encabezado por el priísta Jesus Aguilar Padilla, como el más violento en la historia de Sinaloa. Y no le falta razón: 1,200 homicidios en cada uno de los años 2008 y 2009, algunos con lapsos de hasta diez asesinatos diarios, y poco más de 2,200 de enero a noviembre de 2010.

Las primeras gestiones hechas por la familia fueron a través del rector de la UAS, Víctor Antonio Corrales Burgueño, quien le pidió al gobernador que investigara este homicidio, en corto, en medio de aquel acto de inicio del ciclo escolar, en la Torre Académica, en septiembre de 2009. Fuentes extraoficiales señalaron que el mandatario dio instrucciones que quisieran vestir de "férreas": cerrar el antro y restringir los horarios de venta de bebidas alcohólicas.

Días después fueron a casa del joven varios agentes investigadores de la Policía Ministerial a realizar las primeras indagatorias. Uno de los agentes le dijo a la familia que el occiso traía un teléfono tipo Nextel, que son muy caros y muy usados por los narcotraficantes.

Un pariente cercano le contesta al agente un airado, "¿y?" El agente, ya contrariado, promete investigar. El mismo familiar le dice, casi a gritos, que investiguen "¡Pero investiguen, háganlo de verdad!"

Mes y medio después acuden ante la Agencia del Ministerio Público especializada en homicidios dolosos, que llevaba el caso del joven y les contestan que "no hay nada".

La familia está indignada. Al coraje y la impotencia del homicidio de José Luis se agrega la falta de resultados y el asomo de la indolencia y la impunidad: no volvieron los ministeriales a hablar con la familia ni investigaron al homicida ni pidieron las cámaras de vigilancia con que cuenta el negocio Kuwa, además de que desecharon otras líneas planteadas por testigos. Versiones de la Procuraduría General de Justicia indican que el homicida y varios de los que participaron en la agresión operaban para el Cártel de Sinaloa y tenían parentesco con capos locales. Pero nadie mueve nada, menos si las pesquisas apuntan hacia el crimen organizado.

Mientras, por teléfono o a través de personas conocidas de la familia, desconocidos mandan mensajes y amenazan a la familia. Pero en el antro nadie vio nada. Ni los que vieron. "Ya déjenlo así. Puede haber más muertos y usted tiene otra hija y un hijo chico", les advirtieron. En el funeral, señalan algunos de los jóvenes que acudieron a despedir al occiso, hubo una mujer que lloró y gritó "pobre José Luis", y pensar que todo había sido por un simple saludo.

Nadie sabe quién es ni dónde está la dama que iba acompañada por uno de los presuntos agresores y homicidas. Meses después, en abril de 2010, el padre de la víctima fue informado a través de autoridades universitarias que, como resultado de las gestiones, la Policía Ministerial había resuelto reabrir el caso.

Cuando se lo informaron, José Luis reclamó: "¡Ah, chingados, pues a qué hora lo cerraron!" Y no hubo más.

La información generada en las corporaciones policíacas señala que aquel que disparó el arma de fuego en contra de José Luis tenía fama de conflictivo. Al parecer, metió a sus cómplices y jefes, en algunos problemas, todos ellos del Cártel de Sinaloa. Al final, señalaron, decidieron desaparecerlo del negocio. Nadie pudo confirmar si había sido también asesinado, o simplemente lo enviaron a otro lugar.

En una declaración recogida por los medios informativos locales, el rector Corrales Burgueño lamentó que de 2007 a finales de 2010 sumen treinta y seis universitarios desaparecidos o asesinados, entre alumnos y maestros. Entre ellos están el del 12 de octubre de 2010, en el área de estacionamiento de Ciudad Universitaria, campus Mazatlán, donde desconocidos dispararon sus armas de fuego en contra de José Antonio Sarabia Quirarte, subinspector de la Policía Federal, del área de Proximidad Social —antes De Caminos—, quien además era estudiante de la Facultad de Derecho de la casa de estudios. Los homicidas le dispararon a corta distancia, antes de que subiera a su vehículo, y aunque fue trasladado inmediatamente por personal de la Cruz Roja a un hospital, las heridas en la zona torácica le provocaron la muerte.

El 18 de octubre de ese año, las jóvenes Ingrid Murillo Sierra y su prima Ethel Murillo Murillo, ambas de diecinueve años, viajaban de Los Mochis a Culiacán en un vehículo de modelo reciente, para continuar con sus estudios en la Universidad. Desde entonces las jóvenes no han sido localizadas.

"Tengo conocimiento de eso, pero el abogado general es quien sabe más. Son treinta y seis los universitarios asesinados y desaparecidos desde el 2007 para acá", dijo Corrales.

—¿Ha habido algún caso esclarecido? —se le preguntó.

—No, que yo sepa no nos han dado ningún informe, pero tendría que verlo con el abogado general. Él es el que lleva todos los casos.

Cartas... marcadas

En su desesperación, el funcionario universitario le envió una carta al presidente de la República, Felipe Calderón Hinojosa, para pedirle su intervención y que la Procuraduría General de la República atraiga las indagatorias del caso de su hijo, ya que el arma que se usó es exclusiva del Ejército mexicano y las Fuerzas armadas y, presumiblemente, intervino la delincuencia organizada, específicamente, el narcotráfico.

"La carta se la mandé en marzo de 2010, con copia a Arturo Chávez, procurador general de la República. En ella le digo al Presidente que en Sinaloa la policía está al servicio del narcotráfico, porque además yo tengo dudas, sospechas, respecto a la autoridad local, por la posible colusión entre ésta con el hampa", afirmó José Luis Arraiga.

En la respuesta, Juan Manuel Llera Blanco, de la oficina de la Presidencia de la República y encargado de Servicio a la Ciudadanía, le contestó que el caso ya había sido turnado a la PGR: "Del análisis de su escrito, mediante el cual solicita que la PGR atraiga la investigación relacionada con el homicidio de su hijo (...) le informo que su caso ha sido turnado a la Procuraduría General de la República. Dicha institución le deberá responder a partir de los procedimientos y plazos definidos en la ley en la materia."

Aquel 12 de marzo, el funcionario le dice que valoran que haya decidido comunicarse directamente con el Presidente de la República "para buscar soluciones a los problemas que afectan nuestra vida cotidiana". Y remata con la frase: "México cuenta con usted y usted cuenta con el Gobierno de México."

Cuando Miguel Ángel Campos Ortiz, entonces delegado de la PGR en Sinaloa, le contestó, le dijo que siempre no, que no habían encontrado indicios que indicaran la presencia del narco en este homicidio y que la dependencia federal, a pesar de las instrucciones y las cartas, no iba a atraer las pesquisas.

Esa madrugada, bajo el manto caliente de una ciudad quemante, una camioneta y un vehículo transitaban "en putamadriza" —como relata un testigo— por la avenida Aquiles Serdán, de norte a sur. Los ocupantes avanzaban a punta de bala, efectuando disparos al aire, y a toda velocidad. Aparentemente eran los mismos que habían participado en la golpiza y el homicidio de José Luis, no iban huyendo. Una patrulla de la Policía Municipal y un convoy de militares habían instalado un retén a menos de un kilómetro del lugar del homicidio. Esculcaban personas y automóviles. Pero no se movieron.

José Luis, Pepe, el de veinte años, se dolía, ya agonizante. Un vigilante lo escuchó decir, quedito "compa, ayúdeme, no puedo respirar". El joven aquel, que no quiso proporcionar su nombre ni dio este testimonio a la autoridad "porque están duros los chingazos y también yo corro riesgos", se acercó, dio dos, tres pasos. Se detuvo, igual que el corazón de ese joven al que le encantaba la tierra: trabajarla, cultivarla, acariciarla; se quedó ahí, besándola con sus lágrimas y sangre, sus cenizas.

Gente bien… mal

"Qué bueno que está estudiando para arreglar computadoras, si no, andaría de gatillero." Es la voz de un padre de alrededor de cuarenta años. Su hijo, que apenas llega a dieciocho, dejó los estudios de preparatoria que estudiaba en la Universidad Autónoma de Sinaloa, cuando estaba en el primer año. Es un chavo noble y bien intencionado, pero tiene lo suyo: la calle recorrida, la noche y la madrugada con amigos y amigas, la cerveza que se sube y se queda en la cabeza, las "travesuras" de esa vida fácil, instantánea. Y él lo sabe.

Juan no estaba presente, pero se entera. Su tío, medio borracho, rayó un vehículo de lujo, modelo 2011, que estaba estacionado ahí, cerca. Maniobró pero no le alcanzaron los reflejos para alejarse de la carrocería del automóvil aquel, en esa estrecha avenida. El dueño del automóvil raspado es un joven que no llega a veinte. Va con otros cuatro o cinco de su camada. Son "punteros", como se les llama a los que vigilan el barrio, la cuadra o el sector, ante cualquier intruso u operativo del ejército o la policía. También venden droga al menudeo —coca, mariguana o cristal, que no es de ellos— para el patrón que controla determinada zona de la ciudad.

En Culiacán no son pocas las zonas que el narco gobierna, es mejor que estén lejos del primer cuadro, o bien, de céntricos sectores y de oficinas gubernamentales. Son conjuntos de colonias en las que nadie entra sin ser detectado y si es un desconocido, se le sigue, porque hay sospechas, se le detiene, se le esculca, y se le interroga. Si es necesario se le tortura. Y si no… Esto a pocas calles de la Unidad Administrativa, una de las sedes del gobierno estatal, en el llamado Centro Sinaloa. O al norte, alrededor de colonias como Lombardo Toledano, 6 de Enero. O allá, al oriente, en la Hidalgo o Guadalupe Victoria.

"Andan armados y se creen muy chingones", dice el padre de Juan, cuando se entera. Es septiembre de 2010 y la tarde se va. Llega a la bóveda celeste esa luna de octubre que ese año se adelantó: plena, imponente, luminosa y lechosa, en lo alto, en el centro, siguiendo y vigilando, esplendorosa, pues parece asomarse y acompañar desde cualquier punto de la ciudad.

Pero ni sus rayos ni la parpadeante luz del automóvil que conducía el tío de Juan alcanzaron para que midiera bien el espacio, al tratar de sacar de reversa el Tsuru modelo 95 que maneja y es de su propiedad. Tampoco alcanzaron para que sus familiares, que veían desde la banqueta, frente a la casa de uno de ellos, no se percataran que uno de los jóvenes "punteros" sacara una pistola y cortara cartucho. Eso sí, no apuntó ni amenazó. No hizo falta.

El conductor que pegó no se dio cuenta del arma de fuego. Al parecer, aquellos se molestaron porque éste, sin dejar de sonreír por la insignificancia del suceso, les contestara que iba a pagar, que no había problema y que hicieran el presupuesto para entregarles mañana u otro día el dinero.

Jóvenes presumidos: crecidos porque el jefe les dio entrada para cocinar cristal, pesar la coca y meterla en bolsitas grameras, porque les tiene confianza y los deja ser "halcones", "punteros", y de vez en cuando portar un arma de fuego para hacerla de cabrones, participar en alguna ejecución o ser guaruras, y traer mucho dinero y ropa de marca y perfume Hugo Boss, dos teléfonos celulares, además del radio Nextel.

"Ya por eso se creen cabrones", dice el papá de Juan. Y cuenta que al día siguiente le platicaron al tío los que vieron al muchacho aquel sacar la escuadra cromada y subir el cartucho a la recámara, listo para disparar. Lo supo Juan y éste le comentó a unos amigos, ésos con los que estaba en la preparatoria y a quienes sigue frecuentando: uno de ellos hijo de un narcotraficante de primer nivel, otro, sobrino de uno de los gatilleros favoritos de un capo de renombre y poder, y el resto, jóvenes temerarios, aprontados y calientes, con encendido automático a la hora de estos jales: de golpear a un desconocido, ponerle una cagada a un cabrón, disparar sin tener que matar, tatuar el asfalto en vehículos nuevos a gran velocidad.

Un amigo le dice que se calme y le recuerda aquel incidente, un septiembre cualquiera de cinco años atrás, cuando él iba manejando su automóvil con prisa y se peleó de carro a carro, o bien, otro conocido suyo le cerró el paso a otro conductor y éste empezó a perseguirlo y a echarle el carro encima, hasta que se le emparejó, sacó un arma de fuego, una pistola, y le disparó. Tuvo suerte: media oreja destrozada, nada más. Él y su hijo, al que había recogido en la puerta de una escuela primaria, se habían salvado.

Sumaron siete con sendas armas de fuego. Juan le dijo al tío y éste abrió un estuche que contenía una 45 mm nuevecita. "Es para que se defienda", le dijo, pero éste, no muy convencido, pujó y la guardó. El padre de Juan, hombre de respeto y trabajo, en cambio, se dejó llevar por el coraje: "Por un pinche choque, fíjate. Sacan la pistola, nomás para apantallar. Y qué tal si se hace un desmadre, si mi hermano se da cuenta y se enoja y se arma la bronca y hay disparos y muertos. Es increíble. No se vale."

Los jóvenes, que habían estado ahí visitando a una amiga cuando se dio el incidente, mandaron a la vecina a que les dijera que iban a ser 3,000 pesos por la compostura de la carrocería. Pero el padre de Juan y los siete muchachos aquellos los esperaban. El papá le dijo que ya tenía el dinero, que fueran por él a ese lugar donde le habían rayado el carro. Estuvieron en vigilia, esperando. Los "punteros" fueron avisados de que podía tratarse de una celada, además de que no les gustó el tono. Así que enviaron a alguien más por el dinero. No hubo insistencias que hicieran que cambiaran de parecer. Nomás no fueron. "Y dile al señor que nos entregue el dinero, que ahí muere", fue el recado.

La llamada "Guerra contra el narcotráfico" emprendida por el presidente Felipe Calderón ha dejado más de 4,000 niños y adolescentes muertos, en la orfandad o reclutados por bandas de sicarios, según cifras de la Red por los Derechos de la Infancia en México (REDIM).

El informe de la REDIM, dado a conocer a finales de 2010, indica que de 2006 a la fecha casi 1,000 menores de diecisiete años de edad fueron asesinados en incidentes relacionados con la lucha contra el narco. Además, unos 30,000 menores podrían estar cooperando de alguna manera con las organizaciones criminales, involucrados en al menos veintidós tipos de delitos: desde el tráfico de drogas hasta extorsiones y otros.

En Sinaloa, además de cobrar la vida de cientos de adultos en homicidios relacionados en su mayoría con el crimen organizado, la violencia también ha cobrado la vida de menores de edad: datos proporcionados por la Procuraduría General de Justicia del Estado indican que durante los tres años en la entidad se han tenido al menos 157 homicidios de menores. En el 2008 fueron 39 homicidios de menores, en 2009 la cifra aumentó a 68 asesinatos, y hasta el 30 de septiembre de 2010 se tenían contabilizados 50 crímenes contra menores.

El padre de Juan se encabronó más. "Pinches morros, se meten en broncas y luego no saben enfrentar las consecuencias. No saben cómo salir", le dijo a uno de los familiares, quien se mantuvo nervioso, con los músculos traseros apretados, temiendo un desenlace fatal. Le llamaron a la vecina, la misma a la que habían visitado aquellos, para enviarles un mensaje, con todo y los 3,000 pesos: "Diles que no se vale, que no anden haciendo bronca porque se los puede llevar la chingada, y que mejor ni regresen, porque quién sabe qué vaya a pasar."

Horas después, ella, una muchacha de apenas veinte años, volvió con la respuesta. Contó que los jóvenes ya no iban a presentarse ahí, que el jefe, el patrón, se había enterado del altercado y castigó al que sacó la pistola y les puso una regañada al resto. Al de la pistola, dijo, se lo llevaron a una casa de seguridad y lo encerraron. No saben cuándo lo van a soltar.

El papá de Juan despachó a los amigos de su hijo y les dio las gracias. Se secó el sudor que ya empañaba su frente. Ante el espejo descubrió nuevas canas en su ya plateado pelo. "Son de coraje… y de ganas." Rio.

De nuevo estaba solo, en su camioneta Mitsubishi nacionalizada y tosijosa, para atender los asuntos que tenía pendientes ese día, en su trabajo. Padre de cinco, chambeador desde niño, honesto y solidario. Aun así, bonachón y con bolsillos secos, estuvo a punto de meterse en una, de jalar el gatillo, ordenar esto, lo otro, y manchar su frente, esas canas, no de sudor ni de blanco, sino de rojo. Con tal de vengarse. Sabe que él es bueno, que su hijo también. O eran. Ahora son gente buena que puede ser mala. En un tris. Un chisguete. Por poco o por nada. Gente bien… mal. (3 de diciembre de 2010.)

El hombre malo

"Andar en la noche está pesado", dice El Negro, taxista. Bajo de estatura, pero con una prudencia que le ha evitado dolores de cabeza, lesiones y muerte, aunque la ha visto y le ha sostenido la mirada: desde el oscuro cañón de un fusil AK-47, que se le quedaba viendo en brazos del joven aquel que le dice que se cuide, porque quizá no llegue.

Comienza su jornada a las siete de la tarde y la concluye alrededor de las 3:30 o 4 horas. Es su rutina: le cuesta alrededor de 5,000 kilómetros al mes, lo que significa que en ese lapso tiene que realizarle el servicio de mantenimiento a su vehículo, y que en promedio, al día, sus llantas devoran cerca de 200 kilómetros.

A El Negro no se le olvida aquella vez que viajaba por la avenida Domingo Rubí, en el primer cuadro de Culiacán. Él llevaba la preferencia, a eso de las 2:30 horas el semáforo seguía funcionando y en lo alto estaba el color verde. Como no es confiado, "no se puede y menos durante la madrugada", bajó un poco la velocidad. Iba solo. Se asomó al cruce de Rubí con Francisco Villa y vio una sombra blanca, un motor rugiendo y un vehículo que circulaba a cerca de 120 kilómetros por hora. Se quedó perplejo: a esa velocidad, en una calle angosta que apenas da para que circulen dos vehículos, uno por cada sentido, haciendo el paso de la muerte. El conductor siguió así, manteniendo su trayectoria recta y repitió el ritual suicida en el cruce de Francisco Villa con la avenida Álvaro Obregón, la principal y de mayor circulación.

"No es posible —rezó El Negro— ese vato, o se quiere morir o lleva un dolor muy grande, una decepción." Se mantuvo ahí, en la esquina ignorando la luz verde, atontado por lo que acababa de presenciar, que pudo haber provocado un accidente o tal vez muertos. Después entendió aquello: tras él, iba una caravana de tres vehículos, todos ellos de modelo reciente, que se atrasaban por temor a no sufrir choques durante la persecución, pero que revolucionaban los motores con rapidez, intentando alcanzar al del Jetta blanco.

Era diciembre de 2007. El pasajero le pidió que le ayudara a bajar algo de comida y una hielera llena de botes de cerveza y hielo. En el interior de la casa, ubicada por la calle Juárez, en la colonia Hidalgo, unos hombres convivían. Parecía fiesta familiar copada de jóvenes. Tocaban la guitarra, cantaban. Metros antes de que ellos llegaran, dos camionetas de modelo reciente se estacionaron frente a la vivienda. El Negro y su cliente vieron que los hombres sacaron armas de fuego de compartimentos que tenían en las puertas de los vehículos, en ese momento pasó una caravana de patrullas militares, una de ellas, tipo Hummer, artillada. El conductor de una de las camionetas se bajó y saludó al oficial que, al parecer, iba al frente del convoy, sacó un rollo de billetes y se despidió. Los militares salieron rápido y los de las camionetas, unos seis, entraron a la vivienda, abriéndose paso entre los asistentes a la fiesta, hasta que se toparon de frente con tres que también estaban armados: "Uno de ellos le preguntó que qué quería. El otro contestó que iban por uno de los que estaban ahí, departiendo. Le dijo que no se iban a llevar nada. Le respondió que les debía dinero. Tomó el teléfono, marcó, saludó y le pasó el aparato móvil a los recién llegados. Había seis matones ahí, tres adentro y tres afuera. Colgó, regresó el teléfono y dijo, «disculpe por favor». Y se retiró", recordó uno de los testigos del intento de levantón, cuya identidad se mantiene en el anonimato.

El Negro vio esto detenido a mitad de la calle, con su acompañante. Le dijo que hasta ahí llegaba. Salió de ahí caminando, dejó el taxi y a las dos horas, cuando se aseguró de que no había pasado nada, volvió por su automóvil.

En diciembre de 2008, cuando se habían roto ya los lazos comerciales, familiares y amistosos entre los dos principales grupos que lideraban El Cártel de Sinaloa, El Negro acudió alrededor de las 2 horas por un músico, a la colonia Las Quintas. Se le había quedado tirado el automóvil y le pidió que le ayudara a arreglarlo y que lo llevara a su casa.

Estaban en una zona comercial, tránsito de buchones y *juniors* durante los fines de semana, movimiento que se intensificaba esos días, por las fechas de fin de año, las fiestas, las posadas: la suma de todos los desmadres, que se unen a la fiesta de la sangre y el tableteo de las ametralladoras. Ellos se quedaron en el estacionamiento de un Oxxo que tenía servicio nocturno. Vieron que llegó un vehículo tipo Tsuru, del que se bajaron un muchacho joven y una mujer menor de veinte años. Un tercero se quedó en el asiento trasero, parecía que venía ebrio, recostado o dormido. De pronto se le emparejó otro vehículo de lujo y de modelo reciente. Descendió un joven de aproximadamente diesiciete años, levantó un fusil AK-47 y empezó a disparar en contra de aquel que venía en la parte trasera del Tsuru. El Negro sintió las piernas flacas y la vida breve, vulnerable, insignificante, en su panza. Se agachó, se hizo bola. Le gritó al otro que se agachara, luego que recogiera las cosas, que se fueran de ahí, pero ya.

"Yo vi claramente cómo aquel chavo, un morro, levantó el arma y empezó a disparar. Era un cuerno, de esos que traen cargador de disco. Creo que fácil le disparó unas cien balas: no más se veía cómo salía fuego del cañón del arma aquella... Fue horrible."

Un carro que iba a pasar por ahí frenó a tiempo y estuvo a punto de chocar el taxi de El Negro. Él prefirió salir, pues ya habían logrado encender el vehículo del músico, de reversa. Vio a lo lejos la ciudad envuelta en una sábana blancuzca de neblina invernal en pleno otoño. Las luces públicas de los postes, los fanales de los vehículos, como *copeches* indiferentes, la ciudad en otra parte, la vida también. La muerte ahí.

Esas semanas de diciembre fueron en promedio de 30 ó 35 asesinatos, todos ellos a balazos, cometidos con armas de alto poder. Además no faltaron masacres: tres, cuatro, jóvenes en su mayoría, esparciendo sus restos en el pavimento, en el interior de vehículos, en calles empedradas y en patios de viviendas que siempre estuvieron alertas y amenazadas.

—¿Viste? —le preguntó el taxista al cliente aquel, al día siguiente.

—Sí, sí. Estuvo feo.

—Vas a ver, en los periódicos van a decir que a ese chavo lo mataron de unos cien balazos. Vas a ver.

Y así fue.

¿De quién es la noche? De nadie, de sus habitantes, de quienes viven ahí y trabajan, sucumben a sus venas oscuras, a veces densas, dulces o amargas, o los que militan placenteramente en el innoble oficio de autodestruirse. De ratificar cada noche, fin de semana o no, que en estas ciudades a ellos les sobra vida y por eso la gastan. Aunque también gastan las de los demás. No importa. Que haya violencia, disparos, los vehículos jueguen carreras, los que se amamanten de alcohol se amanezcan y haya sobredosis de coca, mariguana, emoción, lucimiento y adrenalina.

El 24 de enero de 2010 murió en un accidente automovilístico Luis Acosta Bojórquez, de treinta y seis años. Un grupo de jóvenes que al parecer jugaba carreras convirtió un paseo matinal, un domingo de ejercicio y relax por el Jardín Botánico, en exequias.

La esposa del occiso, Clarita Castro Castro, quien iba con él cuando el percance, murió meses después en el hospital. La joven pareja circulaba en un Tsuru rojo, placas VJU-8565, que quedó prácticamente destrozado por la calle Carlos Lineo, en la colonia Chapultepec, Culiacán. El chofer y sus acompañantes iban briagos y desvelados. La joven, oriunda de la ciudad de Los Mochis, ubicada al norte de Sinaloa, perdió la vida en el hospital del Instituto Mexicano del Seguro Social, en la capital sinaloense, el 30 de marzo.

El diagnóstico de los especialistas del IMSS fue demoledor: de recuperarse, habría perdido movilidad y tendría secuelas por lesiones cerebrales, ya que tenía una suerte de infarto en la médula espinal. Según testigos, el conductor del vehículo deportivo, marca Chevrolet, modelo Camaro 2010, color gris, y sin placas de circulación, jugaba carreras con otra unidad blanca, tipo Camry, marca Toyota. Al parecer, al llegar a la esquina con la calle Catedráticos se impactó con el Tsuru rojo, y posteriormente siguió la marcha sin control y chocó nuevamente contra un Chevrolet Chevy, color rojo, placas VKG- 7971, de Sinaloa, que estaba estacionado, el cual golpeó un poste de telefonía. El Camaro continuó sin control y volvió a chocar con una camioneta roja Ford F250, placas TY- 98641 también de Sinaloa, estacionada a unos metros del Chevy.

Según personas que se encontraban en el lugar, al sitio llegó un automóvil al que se subió el conductor del Camaro y se retiró del lugar. Dentro del vehículo deportivo, sin placas, fueron encontradas botellas de cerveza.

A nivel nacional, alrededor de 17,000 jóvenes mueren al año por manejar ebrios, señaló Carmen Fernández, directora de los Centros de Integración Juvenil (CIJ), quien vinculó el consumo de alcohol con la mayoría de accidentes automovilísticos que se dan en el país y por lo tanto, con la mortandad en hechos de este tipo.

Levantones y amenazas

Debido a ese turno de noctámbulo, de vampiro del giro de transporte de pasajeros, El Negro tenía entre sus clientes bohemios, músicos, dipsómanos y teiboleras. Dos de estas jóvenes le pidieron que las llevara a su casa. Pasaban de las 2 cuando se dirigían al fraccionamiento Santa Fe, al norte de Culiacán. Un vehículo iba delante y más allá, a lo lejos, en la entrada de un restaurante, estaba otro. El primer automóvil se acercó a donde estaba el vehículo cercano al restaurante, aceleró y se atravesaron. Bajaron dos hombres con fusiles y sacaron al que manejaba, de las greñas y a golpes. El Negro prefirió tomar otra calle, esconderse, apagar las luces. Vieron que los de la camioneta en que llevaban al levantado pasaron de largo y siguieron su trayecto hacia la casa de una de las jóvenes. Cuadras adelante vieron que una camioneta igual a aquella los seguía a gran velocidad. El Negro se espantó. Aún traía a una de sus clientas con él. Aceleró lo más que pudo, brincando entre topes y baches. Encontró una zona comercial, cerca del estadio de futbol de los Dorados, por la calle Novena. Iluminada, con gente en los vehículos. Se estacionó y apagó de nuevo los focos. La camioneta pasó de nuevo, sin percatarse ni buscarlos. El Negro dijo, musitando, "creo que ya se lo echaron, ya mataron al vato que traían, por eso van huyendo". Y soltó el aire: había pensado que como habían visto todo, ahora iban por ellos.

A El Negro le ha tocado vérselas de su color: lo han asaltado y golpeado, le han quitado su vehículo, lo han amenazado. Se siente afortunado de que las balas hayan pasado, sin mirarlo ni visitarlo.

Esa ocasión en octubre, había juego de beisbol en el estadio General Ángel Flores, la casa de Los Tomateros de Culiacán. El vehículo que iba adelante, uno tipo Sentra, de modelo cuadrado, iba despacio. Él traía prisa, pues tenía que pasar por un cliente cerca del panteón que se ubica por el bulevar Gabriel Leyva Solano. Aceleró y rebasó al conductor aquel, un joven que parecía no tener ninguna clase de apuro.

El Negro circulaba por la Constitución, pasó la Andrade y luego llegó a la avenida Aquiles Serdán. Ahí le cerró el paso el hombre del Sentra aquel: "«¿Qué pasó, lleva mucha prisa?», me preguntó. Era un muchacho, de unos veintiún años. Se veía calmado. No iba borracho, no me pareció." "Tal vez", agregó El Negro, "bajo el influjo de alguna droga", por la forma en que miraba y hablaba: lerdo, pausado, arrastrando sílabas, acortando expresiones, escarchando el aire a su paso.

El diálogo era de carro a carro. El Negro, con esa pesadez que viste de prudencia, contestó que andaba apurado porque tenía que pasar por alguien, ahí, a la vuelta, unas cuadras, cerca.

"Entonces el muchacho hace un movimiento y hace que asome un fusil AK-47, de esos cuernos de chivo. Lo levanta y me apunta. Así se queda, un ratito que a mí me pareció un chingo, una eternidad. Y lo más cabrón fue cuando me dijo «pues ándese con cuidado, porque a lo mejor no llega».

El taxista se quedó helado. Pensó que tenía que contestarle algo, pero sin pelear: "Sí, tiene razón, muchas gracias." Él sintió que se había salvado de otra. Qué alivio. No era tan tarde, en ese octubre de 2009, pero para él sí se hizo tarde. Se sintió encorvado, pesado: en unos segundos había envejecido, se convirtió en un senecto: un muerto en vida, un poquito menos vivo, o más muerto.

El cobrador

No hacen falta balazos para que el narco mate. No en estas ciudades con alta incidencia de violencia vial, en las que un cambio de luces, un aplastón del claxon, una mirada, una torpeza vehicular cuando otro auto se quiere colar en la fila, puede acercar al peligro y colocar al conductor en el centro de la mirilla. Con o sin armas, de día o de noche, a cualquier hora o lugar.

El reporte de la Policía Municipal de Culiacán indica que aquel 25 de mayo de 2010 los agentes recibieron la orden de que acudieran a calle Estado de Puebla, en la colonia Las Quintas, donde estaba una persona herida con arma de fuego. "Constituidos en el lugar los agentes observaron que dentro de un vehículo de la marca Ford Winstar, verde, modelo 1996, placas HLK-1757, al cual le observaron tres orificios de proyectil de arma de fuego en la puerta del conductor. En el asiento del conductor se encontraba una persona del sexo masculino, lesionada por proyectil de arma de fuego quien dijo llamarse Juan Diego Manjarrez Quintero, de veintiséis años."

El joven, señalan los uniformados, circulaba por esta calle cuando chocó contra una camioneta Ford verde. Un desconocido descendió de este automóvil con una pistola fajada, y lo empezó a agredir: primero con cachazos en la cabeza y luego a balazos. En tres ocasiones le disparó, lesionándole la pelvis. Paramédicos de la Cruz Roja lo trasladaron a un hospital de la localidad. Los reportes indican que está fuera de peligro.

Aquel otro taxista hubiera querido no sacar el vehículo del taller ni pasar por ese lugar, ni toparse con el monstruo aquel que manejaba frente a él un vehículo Jetta, al que en un descuido chocó. El hombre exige que le pague en ese momento. El taxista le contesta que sí, pero que espere unos días. El iracundo saca un arma de fuego y apunta hacia el niño que iba dentro del vehículo acompañando al taxista: entonces me cobro con tu hijo…

Norma Sánchez, reportera del semanario *Ríodoce*, en su nota publicada el 1 de noviembre de 2010, cuenta: "La noticia quedó escondida en los diarios de Sinaloa y no logró captar la atención de medios nacionales ni de los defensores de derechos humanos, a pesar de la peculiaridad del caso. Carlos Alberto iba acompañado de su hijo menor, de cuatro años, cuando chocó por alcance contra el vehículo de su agresor. Iba rumbo a la oficina de su hermana."

Cuenta Felipa Muñoz que su hijo le habría gritado al hombre el cual segundos después le disparó: "¡Pues chinga a tu madre, entonces no te pago!", tras discutir con él el pago de los daños.

"El hombre no esperó, no le convino lo que le quería dar mi hijo, supongo… Entonces sacó la pistola y le dijo: «Me cobro con tu hijo», él (Carlos Alberto) cubrió al pequeño", relata la adolorida madre, a siete meses del asesinato. Carlos Alberto habría abrazado a su hijo cuando le dispararon.

"Lo abrazó para protegerlo. Por eso cuando llegó el niño a la casa, traía la cara manchada de sangre", recuerda Felipa temblando.

"Carlos Alberto tenía tres días sin trabajar porque su taxi se descompuso. Acababa de conseguir 2,000 pesos prestados para la reparación", afirma María Elisa, su ahora viuda.

Un día antes había festejado su cumpleaños con un pastel que ella le compró. Estudiantes que salían de sus clases vespertinas de la ETI y del CBTIS 224 ubicados cerca del lugar, lo habrían visto todo, pues cruzaban el transitado bulevar de la capital sinaloense cuando Carlos Alberto fue ultimado, en la colonia Rosales. Fueron precisamente estudiantes los que entregaron al niño a su abuela Felipa, para que esta lo cuidara mientras el Semefo levantaba el cuerpo de Carlos Alberto. "Cuando me trajeron al niño me quedé con él esperando a los demás (sus hijos), para que fueran a buscar a mi hijo. Llamamos a la Cruz Roja y no contestaron. Pensábamos que si iban podían salvarlo. Pero mi hijo ya no tenía lucha."

El cuerpo quedó tirado a un lado del Tsuru en el que iba; los peritos de la PGJ recogieron cuatro casquillos calibre 38 mm súper del lugar. Su crimen ha dejado resentimiento y resignación en la familia.

"Nomás vale para pura fregada el Gobierno, aquí andan armados los que quieren", reniega Miguel Ángel al recordar a su hermano. El cadáver, agregaron los familiares, les fue entregado sin la ropa y el dinero que llevaba. El niño aquel, de cuatro años, contó después que "el hombre malo" quiso matarlo, pero que su padre lo había salvado.

Concierto por la paz

Héctor Nayar Reyes era un percusionista culichi y había regresado a los escenarios locales, luego de tocar en el auditorio Justo Sierra, de la UNAM, en la ciudad de México, y realizar una gira por ciudades como Guadalajara y Hermosillo, "haciendo de la música una forma de resistencia contra algo que está ocurriendo en México y en todo el mundo". Él fue muerto a balazos, con su novia y un amigo.

Los tres viajaban en un automóvil Neón, con placas del Distrito Federal, cuya propiedad fue atribuida inicialmente a la Procuraduría General de la República (PGR), pero esto no fue confirmado por las autoridades, luego de haber tocado en la Feria Ganadera, en Culiacán. Ahí, entre hombres con botas de avestruz, cinto piteado y armados (armas que los agentes que custodian la puerta y los interiores de la exposición no ven), tocaron *Don't let me down*, de los Beatles, a ritmo de reggae.

Quienes los conocieron sabían que eran jóvenes inquietos, preocupados por la violencia y el narcotráfico. Por eso participaron en el Concierto por la Paz, organizado por la activista y promotora cultural Karina Soltero, con otros artistas locales en la isla Orabá.

Al día siguiente, como parte de las exequias realizadas por cuenta de los jóvenes músicos, los despidieron a su manera y exigieron justicia, a través del llanto de la guitarra y el estruendo de las percusiones, en un acto realizado en la plazuela Obregón, junto a catedral. Martín Durán, reportero del periódico *Ríodoce*, escribió en la edición publicada el 13 de diciembre:

> Navegar por la noche de Culiacán, perderse entre calles y avenidas que a veces se pueblan de cenotafios que invaden banquetas, que están ahí para llenar de sangre la memoria de los miles de crímenes que se cometen.

Eran los tres jóvenes músicos circulando por el bulevar Maquío Clouthier, atravesando de norte a sur la ciudad del caos y sus homicidios sin culpables. Y de pronto las ráfagas, el asedio del plomo que fulmina, las llantas que se quedan marcadas sobre el asfalto, la velocidad de la muerte en Lomas del Bulevard a un lado de la Plaza Culiacán. La Policía registró el ataque a las 23:20 horas.

No hubo testigos que dijeran el tipo de vehículo en el que iban los sicarios, sólo que eran dos. Las ráfagas de AK-47 no dejaron de atravesar el metal del automóvil que violentamente fue a chocar contra una macetera hasta explotar en llamas. Cuerpos que dentro del Focus se apagaban en un instante, las manos que supieron dominar el ruido para convertirlo en música, el pelo rasta simbólico de la raza jamaiquina y la vida misma incendiada y terminada por las balas.

Jennifer quedó en el asiento de atrás, Fernando y Héctor adelante, conductor y copiloto, guitarrista y baterista... en la noche cercada por grupos de sicarios que se agencian la muerte con toda impunidad.

El viernes pasado, la banda tomó las armas, sus instrumentos musicales que con ráfagas de regee y jazz pretenden mantener «la resistencia» en un país en guerra.

Los tres fueron abatidos a tiros. Nadie sabe por qué. El vehículo se impactó y las balas provocaron que el automóvil se incendiara. Los cadáveres quedaron calcinados. En sus sitios de Facebook, sus amigos los despidieron:

"Siempre estaran presentes en nuestra alma y corazón... Su partida fue rapida e inesperada, dejando en todos sus seres queridos un vacio y mucho dolor. Pero recordemos los buenos tiempos y pensemos que nos veremos algun dia, para continuar tocando con emocion. Los Quiero un Chingo! R.I.P, Hektor!,

Jenny!, Fer (Bambucha)! Nos volveremos a ver! :D, que dios me los cuide en la gloria Pá: "El domingo"

"Un gran camarada de la música juvenil sinaloense nos han dejado, Hector Nayar Reyes. Fuiste ultimado cobardemente junto a tu novia y tu amigo, sin derecho a poder levantar una mano para protegerte. Te vas, pero dejas bonitos y hermosos recuerdos en nuestros corazones. Descansa en paz: Hector Nayar Reyes."

Durante la madrugada del 29 de agosto fue muerto a balazos un joven que después fue identificado como Marcial Fernández, quien iba a bordo de un vehículo deportivo de modelo reciente, tipo Lamborghini, blanco, por la calle Presa Azúcar, en la colonia Las Quintas.

Ahí, frente a la casa marcada con el número 1048, varios homicidas le dispararon hasta matarlo. Cuando estaban ahí periodistas y agentes de las diferentes corporaciones, un comando llegó para llevarse el cadáver, luego de amenazar a reporteros y uniformados: "Si sale algo publicado, los matamos."

Al día siguiente nada salió en los periódicos y sólo el semanario *Ríodoce*, que circula en Culiacán y en las principales ciudades de Sinaloa, en su edición del 7 de septiembre de 2010, publicó la nota "Fuerte es el silencio." Ni siquiera sabían de este hecho en las corporaciones ni en la Procuraduría General de Justicia del Estado, además, las corporaciones no habían enviado el respectivo parte informativo del homicidio.

"Dos fotorreporteros llegaron cámara en ristre, pero los propios policías les dijeron «aquí no ha pasado nada». Más tarde, indicaron agentes municipales, los desconocidos regresaron por el vehículo deportivo, dejando sobre el pavimento restos de vidrios rotos."

Voces de la calle

"El narco es una mierda: te traicionan, te entregan, te usan, te ponen. No hay lealtad. Tal vez entre los jefes. Pero no, también entre ellos hay mierda. Por eso ya cambié de número de teléfono celular." (Un sicario en retiro, octubre 2010.)

"En México o nos mata el narco o nos mata el gobierno. No queremos morir por ser jóvenes. No quiero, no quiero, morir en el sexenio. Ni un muerto más..." (Jóvenes estudiantes, en una protesta frente a la PGR, ciudad de México, 28 de octubre 2010.)

"Lo que está pasando aquí no puede seguir así... Ahorita son ellos, mañana quién. Es gente inocente que se está muriendo, gente que no tiene la culpa, que no tiene malicia. Como no había pasado en mi familia, yo decía pues sí son culpables, pero ahora veo que es gente inocente la que se está yendo." (Opinión de una joven en funeral de jóvenes asesinados en Juárez, publicadas en la página electrónica de *El Universal TV*, 31 de octubre de 2010.)

"Muerte y si es de joven, mejor, parece ser el exergo, de nuestra nueva identidad. La ansiedad del miedo está en nosotros. A fuerza de repetirnos, la fiesta de la sangre, se instaura esta realidad de realidades.

Es una realidad de realidades, que nos repite lo inefable. Desmiente toda explicación oficial de lo que ocurre. Aún así, seguimos pasivos. Una frialdad pública y social, que enferma. Lo que nos acontece desborda todo concepto de civilización y humanidad. No hay luz en el túnel. No hay refugio seguro para nadie." (José Antonio Figueroa Lee, articulista, 13 de mayo 2010).

"Ya basta pueblo, debemos despertar de esta situación que estamos viviendo, la solución está en nuestras manos, sólo pido unión y acción ante toda esta porquería de gobierno, el cual está hecho una lacra. Luchemos a través de las armas si es necesario para eliminar a toda esta caca en la que estamos metidos, pero que sea parejo, jalar parejo nada de tener miedo a nada... ¡¡¡¡Ya basta!!!" (Mensaje en la web, semanario *Ríodoce*, 7 de noviembre de 2010.)

"Y lo piensa alguien que alguna vez soñó con hacer periodismo social. Que alguna vez imaginó ser corresponsal de guerra. Escribir una nota que cambiaría el curso de la historia. Cumplir con la noble tarea del periodismo más puro y responsable.

Pero el sonido de tantas balas, grabadas y sin grabar, me ha cambiado esa idea.

Perdón, pero a mí ya no me emociona ver un video de algo que escucho cualquier martes a las 3 de la tarde. Y no me parece valeroso. Ni siquiera me provoca morbo." (Carolina Hernández, reportera de *El Mañana*, en Matamoros, Tamaulipas, en perfil de Facebook, 5 de noviembre 2010).

"En Guamúchil no dejan salir a dar la vuelta a los antros a una sobrina. No la dejan sus padres porque han matado a muchos jóvenes. Pero tampoco la dejan los narcos, que si llegan a agarrarla la pueden matar. Esta semana tuvieron que irse a Culiacán para salir a las fiestas del día de brujas. Son vagas esas morras. Y eso que a dos de sus amigas las desaparecieron, no se sabe nada de ellas." (Expresión en Guamúchil, cabecera municipal de Salvador Alvarado, 8 de noviembre de 2010.)

—¿A qué te dedicas?

—Soy periodista.

—¿Ah sí? ¿Y dónde?

—En Culiacán.

—¿Y estás vivo?

(Diálogo en una librería, en la ciudad de México.)

PRESOS: UNA VIDA DE MUERTE TRAS LAS REJAS

Reclusos saludan desde la azotea del Cereso municipal de Ciudad Juárez, Chihuahua, donde se amotinaron por mas de 6 horas. Cd. Juárez Chih.
Foto: Eduardo Miranda / © Procesofoto / DF

Tengo mucho que no tengo nada

Llorando, asido al brazo de aquella joven blanca, le dijo, ahogando sus propias palabras: "Ayúdame, estoy desesperado. Necesito que me encierres. Me quieren matar."

El Rey temblaba. Su apodo no podía combatir con la piltrafa en que estaba convertido, en aquel 18 de mayo de 2010. El matón aquel, escolta de capos del narcotráfico, drogo, ladrón y asaltante, había sucumbido al miedo y ahora lo tenía ahí, postrado, moqueando como un niño. Vulnerable y desamparado.

Le estaba pidiendo a su amiga Sonia que se lo llevara de ahí y lo encerrara en un centro de rehabilitación. Quería salvarse porque lo andaban buscando para matarlo. Quería curarse de su alcoholismo y su adicción a múltiples drogas.

Un día antes, un joven que conoce y que andaba en la clica —como se llama a los grupos de delincuentes que forman parte del narcotráfico— lo sorprendió tendido en la banqueta de su casa. Iba en una motocicleta. Le aceleraba y luego frenaba. Le pasaba cerca, aceleraba el motor haciéndolo rezongar. El mofle tosía con fuerza y prolongaba sus gemidos. Lo despertó el ruidazo. El tipo aquel le daba vueltas y él logró sentarse. Abrió los ojos, talló con sus manos pelo y cara. No era fácil despertar luego de días de cerveza y cocaína.

"Hey, loco, aliviánate. Levántate cabrón y más vale que le eches ganas. Te andan buscando. Te busca el patrón. Dice que te quieren matar. Aliviánate porque si no te va a llevar la chingada. A la verga", recuerda El Rey que le dijo el matón aquel.

Se fue de ahí a toda marcha. Marcó el negro de las llantas en el pavimento y se perdió en el carrerío de la Juárez, muy cerca del centro en Culiacán. Por eso se puso a llorar. Dejó la botella de cerveza a la mitad y se fue a buscar a Sonia. Sabía que lo podía ayudar.

El Rey es moreno, de mediana estatura, pelo lacio y erecto. Corte tipo militar. Tiene unas diez marcas en la piel: de tatuajes y de heridas. Un tubazo que asoma y le hizo una partidura lateral izquierda en su cabeza, un navajazo entre ceja y ceja, donde nace la nariz, una fractura de muñeca izquierda que le dejó un hueso saltado, un balazo en la pierna derecha que le rozó la tibia, y varias cuchilladas en la panza, del lado izquierdo, que le marcaron la piel como zarpazos de león.

En apariencia anda rozando los treinta años y no tiene menos de veinticinco. De esos, unos doce, quizá, limpios: inocentes, del pecho de su madre a la cuna y de ahí a la calle, los amigos, el futbol y el beis, de jugar a los trompos y las canicas. Y luego la escuela.

Pero su madre no pudo. No con todos, esos siete. No con un padre ausente que se encargó de depositar en esa cálida ranura el fluido seminal, tal vez drogado o borracho. Ido, ausente, en todos los sentidos, por eso su madre lo sacó de la escuela, porque no le alcanzaba el dinero. Luego lo metió al tutelar, cuando lo que no le alcanzó fue el orden, el control, la atención, la disciplina.

Tuvo en su trayectoria dos escuelas: las de la primaria y secundaria, que apenas influyeron en su vida, y las del tutelar y las cárceles. En su expediente acumula robos, asaltos, posesión y consumo de drogas, pero a su vida criminal agregó homicidios, portación de armas de fuego, es decir, se convirtió en un consumado matón a sueldo.

Suma ocho encarcelamientos. Tres de ellos en Tijuana, la ciudad más importante de Baja California, uno en Guadalajara, Jalisco, otro más en el puerto sinaloense de Mazatlán, y tres en Culiacán, la capital del estado de Sinaloa.

La zona en la que creció se llama El Mercadito, ubicada a pocos metros del primer cuadro de la ciudad, aunque se le considera parte del centro. Las calles son angostas, es el viejo Culiacán, pero también el más olvidado. La céntrica periferia: cantinas, narcos que bajan de la sierra para surtirse de motobombas y mangueras que utilizarán en la siembra de mariguana y amapola, jóvenes y bellas mujeres, con gorras y ropa untada que ofrecen en la calle comprar o vender dólares, hoteles del arrabal que funcionan para urgencias sexuales instantáneas, cuarterío para la prostitución, cantinas exclusivas para asaltantes y sicarios de quinta fila, casas de cambio que son almacenes de lo ilícito, negocios informales que expenden CD's de narcocorridos y DVD de películas del sicariato y grandes capos.

Aquí se expenden también perfumes caros, joyas con piedras preciosas y ropa de moda: un mercado negro de la carne femenina y los billetes verdes, calles y rincones que congregan drenaje y polución, héroes de la canabis y los fusiles AK-47, patio trasero de Culiacán y su perdición.

Un cascarón de casas y edificios viejos, ése es El Mercadito. Cuatro cuadras a la redonda, compuestas por paredes viejas, deshilachadas y a medio pintar. Herrería de óxido y olvido, fachadas baldías que sólo tienen vida cuando hay luz, porque de noche esto es peor que el arrabal.

Justamente aquí, en este sector, por la calle Juárez y precisamente dos años atrás, el 14 de mayo de 2008, agentes de la Policía Federal Preventiva y efectivos del Ejército mexicano aseguraron treinta casas de cambio que operaban de manera ilegal. Las sorpresivas acciones, que provocaron que clientes y empleados salieran corriendo del lugar, fueron emprendidas como parte de las acciones que contra el crimen organizado emprendió el Gobierno Federal en mayo de ese año, luego de la detención de Alfredo Beltrán Leyva, El Mochomo, y el ulterior desprendimiento del clan de los Beltrán Leyva de la organización de Ismael Zambada García, El Mayo, y Joaquín Guzmán Loera, El Chapo, a quienes servían en importantes regiones del país.

La división se tradujo en enfrentamientos, ejecuciones, "levantones" (secuestros sin rescate de por medio) y asesinatos de operadores, contactos y familiares. Los líderes del Cártel de Sinaloa y los Beltrán Leyva iniciaron sus internos ajustes de cuentas. Después los asesinatos ya no fueron tan internos: alcanzaron gran parte del país, incendiándolo.

Luego de que se colocaron sellos y calcomanías que indicaban que esos inmuebles había sido asegurados por la Procuraduría General de la República, el siguiente paso para combatir el supuesto lavado de dinero en El Mercadito fue la intervención de personal de la Secretaría de Hacienda y Crédito Público, cuya tarea fue revisar la supuesta procedencia legal de los negocios y sus recursos.

"Es para seguridad suya", dijo durante las acciones uno de los jefes militares a la encargada del Servicio de Cambio Romeo, ubicado sobre la calle Juárez. "Usted cierra, usted va a traer las llaves, su documentación se la lleva. Ya mañana o pasado va a venir Hacienda y revisará la legalidad de su negocio." En cada establecimiento asegurado quedó un custodio de la Policía Ministerial del Estado y de la Estatal Preventiva.

Entre los negocios asegurados están El Güero, ubicado en Juárez 883-A, también los establecimientos de nombre El Mercadito, Beluca, Odesea, Servicios Carlos Romero, Servicios Wall Stret, y Casco.

"Empecé a los doce años. Abrí *boutiques* de tenis, de ropa... abriendo boquetes por la pared", recuerda El Rey. Era un niño, apenas tiene memoria para ubicarse como tal. Se le presentan las imágenes borrosas de él con sus seis hermanos, su madre y la miseria.

Aquella mañana su mamá se rindió, le dijo que ya no le alcanzaba, que tenía que dejar la escuela. Y él aceptó. Sabía que no tenía remedio y que debía ponerse a trabajar, a pesar de su corta edad. No era la primera vez que su madre hablaba al respecto. En esta ocasión ya era una decisión, no había para dónde hacerse. Pero cuando lo vio en la calle, cometiendo desmanes y los vecinos acudían a ella para acusarlo de esto o lo otro, tomó otra decisión. Esta vez fue más drástica y dolorosa: "Te voy a llevar al tutelar." Él no dijo nada. Miró alrededor y supo, igualmente, que era su destino, su vida, esa marca con que nació y de la que no podía liberarse. No fácilmente.

"Desde chiquillo empecé una carrera que no me llevó a nada bueno, iba a la escuela y me encerraron por petición familiar y empecé a agarrar más escuela allá adentro. Salí haciendo un desorden, y al mes y medio otra vez ya estaba ahí encerrado", señaló El Rey, con un atisbo de arrepentimiento. Un asomo que gana terreno.

—¿A qué le has entrado?

—A todo. Al alcohol, sobre todo. Pero he consumido hielo —la droga sintética conocida como *ice*, en inglés—, perico (coca), mota. He asaltado, robado, he abierto negocios, negocios grandes, en los que me he ganado hasta 50,000 pesos. Y yo solo.

El Rey lo dice con voz pausada y segura, arrastrada, pastosa. Aclara que no es para sentirse orgulloso. Su pecho parece hincharse cuando suelta los eslabones tenebrosos de su vida delictiva y asegura, no una ni dos veces, que "no soy malo". Pero que si lo afectan o agandallan, si le hacen daño, entonces sí se convierte en un hombre que hace daño y toma venganza. Uno malo, pues. Y mucho.

Su voz sale ronca, pareciera que sus dientes trituran una estopa que nunca engulle ni se acaba. Uno de los frontales está salido y aparece de vez en cuando la encía superior, con los movimientos de labios de El Rey y la pieza de junto que abandonó hace mucho tiempo, así que está molacho, pero no le preocupa. Abre suficiente la boca pero con desgano y sin intimidarse. Dentro, muy dentro, hay un niño dolido y aterrado: su mirada esconde la de un infante que se asoma detrás de la puerta entreabierta de un ropero, del otro lado de las cobijas que cuelgan de los bordes de una cama, bajo las faldas de una madre que no pudo con él, en el rincón oscuro de una casa que no llegó a ser un hogar y que lo expulsó. Lo dice sin hablar. Es esa mirada tímida, esquiva, temblorosa, la que lo delata. Cubre su terror con otras palabras. Disfrazado, lanzando fintas, pero psicótico, se presenta en la sala del Centro de Rehabilitación donde está recluido. Se sienta enfrente. Atrás, en un patio sin sombra en el que hay otros cuartos, hay otros internos que buscan sin encontrar.

Apenas en un mes, dos centros de rehabilitación de adictos a las drogas, que operan en Ciudad Juárez, Chihuahua, fueron atacados a balazos por sicarios. Los ataques sucedieron en septiembre de 2009: en el primero, ubicado en la colonia El Papalote, fueron muertas diez personas; el otro caso ocurrió el 2 de septiembre en el centro El Aliviane, donde hubo dieciocho asesinados.

En el 2010, cuatro ataques de este tipo contra centros de rehabilitación, en diferentes puntos del país, arrojaron un saldo de más de cuarenta muertos. En octubre de 2010, fue perpetrado otro en Tijuana, donde trece jóvenes fueron asesinados.

"Así empezó mi vida, sufriendo el maltrato de todos, de la sociedad. Sufriendo el maltrato de la vida, la sociedad que lo vomita a uno, porque de una u otra manera ya no creen en ti, no creen que puedes cambiar… Se te hace a un lado la familia."

Se detiene, hace pausa. Toma aire para decir que todavía hay quienes le tienen cariño y respeto. Se refiere a la señora que lo acompaña, que es Sonia, la misma que él buscó para que lo llevara a rehabilitación. Su ángel guardián. Le dice que se le hacía raro que no lo visitara. Ella le explica que anda en chinga, con mucho trabajo, los niños. "He estado ocupada, de verdad." Él pensó que también lo había abandonado: "Chale, dije, ya me dejó abajo. Pero ahora que vino pues qué bueno. No voy a quedarle mal, porque la verdad ya estuvo que la sociedad te esté vomitando, te esté guacareando."

El Rey voltea a ver a El Padrino, como le llaman al jefe, al que manda en ese centro de rehabilitación, donde otros veintiocho jóvenes, entre ellos una mujer blanca que porta una blusa de estampados y pedrería, se someten a duras jornadas para "limpiarse", acuden a reuniones, hacen ejercicio, cocinan y juegan dominó. El Padrino asiente. Es un moreno, alto, que es tocayo de pelos parados, de aspecto bonachón y bien vestido. Luego sonríe. "¿Aquí también te pegan?", le preguntó Sonia. Esta vez El Rey no voltea a ver a nadie. Sostiene sus ojos apuntando a su amiga y le contesta que no, sin más. Ella le cree.

"Es que en otro centro en el que lo metí lo golpeaban mucho. Los aíslan y maltratan. Puras chingaderas y sacadera de dinero. Y no funcionó. Pero parece que aquí es diferente. Al menos es lo que dice El Rey", suelta Sonia.

Y él retoma la entrevista, calmo y demoledor: "A veces me quedaba tirado en la calle, teniendo yo dónde vivir. Y no es grato para mí que cualquier gente porque traen carro o lo que sea, te quiera chingar. Yo me enojaba. He tenido privilegios de andar bien, con gente que me estima, me mira bien, gente que con la que he ganado la amistad, me comprenden, me ayudan voluntariamente."

—¿Has andado en el narco?

—¿Me lo tiene que preguntar?

Esta vez El Rey voltea a ver a Sonia, buscando auxilio y aprobación.

—No me des nombres…

Una vez, recuerda, durante una persecución, enfiló en su automóvil por la carretera a Sanalona, al oriente de la ciudad. Recordó que ahí, cerca de la colonia El Barrio, viven unos primos que seguramente podían ayudarlo. Los del "gobierno", "la placa", como él los llama, son la policía, municipal, estatal o federal, y el ejército o la marina. Para él todos son iguales: tienen uniformes, insignias, patrullas, torretas de colores, bocinas que aúllan, armas, toletes, y siempre todos, invariablemente, van tras él.

No pudo llegar a la casa de sus primos pero se parapetó en una esquina, del otro lado del vehículo. Y empezó a disparar. Desde el otro lado sus contrincantes hicieron lo mismo. Lo estaban rodeando, aun así no dejó de apuntar y jalar el gatillo de su cuerno de chivo. Hasta que se le acabaron las balas. "Por eso tiré el arma y me fui pal río. Y me pelé."

Ha estado en peligro de muerte unas seis veces. En otra ocasión tuvo un agarrón a balazos con efectivos del Ejército mexicano, quienes lo sorprendieron cuando custodiaba un plantío de mariguana, en las montañas del llamado "Triángulo dorado" (la serranía en la que confluyen los estados de Sinaloa, Durango y Chihuahua) y se echó a correr. Los militares, entrenados pero cargando con sus armas y mochilas, no le dieron alcance.

"Para eso son las veredas, los caminitos, los árboles, la maleza. Por uno de esos caminitos agarré y me les perdí."

—¿Dónde fue eso?

—Allá.

Y apunta. Se ríe y da un nombre combinando palabras de pueblos que sí existen. Trabalenguas para despistar.

En otra ocasión, él y sus secuaces se dispusieron a asaltar a un malandrín. Sabían que traía dinero. Lo toparon entre los tres, todos con armas punzo cortantes. A él le tocó esculcarlo y no le había encontrado nada. Insistió en revisarlo y en la parte delantera, junto a la bragueta, traía un superón, como le llama a las pistolas calibre 38 mm, una de las favoritas de los sicarios. Y se la sacó. Su reacción, recuerda, se vio alimentada por tantos rencores y los malos sentimientos acumulados: "Tomé el arma, agarré el hacha y pas, le di dos hachazos en la cabeza."

El Rey cuenta que su adversario era un locochón y andaba en la clica, un matón. Primero opuso resistencia. Pero con el arma de fuego en manos de sus enemigos fue diferente, aunque ya era demasiado tarde. La víctima quedó tirada y sangrando, ya sin vida. Él y sus cómplices emprendieron la huida porque para entonces "ya nos había caído el gobierno, así que me crucé un monte y me pelé".

Trastornado por la droga y el alcohol, acabó con unos desconocidos en la azotea de una vivienda. El Rey se quedó dormido, de madrugada lo despertó el humo y el calor del fuego. Sus captores habían prendido fuego a unas llantas colocadas alrededor de él y se ahogaba por inhalar monóxido de carbono. Gritaba pidiendo auxilio. Los vecinos, que eran sus conocidos, llamaron a la Cruz Roja y los socorristas lograron salvarle la vida con el apoyo de los bomberos.

El Rey se atropella para platicar que en uno de sus jales se ganó 50,000 pesos. La persona que los traía y él andaban loqueando con cocaína y cerveza. En medio de la plática, el que traía el dinero empezó a burlarse y a ubicarse por encima de él, por su pobreza y los fracasos acumulados. La agresión subió de tono al momento que aquel le echó de la madre. La mecha se encendió y apuró cuando lo hizo dos veces más. Entonces se incorporó y le dijo que se la iban a partir ahí, los dos solos. El hombre tomó la cadena que estaba en la puerta del patio trasero de su casa y logró pegarle en el antebrazo izquierdo, fracturándolo. El Rey se quitó la camiseta y aun herido logró pegarle varios golpes en la cara, pecho y estómago, hasta dejarlo inconsciente. Agarró el botín. Dolido, enfiló hacia la Cruz Roja para que lo enyesaran. De ahí, con todo y sus cincuenta mil pesos, se fue para su casa y compró más cervezas y droga.

"Una vez en una colonia agarramos a un vato y lo matamos a puros chingazos. En una caliente se nos pasó de más. Con rencor uno, él ya se había metido conmigo y tenía el cerebro (liderazgo) y estaba entrado y se me llegó la oportunidad y los papeles se le voltearon a él, siendo de la misma gente y ahí viene la gravedad y lo trocé al vato."

El hoy occiso, agregó, se burlaba de él constantemente, queriendo humillarlo, con el argumento de que tenía más dinero y poder, que los chavos que andaban con él lo obedecían. Pero fueron éstos los que le dieron la espalda, cansados de malos tratos y se unieron a El Rey. "Llegó la hora que la misma gente de él me escogió a mí, hasta que éste me cayó y ahí andaba y andaba… Y a como va. Ni a tiro derecho la hacía. Fue de todos contra él. Puro trompo. Hasta matarlo."

Su trabajo más estable fue de matón y escolta de un narcotraficante. Andaba con él para todos lados. Algunas broncas las resolvió bajando el cristal de la ventana de la camioneta y enseñando las armas: fusiles AK-47, y AR-15, o chanates, y pistolas 9, 45 y 38 mm. Los policías que los atoraban, otros malandrines y la gente común y corriente que por alguna razón se les atravesaba, les abría paso al enseñarles las armas: su identidad, salvoconducto y tarjeta de presentación.

El narco le pagaba 6,000 pesos a la quincena. Para él era un sueldazo. La situación está "reseca". Y repite el calificativo muchas veces, hasta que se le pregunta a qué se refiere: reseca, muy seca, caliente.

Él era de la avanzada. Iban por delante en el convoy. Llegaban primero, limpiaban, aseguraban el terreno y si era necesario "trozaban" enemigos. "Es un tirón compa, un jale muy grueso, muy cabrón. Y he tenido suerte de estar vivo… Eso de escoltar, de cuidar personas. No amigo, está muy caliente la cosa."

El escenario, añadió, es de muchos riesgos: los que andan contigo tienen envidias, traicionan, además están los del otro bando, los enemigos: te bajan, agandallan, roban, te balacean o matan, te quitan la morra. Todo.

Pero se dejó caer. Se asomó al precipicio, perdió el equilibrio. Y cayó. Desde que empezó el 2010, El Rey se la pasaba de la casa a la cantina y de la casa al expendio, a comprar cerveza y más cerveza. Todo le dio para abajo, empezando por esa soledad fiel y terca, las drogas y el alcohol. Fue entonces cuando su jefe no lo quiso más como su guarura. Por eso le mandaron decir: "Te alivianas o te chingan, te van a matar."

Tenía información y cuentas pendientes. Enemigos que le sonreían y palmeaban la espalda. Los que lo tenían de escolta ahora lo veían con ojos de sospecha. Por eso aquel de la moto le daba vueltas y vueltas. Un aviso o un reto. Le patinaba las llantas, cerca, a punto de morderlo. Y él ahí, tirado, en la banqueta, con ropa de días, endurecida por sudores, babas, llanto. En la acera de la autodestrucción.

El Rey tiene tatuada a la Santa Muerte en la espalda. Otro dibujo en las cuencas de ambas manos. Surcos de color oscuro en bíceps del brazo derecho: ese es un dragón porque hay que defenderse como ellos, con todo, con fuego, dice, "a botepronto".

Tres puntos en una de sus manos, explica que significa "Vida loca *forever*". Y unas siglas que él mismo dibujó, con una aguja para hacer cintos piteados, cuando estaba en el Tutelar para menores. Están borrosas. Él habla de una elle, una ache, una te, que quiere decir "Nunca confíes en nadie". Otros tatuajes adornan su abdomen y su pecho. Son en total ocho, como sus caídas a la cárcel.

—¿Cómo te defines?

—Soy desconfiado. Y malo... pero sólo cuando me hacen daño. Porque a quienes he matado ha sido por algo, por eso, porque me la hacen y tienen que pagar.

Pero luego se le pregunta si es incendiario. Dice que sí, que tiene mucho rencor y coraje. Que prende rápido y quema, incendia todo, como quisieron quemarlo a él en aquella azotea. Como ese dragón: defenderse de todo, a fuego, quemar, quemando, quemándolo todo.

Cuando buscó a Sonia ya andaban tras él. Le dijo que querían matarlo. Recordó cuando lo supo por primera vez, después de que se fue el de la moto que parecía querer atropellarlo. Se encerró y bebió más. Se hundió en sus pantanos y pensó, en la loquera del alcohol y las drogas, que podía defenderse: dejó la puerta abierta, de noche y de madrugada gritaba que fueran por él, que los estaba esperando y que no les tenía miedo.

"Yo gritaba, en mi pendejés, vengan putos, aquí estoy, no les tengo miedo hijos de su puta madre." Pero era una tontería resultado del consumo de cerveza y droga, porque pensaba que podía hacerle frente a un hombre armado con una pistola y aguantar dos balazos. Que luego se le iría encima, con una punta, una navaja o cuchillo, "para trozarlo, atravesarlo, darle piso".

Así se la pasó varios días y noches. Hasta que una mañana se levantó y vio a su perro enfermo. A las horas murió, envenenado. Después seguía él.

"Cuando vino a buscarme, yo le pregunté que por qué no lo llevaba su mamá. Y él me dijo, llorando, así, a moco suelto, que no tenía a nadie. Y me rogó, me suplicó para que lo llevara al centro de rehabilitación, porque tenía que esconderse. Lo querían matar."

El Rey confiesa que llegó a pensar que ya no tenía oportunidades. Pero reflexionó y ahora se pregunta por qué no: "Los que no tienen oportunidad son los muertos", asegura. Piensa en salir de ahí, del centro de rehabilitación ubicado en la colonia 21 de Marzo, en Culiacán, donde va a cumplir veinte días, y convertirse en un hombre de bien, que lo vean con respeto, como persona, ponerse de novio, casarse y tener hijos.

En Sinaloa, según datos del Consejo Sinaloense contra las Adicciones, son 535 centros de rehabilitación registrados, de los cuales 440 son establecimientos que ofrecen atención ambulatoria para combatir el alcoholismo, y 76 otorgan atención residencial, es decir, con internamiento, para atender casos de alcoholismo y drogadicción. El resto, señala la Secretaría de Salud en la entidad, ofrece atención ambulatoria en adicciones.

En el patio del centro en el que se encuentra El Rey hay tres aparatos fijos para hacer ejercicio, entre ellos una caminadora y una bicicleta. El Rey dice que ahí se ejercita todas las mañanas. La veintena de jóvenes se mete a un cuarto reducido, con ventanas que nadie instaló y parecen empezar a rezar. Alguien les hace señas para que permanezcan ahí y desocupen el espacio en que se realiza la entrevista. "Ánimo", se escucha casi al unísono. Es la frase inicial de la sesión. Se oye que hablan y gritan. No discuten. Platican, intercambian experiencias. Al final repiten desordenadamente la oración aquella que en la que piden serenidad para aceptar lo que no se puede cambiar, valor para cambiar lo posible y sabiduría para distinguir la diferencia.

Él dice no tener deudas, pues "al gobierno ya le pagué todo lo que le debía. Asumo mi responsabilidad. Todo ha sido mi culpa, pero ya pagué. No le debo nada", señala orgulloso. Y pide perdón por sus muertos, de los que él se encargó, incluso en medio de la locura de la cocaína y el *ice* combinado con mariguana, que lo transformaron en un monstruo. Se ve en el espejo y se reconoce: "Soy yo, fui yo." Y pide perdón a Dios.

"Es que viene el arrepentimiento. O sea vas caminando y vas pensando y dices «qué onda, chale, ¿a poco sí me pasé de lanza?», así dice uno. Pero ¿cómo lo puedo decir?, no es orgullo, todo eso te va chingando el cerebro." Lo dice como rezando. Sus ojos brillan de nuevo, en los contornos. Logra humedecerlos, pero nada brota. Quizá por dentro llueve agua: rencor, odio, depresión, desamor y abandono ancestral.

Casi pide suspender la entrevista o apagar la grabadora cuando se le pregunta por el narco, los capos que seguramente le dijeron "ve y mata a aquel porque me estorba". Pero se queda callado y busca con la mirada refugiarse de nuevo en Sonia. Ella le dice que siga, que no hay problema, nomás no dé nombres. Pero él prefiere guardarlos completos en su silencio. Voltea para otro lado. Regresa a hablar de frente cuando se refiere a sus esperanzas. Entonces lo que se atisba son haces de luz, breves, insignificantes, crecientes, en esa mirada, ya menos contaminada. En esa voz pastosa que sube de tono y es menos inclara.

"Quiero trabajar, trabajar honestamente. Y andar con una morra, de manita sudada y todo. Bien, pues. Porque ya no quiero sentirme solo, andar con miedos, porque eso te lleva al desespero, la depresión, y luego el alcohol y las drogas. Yo la verdad estoy cansado, ya no quiero nada de eso para mí. Es que... tengo mucho que no tengo nada."

¿Matricida?

No podía tener a nadie parado detrás. De niño, bien lo recuerda, su padre los abandonó y su madre se prostituía y lo ofrecía como parte del paquete de servicios sexuales. Hubo quienes aprovecharon la oferta y abusaron de él cuando era muy pequeño. Su madre, esa mujer a quien llegó a odiar, también intentó venderlo.

"Esos hombres que se metían con su mamá, quien por cierto también consumía drogas, aprovechaban la actitud de la mujer y la vulnerabilidad del niño, y lo violaron, abusaron de él. Lo hicieron en varias ocasiones", contó un médico que atendió al infante y que conoció de cerca esta trágica historia familiar en la que de todo hay, menos familia y hogar.

Joaquín nació en una comunidad rural del centro de Sinaloa, cerca de Culiacán. Desde que su alma y esa memoria que quisiera "resetear" tienen muescas, han sido las de la desolación, el abandono, el abuso, la muerte, las drogas y la falta de amor. Ese que no pudo dar, al menos hasta su juventud tardía y con arrugas de senectud temprana, cuando tuvo frente a sí a alguien que lo vio sin miedo, como persona, como un palpitante ser humano, una persona, detrás de esos ojos extraviados, ese andar torvo, desconfiado.

Tenía un hermano. Joaquín cree, está casi seguro, que lo mató. El niño, mayor que él por dos años pero con parálisis cerebral y otros padecimientos, lloraba sin parar. Regularmente eran dolencias: el estómago, el hambre, la desnutrición y algún otro mal. Cuando Joaquín tenía unos siete se desesperó. El hermano mayor lloró hasta el cansancio suyo y de Joaquín. Buscó en los estantes que no tenían, abrió la puerta del refrigerador inexistente y tocó las puertas de vecinos, éstas nunca se abrieron. Todo por un pedazo de pan, algo de leche, al menos una chuchería. Nada es más que un monosílabo en estos mapas de deshumanización e infierno. Esa noche no dormían. Joaquín por los llantos de su hermano y éste de hambre. Lloró y lloró. La madre ausente. Ellos ahí, en esa jauría de gritos que revientan, de hambre que arde y sangra y duele y desgarra. Hasta que se hartó. Desbordado de ira, fuera de sí, trastornado y en el desespero, saltó sobre su hermano y le puso una almohada sobre la cara.

Así lo dormía. Quizá le repetía aquel sonsonete de sss-sss-sss, para arrullarlo. Y con eso bastaba. Aquel quedaba dormido y desconectado, en brazos del placer de olvidar que tenía estómago, que todo estaba vacío: sin madre ni alma. Pero esa vez no, aquel se quedó callado y Joaquín sintió que al fin lo había controlado. Cerró los ojos. Ya era tarde, estaba cansado y hambriento. Dormir era una buena forma de espantar trozos de pan y tragos de cocacola, de atarantar tripas y atontar papilas gustativas.

Al otro día despertó. Vio a su hermano quieto, tendido, igual que como lo había dejado la noche anterior. Se incorporó. No le gustó esa expresión mortuoria. Sus ojos ya no se abrieron, algo en él ya no latió. Y él está seguro de haber contribuido. Quiso que durmiera, que descansarán él y su hermano. Y lo logró. Para siempre.

De acuerdo con datos de la Organización para la Cooperación y el Desarrollo Económicos (OCDE), de 2006 a 2008 en México se registraron alrededor de 23,000 homicidios de niños y niñas de cero a diecisiete años de edad.

El reporte del organismo internacional afirma que este país ocupa el primer lugar en violencia física, abuso sexual y homicidios de menores de catorce años entre los países del organismo. El noreste de México es la región que presenta la tasa de mortalidad por homicidio más alta en menores de cuatro años, y el estado de Chihuahua tiene el mayor número de casos, donde de 2000 a 2008 se reportan cuarenta asesinatos de pequeños de cero a cuatro años y 161 de los que tenían entre quince y diecisiete años de edad, según el texto "La violencia contra niños, niñas y adolescentes en México. Miradas regionales".

Joaquín se juntaba con niños y púberes de entre diez y quince años. Él estaba en ese rango, pero era líder. Con ellos formó una pandilla de asaltantes que operaba en los municipios de Culiacán y Mazatlán. Doscientos kilómetros uno de otro, desde el centro hasta el sur de Sinaloa, para ellos y sus dagas y cuchillos, y esa osadía, esa mirada, ese actuar, de maldito. "Eran chavos picudos, entrones, arriesgados y adictos… hay versiones periodísticas que indican que tenían entre diez y quince años, pero yo creo que incluso había niños de ocho años. Eran todos asaltantes. Cometían atracos allá y se venían a Culiacán, y al revés", dijo un funcionario del Sistema para el Desarrollo Integral de la Familia, que opera en la capital sinaloense, a quien le tocó atender este caso.

Por las edades, periodistas bautizaron a este grupo delictivo como La Banda de los Pañales: los niños robaban vehículos, realizaban asaltos a mano armada en tiendas de autoservicio y también a personas. Sin armas de fuego. "Con muchos güevos", como los calificó un servidor público adscrito al área de atención a menores infractores, de la Policía Municipal de Culiacán. Acompañados, entre sus ropas, guardados en los intersticios de trapos, calzado y piel, un cuchillo, una daga o navaja. Siempre.

Casos similares se tuvieron en otras entidades del país. Fueron públicos actos delictivos cometidos por bandas de niños y jóvenes, de ocho y diez años, y no mayores de diecisiete, que se dedicaban a cometer asaltos y robos en regiones de Jalisco, Baja California, Sonora, Sinaloa y San Luis Potosí.

El 30 de octubre de 2008, periódicos de Mexicali, Baja California, en la frontera norte del país, publicaron que agentes de la Policía y Tránsito Municipal detuvieron a tres menores que intentaban robar un automóvil, por la avenida Juárez. Los detenidos fueron identificados como Juan Luis y José Ernesto, de quince años de edad, con domicilio en la colonia 5 de Mayo, de aquella ciudad capital, quienes fueron puestos a disposición del Ministerio Público especializado en adolescentes.

Un tercer participante fue identificado como Misael, de once años. Sus cómplices, de acuerdo con el testimonio que rindió a los medios informativos la policía, lo ubicaron como el líder de la banda y quien organizaba los golpes: robos de automóviles para luego desmantelarlos y venderlos a los yonques (tiendas de partes de automóviles usados) de la localidad.

En Guadalajara, capital de Jalisco, la llamada Banda del Pañal surgió alrededor del 2008. Estas organizaciones de niños que en promedio tenían doce años se extendieron a otras regiones de aquella entidad, como Tlajomulco y Zapopan, donde en abril de 2010 fue detenido un supuesto "jefe" de una banda compuesta por menores. El niño tenía doce años y comandaba un grupo que se dedicaba a robar casas habitación y partes de automóviles, pero sobre todo aparatos de sonido. En el caso de los vehículos eran capaces de abrirlos en cuatro minutos y podían obtener como botín desde lentes de lujo, hasta estéreos, bocinas y computadores portátiles.

Aurelio Hernández Márquez, director operativo de la Policía de Tlajomulco, informó que la banda era conocida como La del Pañal Dos, la cual había aprovechado la experiencia de otros grupos de este tipo, que funcionaban en la capital tapatía y Zapopan. Al parecer, explicó el jefe policiaco, los menores fueron entrenados por adultos quienes les compran los productos de sus hurtos.

Joaquín es el rey, el jefe. No existe sin su apodo. Es regla no escrita que él tiene apodo y en ese ambiente el apodo es pila, corazón, acta de nacimiento y defunción. Quienes lo conocieron antes de esta etapa delictiva recuerdan que le llamaban por su nombre o bien el apellido, pero no respondía ni volteaba. "¿Por qué?, le pregunté una vez yo, cuando vino a verme para que lo atendieran por un problema de salud, y él me contestó que ese no era él, que él se llamaba así, y me nombraba su apodo, porque aquel, el otro, no existía. Y es que ellos se despersonalizan: valoran más el apodo que el nombre. Y yo lo que hacía era insistirles, cuando ya querían dejarse de asaltos y robos, que tenían que «asesinar» a ese otro, al del apodo, y volver a ser ellos, el del nombre, el nombre de pila, para que se aliviaran, pero nunca me hicieron caso. Quizá no me entendían", recordó el médico.

Joaquín estuvo preso en unas cinco ocasiones, la mayoría de ellas en el Consejo Tutelar para Menores, en Culiacán, y otras en el Penal, también de la capital sinaloense, acusado de robo, asalto y homicidio. Él mismo y uno de sus subordinados, tuvieron que matar a dos de los integrantes de la banda: insubordinación, deslealtad, porque decían: "El morro me la hizo de pedo."

Él mismo habló con su cómplice: tú te haces cargo de aquel y yo mato a éste. Los agarraron por separado, fueron pleitos a muerte, a golpes, a patadas y cuchillazos. Ambos, Joaquín y el otro, salieron con vida.

Fue a finales de la década de los 90. Operaban en gran medida en los vagones del tren, donde se repartían el botín, arreglaban sus cuentas internas, huían de la policía y sus enemigos, y planeaban los golpes. Cuando Joaquín fue detenido por otro delito, los agentes de la Policía Ministerial del Estado encontraron en su expediente otro más grave: homicidio. El otro, su cómplice, lo delató desde otro Tutelar para Menores. Cuando Joaquín se enteró, le mandó un recado: "Reculas o te mato." Y la acusación no prosperó. A los meses salió de nuevo a las calles, cuyos botines lo esperaban.

"Quiero matar a mi madre", le dijo al médico. Y éste lo canalizó con trabajadoras sociales y psicólogos del DIF de Sinaloa, de ahí pasó a formar parte de grupos de autoayuda. Empezó mentándoles la madre a los terapeutas. Luego amenazaba y retaba a los otros que como él consumían cocaína y mariguana y se emborrachaban. Eran asaltantes, homicidas, rateros de quinta fila, niños peligrosos de infancia maldita. Ojos hirientes y ensombrecidos, con filo. No pasaban de ahí, de las palabras, las afrentas, los retos. En la terapia se encontró y se vació, inundándolo todo a su alrededor.

No mató a su madre. Ganas no le faltaron. La perdonó, así, a secas, sin llantos ni rencores, con un trato distante, de no dejarla de la mano, de no abandonarla, de no cobrarle lo que no pagó cuando él era niño. Ajustes de cuentas que no se cobran. No él.

Ahora es padre de familia, trabaja de velador o cargador. No quiere decir nada. Sus allegados, los que frecuenta, que son pocos, saben que es de pocas pulgas, pocas preguntas, cero respuestas.

El médico se lo topa en la calle y le grita por su nombre. Él voltea, atento y dispuesto. Sonríe cuando ve de quién se trata: uno de los pocos en quien confió. Y éste le dice, también con una enorme sonrisa de tanta felicidad, que se da cuenta de que por fin mató a su apodo.

Joaquín tiene tres niños y una niña. No fuma ni toma ni ingiere ni aspira ni se inyecta. Sólo mata con la mirada: siguen sus sombras frondosas bajo los párpados, dentro de esa mirada que inyecta y penetra, hinca y somete.

"Antes, pensar en matar a alguien me regocijaba. Ahora me da miedo", confiesa a un familiar. Él, sorprendido, recordó, le preguntó por qué. Y Joaquín contestó: "Es que tengo hijos." Y vuelve a la carga. Lo cuestiona si le gustaría que sus hijos vivieran lo mismo que él. Y se apura: "Ni madres."

Todos sus cómplices, amigos, niños de la calle y hermanos del alcohol y la navaja, murieron. Los mató la droga. El tránsito del alcohol a la mariguana y luego a la cocaína y, al final, se inyectaban heroína. Y quedaron ahí, con la hipodérmica y las venas saltadas, aguadas, mortuorias. Al resto los mataron.

Él sigue así, rescatándose, emergiendo de sus propias cenizas. Ahora odia a los puchadores (vendedores de droga al menudeo), porque envenenan. Recuerda el médico que decía "estos pinches puchadores, si no fuera porque los necesitaba, los mataba. Cuando me vaya a ir de Culiacán, que ya no requiera de ellos, los voy a matar. A la chingada todos".

Odia también a los narcos. Pero si le dan dinero, billetes verdes, los va a aceptar, aunque sin involucrarse. Seguía sufriendo a través de ellos los recuerdos y sus superadas adicciones. Eso sí, conserva su psicosis. Es su protección, su garantía. Que nadie se ponga atrás de él, ni siquiera cuando hace fila, porque no va a poder contenerse: se pondrá de frente, primero, como una defensa, un reto, y si es necesario cerrara los puños, soltará chingazos, de nuevo. (28 de noviembre de 2010.)

La dulce oveja negra

"Perdóname, no era yo mismo. Hasta hoy comprendo que fui como un animal contigo y con toda la familia. Me disculpo con todos por ser la oveja negra. Ojalá me comprendan."

La voz de Julio se escucha, aunque se le esté leyendo. Sus cartas, sus palabras, esas grafías en manuscrito contienen media docena de declaraciones de amor hacia su madre, sobre todo, y hacia su novia: ventisca enmielada que nace desde la escarcha de los barrotes, aquel rincón de tres por dos metros, lúgubre y gris, que lo borra del mundo de los vivos, que quiere extinguirlo.

Pero él lucha. Quiere volver a empezar: se niega a morir, aunque parezca, desde dentro, que las personas que él ama "no existieran", sino en su corazón. Y se levanta, cumple esa oxidante rutina de todos los días, semana tras semana, mes por mes, hasta sumar dos años que acumulan todo el sufrimiento, uno cavernario. No puede ser de otra forma si se está en una cárcel, una de máxima seguridad, como es el Altiplano, mejor conocido como Almoloya.

Julio es un pan dulce, dice su madre. Ella, guapa y de cuarenta y tantos, blanca y de ojos vivos y brincadores, sabe que quizá probó alguna droga, que era un vago, que no quiso hacerle caso cuando le recomendó que siguiera en la escuela ni cuando lo envió a Estados Unidos a que estudiara inglés, pues él quería aventurarse en el narco, experimentar la adrenalina y el placer de poseer. Pero también sabe que su hijo es bonachón, que no tiene malicia. Ese hombrón, de veinticuatro años y cerca de un metro con noventa centímetros de altura, espalda ancha, hijo de padres divorciados, desprendido, había caído en una celada justo cuando más debió cuidarse. Ahí, junto a tres desconocidos, en ese automóvil, fue entregado por el que conducía la unidad motriz en que viajaban. En cuanto tuvo a los policías estatales en frente, en ese retén, se bajó, saludo a los uniformados, se puso de acuerdo con ellos y se fue. Y ellos ahí, sin saber qué pasaba ni qué hacer. Dicen los agentes que llevaban armas y droga. Por eso los acusaron de narcotráfico, delincuencia organizada y otros delitos de orden federal.

Enero de 2008. Cuatro personas transitan en un vehículo por una carretera, en las cercanías de Valle de Bravo, Estado de México. La versión de Julio indica que el hombre que manejaba les ofreció "raite" a él y a otros dos que esperaban ser trasladados a la zona en que laborarían ese día, en obras carreteras. Así que los tres y el conductor fueron detenidos para una revisión, en un retén instalado por policías municipales. Aunque la versión oficial dice que eran policías de la Agencia Estatal de Seguridad (AES). Al parecer querían revisar si el vehículo en que viajaban tenía reporte de robo. Otra versión indica que los policías tenían un reporte de una camioneta negra, en la que viajaban extorsionadores, y que por eso los habían parado en el retén. Pero el conductor desciende, saluda a los agentes y se retira, y los policías aprehenden a los que lo acompañaban, los llevan a un paraje deshabitado y boscoso, los interrogan y golpean: "¿Para quién trabajas?, ¿quién es tu jefe?, ¿eres de la mafia sinaloense?"

Hasta ahí llegan policías estatales y elementos de la Agencia Federal de Investigaciones (AFI) y luego del Ejército mexicano, para trasladarlos a una base militar, cerca del lugar. Más golpes e interrogatorio: les preguntaban por nombres y apodos de capos del narcotráfico, sobre trabajos recientemente realizados para el crimen organizado, y la pertenencia a alguna de las bandas del narco.

"Ahí nos golpearon otro rato para que confesáramos algo que no sabíamos, me preguntaban si conocía a gente de tales nombres y apodos, que hoy no los recuerdo, que si yo era de la mafia sinaloense y puras cosas que yo no sabía de qué se trataban", dijo el inculpado, ante el Juzgado Cuarto de Distrito en Materia de Procesos Penales, de acuerdo con el expediente 19/2008.

Tanto los policías estatales como los federales y del ejército los mantuvieron en constante acoso y bajo tortura. Una vez que fueron trasladados a la Subprocuraduría de Investigación Especializada en Delincuencia Organizada (SIEDO), de la Procuraduría General de la República (PGR), en la ciudad de México, a donde fueron trasladados los tres detenidos en helicópteros, continuó la agresión física. A Julio le envolvían la cabeza en bolsas de plástico y le ponían en el abdomen y espalda cobijas para que no se le marcaran los golpes.

"Después de la base militar, nos trasladaron los AFIS en helicóptero, vendados, supuestamente a las oficinas de la SIEDO, y llegando lo primero que nos hicieron fue meternos a cada uno en un cuarto y ahí también me empezaron a golpear los AFIS y uno que decía que era el Ministerio Público, luego me pusieron alrededor del estómago y de la espalda una cobija enredada, para que no se marcaran los golpes, lo sé porque sentía que enrollaban y ellos mismos lo dijeron y me empezaron a golpear."

"También utilizaron la misma técnica que utilizaron los militares en la base, la de la bolsa en la cara para dejar de respirar, pero ellos me pegaban en los pulmones para sofocarme, y decían que hablara todo lo que sabía y como no sabía nada de lo que preguntaban, continuaban pegándome también con la mano abierta en la cabeza, me decían que a fuerza tenía que declarar que éramos de La Familia Michoacana."

Al final, agotado, temeroso y rendido por tanta tortura física y psicológica, Julio aceptó firmar el documento de su declaración, aunque él insiste en no haber declarado "una sola palabra". Después, le informaron que sería arraigado, conoció a su defensor de oficio, a quien le reclamó por qué no había hecho nada por ellos, éste respondió que era mejor lo que había firmado: "Él respondió que eso era trabajo de ellos, o sea de la SIEDO, y que él no podía hacer nada, además de que lo que habíamos firmado él ya lo había visto y que estaba bien, y que era mejor así, que era por nuestro propio bien y para poder sacarnos rápido del problema".

Julio cuenta al sordo defensor de oficio que él no llevaba armas, que no vieron ninguna en el vehículo en que viajaban ni tampoco droga. No sabe si se las "sembraron" los policías estatales, los del ejército, en aquella base militar, o los federales de la SIEDO. En un documento enviado al juez, el detenido afirmó que llegó a la Ciudad de México el 10 de enero de 2008 y el 13 ya estaba buscando trabajo, en el Zócalo, donde, asegura, contratan mucha gente para la construcción de puentes y carreteras. Ahí vio a un joven como de veintiocho años llamado Enrique (cuyo nombre verdadero parecer ser Henry Quiroz), quien repartía volantes solicitando empleados, en el que venía nombre y teléfono de un ingeniero de nombre Juan Manuel o José Manuel, y al hablar con él lo contrató.

Quedaron de encontrarse de nuevo al día siguiente, en la central camionera de Observatorio, y de ahí salió con Enrique a Toluca, en el Estado de México, luego acudieron a unas oficinas: "Nos indicaron que había que esperar más gente para que saliera la cuadrilla completa, pero que no había problema, que ellos nos darían comida y hospedaje, y después Enrique nos llevó a hospedarnos a un hotelito, a un poblado a las afueras del municipio de Valle de Bravo, a unos metros de las oficinas de contratación. En ese lugar nos daban viáticos únicamente para la comida y el hotel ellos lo pagaban."

Ahí permaneció alrededor de una semana, hasta que el 22 de enero los citaron en la oficina de la empresa contratista, que era a la que habían llegado inicialmente con Enrique, donde una persona entrevistaba a los empleados sobre el tipo de maquinaria que sabían usar. Una secretaria de nombre Claudia le llamó al ingeniero Juan Manuel o José Manuel y éste contestó que estaba contratado. La joven le dio a Julio un papel con el nombre del ingeniero, la ubicación de la obra y el nombre de la carretera, para que empezara sus labores. Al salir, otra persona que también estaba dentro del inmueble preguntó quién estaba contratado y si iban a la obra, que él los llevaba. Él le dijo que tenía el mismo destino, así que se subió en el asiento del copiloto de una camioneta Honda, blanca. Otras dos personas, a quienes luego identificaría como Antonio González Wences y José Ángel Rivera Magaña, y a las que luego se uniría Rey Miguel Carvajal, se subieron también, pero a la parte trasera del vehículo. Y adelante, a unos quince o veinte minutos de carretera, los esperaba el destino, un retén, los agentes de la policía, una emboscada: los barrotes fríos, una celda fría.

En su declaración, con fecha de 3 de junio de 2008, Julio denuncia ante el Juzgado Cuarto de Distrito, que fue torturado, física y psicológicamente "por muchas horas", por agentes estatales, los de la SIEDO, policías de la Agencia Federal de Investigaciones, y del Ejército mexicano.

Noble y dulce

Su madre insiste: Julio es un pan dulce, una melcocha. Pero su apariencia atlética, su estatura de 1.90 llama la atención y genera sospechas. Es bien parecido y tiene veinticuatro años. Su presencia se impone y sobresale entre las de los demás. "Es muy noble, quizá por eso le pasó todo esto, porque es bueno, porque no tiene malicia."

En el barrio, los que lo conocieron lo ubican como un joven desprendido, a quien no le pesa nada y que todo lo que tenía, desde una camisa hasta un disco de su música preferida o comida, lo entregaba si alguien más se lo pedía o necesitaba. Esa calle, ya contaminada por los grupos de jóvenes reunidos para consumir droga, vigilar, hacerla de halcones o punteros al servicio del jefe del sector o de la cuadra o de esa y otras colonias, era fangosa, un pantano, una trampa dulce y amarga, que invita, que es propicia para delinquir: los jóvenes se van involucrando poco a poco, primero avisan al mando inmediato si hay algún operativo o movimiento sospechoso, luego distribuyen droga —cocaína, sobre todo—, después la consumen o se meten a "cocinar" cristal en casas habilitadas por la célula local, hasta que escalan a gatilleros.

Un día, tal vez, quizá, nadie lo sabe: podrían escalar a jefecitos, a hombres de confianza de quien opera, del patrón, a capo menor, eso si antes no los detienen, no los sacrifica la misma organización delictiva o no mueren desangrados, con los brazos amputados, decapitados, o con el macabro festín del tiro de gracia: la bala en la cabeza, el occipucio.

A Julio lo jalaron, le guiñaron esas amistades. El grupo en las sombras de la esquina, la borrachera para primerizos. En una escuela cerca de su calle se juntaban, ahí empezó a fumar cigarros y es posible que se haya iniciado en el consumo de alguna droga, con tal de formar parte de esa comunidad, de experimentar el gusto de la pertenencia, de la pandilla, la unidad corpórea que construían y disolvían esos, sus cuates, amigos, conocidos y vecinos.

Su madre, alivianada y sola, luego de haberse divorciado, lo trataba bien. Se acercaba y le daba consejos, y hasta le sugería que él y sus amigos fueran a la casa, donde vivían, con la abuelita, a tomar cerveza, escuchar música y cotorrear.

"Yo le decía mucho «traite a tus amigos a la casa, no te quiero en la calle. Échense unas cervezas, pongan música, pero no anden de arriba para abajo, quédense aquí», y sí, algunas veces me hizo caso y se quedó y acá se trajeron sus cervezas, pero luego se iban, volvían a la calle", recordó ella.

Ya en la preparatoria Central, de la Universidad Autónoma de Sinaloa, Julio llevó a su casa a un amigo que tenía muchos problemas en su familia. Le dio comida, su madre atendió a ambos, y él compartió techo, cama y ropa. El alojamiento incluía la bondad de ese hombrón que seguía mirando como niño, que escondía y eventualmente asomaba detrás de sus ojos, a un niño espantado y travieso, queriendo emerger de sus entrañas y al mismo tiempo aplacado por el joven aquel que pensó que ser adulto era echarse un cigarro de mota, unas Tecate ligth, andar con morras y jugar al narco, al capo, al matón, al malo.

No terminó la prepa. Le faltó un semestre para concluir esa etapa de sus estudios, pero ya no pudo: tenía prisa por todo, por latir y por tener, por alimentar su mirada, la cabeza, los bolsillos, llenarse las manos y perderse en la abundancia, conocer, aventurarse, comprar sus dosis de adrenalina y estallar. Extraviarse.

Unos meses después entró a trabajar a una empresa que realizaba inventarios en tiendas de autoservicio y viajaba por toda la República, regresaba a los cuatro días y se iba de nuevo. Aparentemente le iba bien, asomaba una especie de estabilización en su vida. Una noche llegó sorpresivamente. Llevaba una joven con él, decía que era su novia. La madre lo vio estupefacta, y lo dejó que la metiera en su cama, a pesar del asombro de la abuela. "Son jóvenes, quieren vivir", habría dicho ella. Y añadió: "Es mejor aquí, en su casa, su recámara, que en la calle, el carro, el motel." Era una darqueta: toda de negro, jovencita, callada y tímida, con uno de sus brazos tatuados. Se encendieron varios días en esa cama, hasta que se fue y no supo más de ella, aunque al parecer también trabajaba en esa misma empresa.

Poco tiempo duró esta etapa. Empujado por su madre, aceptó irse a Estados Unidos, con un primo de ella, que forma parte de una religión. El destino era Georgetown, Texas. Esa familia era conservadora y él iba a trabajar, estudiar inglés y quizá tranquilizarse un poco y salvarse de esa cuadra, esa bola de amigos, el churro de mariguana o el pasón de droga. El primo laboraba en una empresa de computación, era buena persona, honesto y servicial, pero eso sí, muy tradicional en la casa, religioso y moralista.

Julio partió con visa y pasaporte. Cuando unos agentes revisaron el autobús de pasajeros en que viajaba lo vieron. Iba vestido de negro, alto, cabello largo y con cola. Los agentes olieron el estigma: lo interrogaron durante horas sobre el narco para el que trabajaba, a dónde iba, de dónde venía, y que sacara la droga. Julio llevaba todos los documentos necesarios y hasta el teléfono del tío y su dirección, por si se ofrecía. La retención de que fue objeto por los policías retrasó su llegada y cuando arribó a la central de autobuses, del lado norteamericano, su tío, que había ido por él para llevarlo a su casa, ya no estaba.

Allá permaneció alrededor de un año. Aprendió inglés en la calle, conociendo amigos, muchos de ellos mexicanos, y hasta una novia negra que posó con él, en aquella fotografía, casi colgándose de su cuello, frondosa y de pelo chino, junto a un caballo. Allá también aprendió a tatuar. Tenía veinte años cuando fue detenido por la policía del lugar, porque traía una pequeña porción de mariguana en sus ropas. Así que lo llevaron preso y pagó con unos días de prisión y trabajo voluntario.

Pero el tío ya no lo quería ahí. Le había dado muchos problemas aquel grandulón amistoso que parecía que todo lo echaba a perder. Al menos para él y esa mirada clerical. Y estaba correspondido, pues Julio tampoco se sentía del todo cómodo. Por eso se regresó.

Cuando llegó a Culiacán le explicó todo a su madre y le anunció que se iría de nuevo a Estados Unidos, pero que antes quería pasar unos días en su ciudad. Llegó el día de su partida al vecino país y su madre lo despidió. Ya habían pasado dos meses de su regreso. Días después, no muchos, lo supo todo: no se había ido a Estados Unidos sino a la ciudad de México. Tampoco fue a trabajar, sino con unos amigos de esa cuadra podrida, esa calle conspicua: él parecía dispuesto, abierto a la aventura, a lo que viniera, a aprender y prender, enrolarse en el negocio, degustar el sabor dulce y amargo del miedo, experimentar, mirar a la cara, de frente, lo desconocido: y sostenerle la mirada.

Versiones de algunos conocidos señalan que al parecer un día antes, allá, en Valle de Bravo, le dijeron que todos se iban a ir, que podían llegar los otros narcos, de bandos contrarios, y atacarlos. Le recomendaron que hiciera lo mismo, porque "había algunas diferencias entre los jefes y podía haber problemas". Pero él no quiso. Ya andaba de novio con una joven del Distrito Federal y no se iba a regresar para no saber cuándo volver y encontrarse de nuevo con ella. Al día siguiente fue detenido.

Uno de los policías federales de la AFI le decía insistente que sabía que tenía familia y dónde vivían, que no se hiciera pendejo y firmara la declaración en la que reconocía que era narcotraficante y parte de la delincuencia organizada, específicamente de La Familia Michoacana, un cártel que opera en Michoacán y regiones de estados como Morelos, Estado de México y otros.

"Si no quieres que les pase nada, firma", le dijo, amartillando la voz.

Como parte de la estrategia de defensa, citan ante el juez a una doctora, porque los abogados del joven y sus presuntos cómplices encontraron que la firma del reporte médico no coincidía con la de ella, que además ese día estaba de descanso. "La doctora dijo que el joven había sido torturado, eso lo dijo después de que encontramos que no era su firma. Es una doctora de la Subprocuraduría de Investigación Especializada en Delincuencia Organizada, la SIEDO, y entonces supimos que toda declaración que se hace bajo tortura y presión psicológica es inválida", dijo la madre de Julio.

El joven permaneció arraigado en las instalaciones de la SIEDO, en la colonia Guerrero. Tanto él como la familia pensaron que lo iban a soltar, pues para ellos era claro que no había cometido ningún delito, además de que había sido sometido a tortura. Pero no fue así: las autoridades decidieron declararlo formalmente preso. Lo mandaron al penal del Altiplano, en el Estado de México, también llamado Almoloya.

El primer año en prisión fue desastroso para todos. Aquel joven alto y fuerte, con apariencia de adulto, de hombre duro, se desmoronó: de cien kilos que pesaba pasó a cerca de ochenta. Cuando su madre lo vio, se espantó. Él se dio cuenta y apuró una enternecedora e inverosímil explicación: las doctoras del penal se habían dado cuenta que estaba muy gordo y que por eso había bajado tanto de peso, porque se había puesto a dieta "me dijo que por eso le daban jugos y que no le servían tortillas en sus comidas", recordó su madre.

Fue desgastante emocional y económicamente para todos, dijo ella. Él la recibía como un niño en busca de los brazos de su madre, de sentirse blindado, seguro, bajo esas cálidas extremidades y frente a esa mirada florida y fulgurante. Ella lloraba a solas, sin gritos ni aspavientos, en silencio, llovía en sus mejillas y se caía el cielo hasta sus tobillos, hasta posarse en el suelo. No quería que él la viera ojerosa o flaca, o con los ojos hinchados de tantas precipitaciones lacrimógenas.

Ahora ambos están más relajados. Él tiene la misma defensa jurídica que el resto y los tres siguen juntos: al principio tenían un abogado muy bueno, que hizo gestiones y avanzó mucho, pero luego los tres decidieron, erróneamente, que mejor llevara su caso la abogada de oficio, y a partir de entonces el proceso no ha sido tan favorable como anteriormente.

Él está ahora dibujando y pintando. Lo hizo primero con los tubos flacos de los bolígrafos Bic, esos flexibles, que van dentro del tubo duro, donde va la tinta. Des-pa-ci-o, con una lentitud de hormiga, una paciencia de tortuga, un tesón de pájaro carpintero: paisajes, flores, personajes de Walt Disney, superhéroes y hasta un san Judas Tadeo.

Recuperó el peso, luego de casi dos años de estancia en el penal, y "ya come de todo", dice, feliz, con una felicidad a secas, sin apellidos ni confeti, su madre, en cuyo rostro asoman unas tímidas ojeras que no llegan a delatarla o que oculta bien bajo la alfombra colorida del bilé que usa como rubor.

Hasta allá lo alcanza su novia. Una joven de dieciocho años que lo ama sin tenerlo, que lo tiene sin asirlo. Sus padres desconocen que anda con uno que está preso, pero a ella no le importa. Se quieren casar, lo está esperando, mantiene el fuego encendido y sólo apaga el sol para prender la luna. "El hecho de que vaya ella es un levantón para él", señala la madre. Ella, la joven novia, logró realizar un trámite, con la ayuda de abogados, para obtener un comprobante de jurisdicción voluntaria de concubinato, algo así como un certificado que otorga la autoridad para constatar que ellos viven o vivían en unión libre, y eso le da a ella el derecho de acudir a verlo sin más problemas que los inherentes a visitar a un preso en un penal de alta seguridad.

La madre antes tenía que conformarse con verlo en locutorios, donde todas las conversaciones son grabadas y monitoreadas. Ahora, luego de varios trámites, lo hace frente a una mesa. Ambas, por su cuenta, lo sufren y disfrutan. Cara o sol. Vida o muerte. Vida y muerte.

Julio usa la técnica del óleo, pinta gatos y piolines para su hermana, que para él sigue siendo una niña, aunque tenga sus dieciséis. Escribe y escribe cartas de amor: palabras que huelen a flores, saben a lágrimas y miel, te extraños ancestrales, te quieros de leche tibia, e innumerables te necesito de hiel y de manzanilla. Cartas de dos, tres hojas, escritas con letras de colores, párrafos enteros de rojo, otros de azul, café o rosa, y unos más de negro. Las hojas están inundadas en lágrimas de dolor. Uno las ojea, revisa, separa, y siguen estilando agua con sal, licor de nostalgia siempre sombría, de melancolía y desolación, que luego él, con esas palabras inocentes y bien intencionadas, cariñosas, trata de disfrazar de esperanza y un cielo brillante.

"Escribe cartas para mí, para su hermana, su abuelita y también para su novia. En esas cartas él hace un recuento de su vida, recuerda cómo le decía que no anduviera con esos amigos, y me dice que esas relaciones «como que lo jalaban, no sé qué tengo, no sé cómo no me di cuenta a tiempo», y también me dice que ha cambiado, que quiere empezar de nuevo."

Epistolario del dolor

Julio está arrepentido de no haber escuchado su mamá y le pide perdón por no haber sido el que ella deseó. El 15 de abril de 2008, escribió:

> Hoy que tengo todo el tiempo del mundo para pensar en todos los errores que he cometido en mi vida, nuevamente te pido perdón por no haber sido el hijo que siempre desiaste, por aberme comportado como un idiota cuando estuve a tu lado, por todos esos malos momentos que te hice pasar. Lo siento mucho mamá, perdóname, no era yo mismo, hasta hoy comprendo que fui como un animal contigo y con toda la familia. Me disculpo con todos por ser la oveja negra.

Con letra manuscrita, pegada grafía por grafía, con una agradable inclinación hacia la derecha, de buen tamaño y clara, Julio se vierte, diáfano: se muestra, se hinca, mira de abajo a arriba a su madre, para adorarla, con la intención de reivindicarse. También habla de su novia. Se siente afortunado de tenerla y estar enamorado de ella. Da vuelcos, tumbos. Se molesta por la vida que lo llevó hasta ahí. Pero dice que está bien, que saldrá adelante. Y continúa, luego, ese rosario de desolación:

> Aquí la vida se piensa y se vive de otra manera que allá afuera, aquí a las personas que más quieres es como si no existieran, como si nomás existieran en tu corazón y en tu mente, de hecho existen en ellas, pero también estoy conciente que me apoyan desde cualquier lugar que se encuentren.

Le pide a su madre que esté en contacto con su novia, que la busque por teléfono y se cuiden mutuamente, que sean buenas amigas, madre e hija. Lo pide "como un gran favor", pues tiene esperanzas de salir de la cárcel "algún día y compartir esa felicidad con mi familia y mi niña hermosa a mi lado, tratando de escoger el camino correcto".

Dice que se desespera, pero obtiene dosis contra ese sentimiento, al recordarlas a ellas, a su hermana y demás familiares.

Le recomienda a su madre que le diga a su hermana que no descuide sus estudios por andar de novia, "que se centre".

En otra misiva, enviada el 20 de febrero de 2009, el joven cuenta que les ha ido bien en algunos recursos que presentó la defensa y que acreditaron tortura física y psicológica, además de que evidenciaron las contradicciones de los agentes estatales y federales de la AFI. Cuenta que está leyendo y estudiando leyes, y prepara un material sobre delincuencia organizada y otros delitos contra la salud "para meterlos antes del cierre, cuando esté el proceso de conclusiones de nuestro caso. Estos papeles son para tumbar estos delitos, ya casi los termino". Añade que otras personas acusadas de cometer esos delitos, que son los más penados, lograron "tumbarlos" y salir libres, con esa "jurisprudencia" en la que trabaja y que hará llegar a la abogada.

Carpintero

El joven iba con su tío con quien trabajaba en una carpintería, en el estado de Tabasco. Unos clientes le pidieron que les hiciera unos muebles para una residencia. El joven, que no sabía mucho del oficio pero quería trabajar y ganar algo de dinero, acompañó a su tío a dejar los muebles a la casa de las personas que le habían hecho el encargo. Bajan ambos de la camioneta. Tocan a la puerta. No sale nadie. Tocan de nuevo, una, dos, tres veces. Nada. Regresan al vehículo y se van. A las pocas cuadras los detiene una patrulla de la policía. Los uniformados no preguntan, sólo los aprehenden y ya. Ellos reclaman, cuestionan. Después les explican que esa vivienda a la que llevaban los muebles era una casa de seguridad y en el interior había varias personas secuestradas. Los interrogaron, hicieron que firmaran sus declaraciones y los consignaron a las autoridades judiciales, acusados de secuestro.

Ahora el joven es compañero de celda de Julio, en el penal del Altiplano. El nuevo huésped se la pasa llorando. Lo hace a todas horas, de día y de noche. Hasta que Julio le pide que se calme, que lo deje descansar y que no gana nada con llorar. "Con eso no vas a salir", le insiste.

El joven se queda ido, acumulando rencores y tristezas. En una salida al patio, a jugar futbol, hay un fául que molesta a algunos y él entra en el pleito. A lo lejos se oyen pisadas fuertes, de botas, cascos, toletes, uniforme, indumentaria que se mueve y golpea. Son los custodios del penal. "Ahí vienen los Power Rangers", grita uno. Van por los rijosos, llegan, los someten. Aquel carpintero fue castigado con seis meses de encierro dentro del encierro, sin salir al patio, ni visitas, ni llamadas telefónicas, que sólo están permitidas cada diez días y por diez minutos. Más triste.

Ese óxido llamado rutina

Julio dice que vive momentos "un poco" angustiantes. Otro disfraz de sonrisa a medias, de placidez, de comodidad, ocultando el infierno bajo ese rostro bonachón.

Aquí, en el Cefereso (Centro Federal de Rehabilitación Social), todo igual, lo mismo todos los días, a todas horas. Siempre. Así lo cuenta en la carta, esta vez con letra despegada, del 20 de febrero de 2009. Se levanta a las cinco y media de la mañana, se pone el uniforme de educación física, se lava los dientes y prende la tele "un ratillo" para ver las noticias, mientras llega la primera lista (pase de lista) a las seis de la mañana, se pone a dibujar hasta que lo bajan al comedor a desayunar, a las siete y media, sube del comedor a las ocho y sigue dibujando o se pone a leer para esperar la segunda lista, que es a las nueve, se pone a hacer ejercicio y a calentar el cuerpo para bajar a jugar futbol o basquet o voli al patio, a las diez, a las once se baña, treinta minutos después se pone a trabajar en la jurisprudencia, hasta las dos de la tarde con treinta minutos, que pasa la tercera lista, y luego de esto reinicia la elaboración del documento, a las tres con treinta baja a comer, a las cuatro sube de nuevo a su celda, reposa y prende la tele de nuevo, hasta que lo bajan a ludoterapia a las cinco con treinta, una hora después lo suben y se pone a leer y estudiar la jurisprudencia o bien a dibujar o a revisar los apuntes de literatura, y a las ocho baja a cenar, para encerrarse de nuevo media hora después, prende la tele hasta las diez de la noche, hora en que pasa la última lista, y luego se pone de nuevo el uniforme, cepillarse los dientes y ver de nuevo la televisión, hasta que le da sueño y se duerme.

"Y al día siguiente es la misma historia, se repite la rutina toda la semana y todo el mes, no hay más novedades, excepto que los miércoles me toca bajar a literatura, los miércoles a lavandería, martes a bibliotecas, y de vez en cuando a juzgados."

En otra de sus cartas, Julio le pide a su madre que no se mortifique por él, que está bien y que no gaste en pasajes, que mejor lo invierta en la casa o en ella misma. Y como las llamadas están restringidas, le envía un almanaque con las fechas y horas en que se comunicarán por esta vía, para aprovecharlas. Le pide que hagan lo mismo con los días de visita, de por sí tormentosos e insufribles.

Un 10 de mayo, en una carta que no tiene fecha, Julio agradece a su madre que esté con él, se jacta de contar con ella y ofrece, de nuevo, cambiar. Lamenta, con una tristeza que puede contagiar y salpicar a quien la lee, no haber tenido nunca un padre: "Sé que he sido un dolor de cabeza para toda la familia y sobre todo para ti… todo esto para mí ha terminado, ya soy una persona renovada y no les voy a causar ningún problema más, quiero agradecerte por todo lo que has hecho por mí y por mis hermanos, porque nunca te rendiste por sacarnos adelante y más a mí que no tuve el apoyo realmente de un padre que me orientara correctamente a base de amor, cariño, apoyo y mucha comprensión." En el extremo izquierdo de la hoja y hasta la parte abajo hay dibujos de flores rojas y hojas verdes, como una interminable enredadera. Una planta que se quiere salir de la superficie blanca, emigrar, crecer y crecer.

Gastos, frío, vía crucis

La madre de Julio gasta unos 2,700 pesos en el pasaje de avión, otros 300 en hotel, otro tanto en la comida y cerca de 200 pesos en taxi. Llega una noche antes porque a las seis debe estar haciendo fila en el penal, para ingresar y ver a su hijo. Frío que escarcha. El primer día la recibió otro frío demoledor: no pudo entrar a verlo.

Para entrar al penal se debe someter a siete revisiones. Este proceso puede durar alrededor de hora y media o dos horas. Entre otras medidas de revisión, además del desnudo total y el toqueteo que sufren las visitantes, están las cabinas de humo y rayos equis. No puede ingresar con dinero en efectivo ni con medallas ni collares, como aquella vez que le dijeron que no podría entrar con ese escapulario de hilo café, a lo que ella contestó que no sabía, pero que no había problema, pues se lo podía quitar. Le contestaron que no, que tenía que salir y volver a empezar la fila. Y la sacaron.

En una carta de desahogo, la madre de Julio escribió el 28 de septiembre de 2009 que se sentía impotente y triste: "Surge en la boca del estómago y sube lentamente hasta empujar las lágrimas de los ojos. Quiero contenerme pero no puedo. Las ideas dan vuelta en mi cabeza una y otra vez haciéndome suposiciones y preguntas que ya no tienen remedio «¿y si hubiera preguntado primero, antes de entrar, lo que no debía traer en mi bolsa del pantalón?»."

La razón de esta tristeza y frustración es por no haber podido ver a su hijo, por haber llevado una blusa de otro color, diferente al permitido: rojo, blanco, amarillo, café. Todo lo invertido, esos cerca de cuatro mil pesos gastados en ese viaje, con el único y especial objetivo de ver a Julio, se vino abajo.

El penal federal del Altiplano, un edificio gris, al fondo del un páramo como escenario, está flanqueado por una cerca de malla coronada de alambres circulares, cámaras de video y decenas de agentes vigilando. Alrededor han crecido los puestos de mercaderes y fariseos del dolor ajeno: renta de ropa (50 pesos cuesta rentar una blusa) y calzado de colores reglamentarios, guarderías de bolsos y zapatos, fondas de comida rápida, chucherías para aumentar la desesperación y los agrietados suelos de los plantíos de temporal que hay alrededor.

Los visitantes acceden a todo, con tal de ver a sus seres queridos: agachan la cabeza, no preguntan ni cuestionan ni reclaman, instrucciones arbitrarias y manuales de lo absurdo a los que todos deben responder con un "sí señor", y hasta dar las gracias: "qué amable, muy agradecido."

"En pequeños cubículos, los oficiales mujeres revisan a las de su mismo sexo. Hay que quitarse la ropa que las guardias palpan con precisión, siempre entre la mirada discreta al cuerpo desnudo: los senos, las nalgas, el sexo… hay que ser hasta cierto punto serviles y silenciosos. Nada de preguntas, observaciones o dudas, que pudieran ser tomadas como reclamos a sus decisiones. El sólo hecho de atreverse puede costar que el familiar o abogado se regrese sin ver al detenido. Y aún más, que tomen represalias contra él."

"A muchos, agregó, los han regresado por una envoltura de chicle olvidada en la bolsa del pantalón o menos." Por eso, con tal de ver al hijo, hermano, esposo o padre, la visita aguanta bajas temperaturas, una revisión de hasta dos horas y tantas revisiones y abusos.

"Por eso, los más les sonríen a los guardias, les ofrecen un gesto de complacencia o de agradecimiento." Abyección sobre pisoteo. Bota sobre la cara, cabeza o cuello. Y todavía decir "gracias".

En la última de las cuatro hojas de su escrito, seguramente parido en el cuarto de algún modesto hotel de Toluca, manchado de lágrima, se refiere a la llamada "guerra" que libra el presidente Felipe Calderón contra el narcotráfico: "El presidente sigue pensando que es el único valiente que se ha enfrentado sin miedo al narcotráfico, cuando los verdaderos líderes del narco están tan campantes en sus mansiones blindadas, mientras en las calles se desata una guerra perdida con elementos policiacos y militares comprados por el narco y en donde la carne de cañón son miles de jóvenes desechables que acaban en las cárceles y en los cementerios."

Sendero de inconsistencias

Entre las pruebas presentadas por el Ministerio Público adscrito a la SIEDO, se informó que Julio había vivido con su madre en el municipio de Uruapan, estado de Michoacán, con tal de soportar sus acusaciones y vincular Michoacán con Sinaloa, y acusarlo de narco, ya sea del Cártel de Sinaloa o de La Familia Michoacana. Ellos no mostraron documentos probatorios respecto a este dicho, pero Julio y su defensa sí, en el sentido de que siempre vivió en Culiacán, la capital sinaloense. Mientras los policías estatales (de la Agencia de Seguridad Estatal, ASE), del Estado de México, insisten en que en el vehículo en que viajaban los detenidos había armas y droga, los federales y militares señalan que nunca vieron armas ni droga en el automóvil. El joven, en una carta de defensa enviada el juez, acusa a los agentes Mauro Cruz Arias y Ramiro Victoria Cruz, quienes las "encontraron" en la guantera de la camioneta, "pero luego Mauro Cruz Arias dice que fue su comandante Octavio Armando Bernal Campo quien las encontró, mientras que en la declaración de Jacinto Arriaga Sánchez dice que él mismo fue quien revisó la camioneta... y que fue quien encontró un envoltorio con polvo blanco «al parecer cocaína»". Y la droga, aseguran, no estaba en la guantera, sino en una caja, bajo el asiento del copiloto.

Además, insiste Julio, los estudios realizados por la Procuraduría General de la República al polvo blanco determinaron que no era cocaína ni droga alguna, tal como lo establece la foja 223, tomo 1 del expediente.

Los agentes estatales tampoco fueron claros ni contundentes en cuanto a las armas: una calibre 9 mm y un fusil AR-15, presuntamente encontradas. Los agentes se acusan mutuamente de haberlas localizado y entregado al otro, y viceversa. También involucran una camioneta Trail Blazer gris, en la que supuestamente iban ellos, los detenidos, pero éstos en realidad viajaban en una Honda blanca. Los de la SIEDO acusaron a Julio de haber disparado un arma de fuego alrededor de las 14 horas del 22 de enero, que fue el día que lo detuvieron, y señalaron que él traía en sus bolsillos un casquillo calibre .223, para fusil AR-15.

"¿Usted cree que después de haber disparado la supuesta arma todavía tenga el tiempo y el descaro de recoger el casquillo para guardármelo en el bolsillo del pantalón?", preguntó el joven, en el documento enviado al juez.

Julio pidió que se investigue a los agentes estatales por mentir y detener a personas inocentes, ya que al parecer fallaron en la persecución y detención de supuestos Zetas que supuestamente estaban extorsionando a Ismael y René Delgado Rosa, dueños de un aserradero, del 11 al 19 de enero de 2008. Los extorsionadores viajaban en una camioneta Explorer negra, placas LJT-0185, de Michoacán. Ese día, el 22, iban tras una camioneta Trail Blazer gris, que al parecer se les escapó. Luego detuvieron a Julio y a los otros tres, "y nos involucraron en ese asunto a nosotros".

La historia de Julio es la de muchos jóvenes presos. Detenidos injustamente, consignados con argumentos y pruebas falsas, torturados, amenazados, y por lo tanto condenados a pagar con prisión lo que no deben y más. La madre de Julio se apura para lanzar su propia sentencia: esto es una guerra civil y si no, ahí están los muertos. Y sí, son los muertos en los cementerios, las cruces en calles, camellones, a la orilla de las carreteras, afuera y adentro de las viviendas: muertos de esperanza y justicia, que van y vienen a sus carracas siempre frías y sombrías, en medio de rutinas homicidas y sentencias que calan hondo y lastiman.

Ellos no son delincuentes ni merecen estar en cárceles de máxima seguridad, sino víctimas: Julio, por ejemplo, puede ser acusado de vago, de dejarse seducir por el oropel del narco o de fumar churros de mariguana, "pero no es una asesino ni secuestrador. No es un capo. Son plebes creativos y creo que pueden dar mucho acá, afuera".

Julio trae tatuadas dos alas en su brazo derecho. Es una oveja negra, tierna, generosa y alada. No las usa, ahí no puede, no entre barrotes, literas de cemento y paredes grises y llenas de sombras que parecen polvo y humedad. Sabe que no debe permitir que el encierro lo nulifique y extinga. Es parte de un ejército de millones que en este país son criminalizados: el gobierno los etiqueta de vagos, drogos y malvivientes, el narco los quiere cooptar y usar para la muerte, y el ejército y la policía los mata. Pero él no morirá así, no se lo quiere permitir, aislado, enrejado y solo. Acaricia esas alas, las ve siempre y les prende veladoras. Las quiere estrenar cuando salga: asegura, en sus textos llorosos, que va a emerger, renacerá, y entonces, entonces sí, aleteará, volará lejos, sin separar los pies de la tierra. (11 de diciembre de 2010.)

El poderoso

Desde sexto de primaria, cuando tenía unos doce años, Manuel ya andaba loco: le quitaba los veinte o cincuenta pesos a su mamá para comprar suficiente mariguana y darse sus toques.

Ya andaba con los de la cuadra, la raza, los vagos. Todos ellos le entraban a alguna droga, pero él se quedaba con su gallo de mota: le daba pa bajo y se sentía flotando, pero también lento, y las sílabas se le amontonaban entre cachetes, lengua y dientes, en espera de salir, porque el aire salía des-pa-cio.

Los cuates le decían que diera el otro paso, que escalara. Las pastas son la neta, carnal. Te vas a sentir a toda madre. Sus viajes, le decían, iban a ser más chingones, más chilos. Iba a sentirse fuerte, airado: poderoso.

Manuel anda todo de negro. Sólo los signos de dólar, grandes, que traen en su cachucha importada, son diferentes: color plata. Trae un pantalón negro como bermuda, reloj negro, camiseta negra. Vida… negra.

No se sabe si sonríe por ser cínico o por nervios. Dice que está arrepentido. Y como un tic, una muletilla traicionera que asoma sin que él le dé permiso, repite coma, tal vez en lugar de compa. Con ese hablar culichi, de gente de la sierra que baja a la ciudad, atropellado, que se come las palabras y habla tan rápido que parece un rezo, un rosario malpagado en incómodos servicios funerarios.

Está ahí, sentado frente a la grabadora digital. A unos metros lo observa la directora, atrás, del otro lado de una falsa pared, está Nohemí Alex Gati una socióloga que los quiere mucho y los protege, se lleva bien con ellos y abona para ganarle espacio a ese déficit de amor, pero no permite que hagan desorden ni cometan tropelías. Ni en su colectivo ni en los patios ni canchas. Él sabe por qué: se ha portado mal. Por eso, por algo más, mucho más grave, está ahí, encerrado, en lo que todo mundo llama Tutelar para Menores, pero cuyo nombre correcto es Centro de Internamiento para Adolescentes (CIPA). Su delito: robo y homicidio.

Cedió a las invitaciones de sus amigos. Rivotril y diazepam, le decían. Él escogió el segundo y se sintió cansado y con sueño. Más lento que con la mariguana. Algo pesado, denso: como flotando y cayendo al mismo tiempo. No, no. Ahora el Rivotril. Entonces ya no fueron 20 ni 50 pesos lo que le quitaba a su madre del bolso, sino billetes de 100 y 200 pesos. Ya para entonces su madre se daba cuenta y el barrio lo señalaba, con sus amigos del barrio, como viciosos, asaltantes, rateros, malandrines y drogadictos. Por eso lo regañaba.

Entró a la secundaria en la Escuela Técnica Industrial número 85, ubicada en el sector conocido como Barrancos, al sur de la ciudad, y rápido, antes de que concluyera el primer año, lo expulsaron. Lo mismo: drogas, desmadre, lesiones, pleitos, robos. Todo.

Alrededor de 60 por ciento de los jóvenes de entre doce y diecisiete años que habitan en las zonas de mayor violencia generada por el narcotráfico, que comprende trece estados, consideran "que los capos y los grupos criminales son una alternativa de vida viable y tentadora", refieren encuestas hechas en los últimos dos años, afirmó Edgardo Buscaglia, especialista en derecho del Instituto Tecnológico Autónomo de México (ITAM).

La información aparecida en el diario de circulación nacional *La Jornada*, el 7 de marzo de 2010, firmada por el periodista Gustavo Castillo García, señala que: "Las disfunciones de personalidad, como las sociopatías, el entorno social difícil, que incluye clima de violencia, carencia de afecto y falta de oportunidades, son factores que inciden para que algunos adolescentes se conviertan en integrantes del crimen organizado, afirmó la doctora Feggy Ostrosky Solís, directora del Laboratorio de

Neurosicología y Sicofisiología de la Facultad de Sicología, de la Universidad Nacional Autónoma de México (UNAM)."

Ambos académicos coincidieron en que la pobreza no es el único factor que provoca que cada día más jóvenes se sumen a grupos criminales, ni "los narcocorridos ni el sólo hecho de querer ser narcotraficante, porque hay cuestiones neurosicológicas que también inciden", dijo Ostrosky.

Para Buscaglia, "mientras el Gobierno Federal no construya una red a escala nacional con las asociaciones civiles para apoyar a estos jóvenes, poco se va frenar el flujo hacia la delincuencia organizada".

El especialista en temas de crimen organizado, derecho y lavado de dinero explicó que "en 13 entidades federativas recorridas en los últimos 24 meses, hemos visto que en las zonas rojas, es decir, donde hay mayor nivel de violencia, los menores de entre doce y diecisiete años, especialmente hombres, normalmente consideran que los capos y los grupos criminales son una alternativa de vida viable y tentadora".

"En la medida en que el Gobierno Federal y la sociedad civil no formen una red para concientizarlos sobre las diferentes alternativas de vida viables en la economía legal, estos jóvenes seguirán deslizándose como hormigas hacia el narcomenudeo y hacia los grupos criminales."

"Sus figuras llegan a ser personajes como El Chapo Guzmán, El Mayo Zambada y los capos del Golfo y de Los Zetas, a lo que se suma la falta de alternativas de vida para esos adolescentes en zonas con altos niveles de pobreza, sin educación, servicios de salud ni empleos formales, con ausencia de infraestructura social..."

Fue su padre quién lo enfermó. Y también su ausencia. Estrepitosa caída, mirada al abismo profundo e infinito, asidero acuoso frente al desbarrancadero. Su "partida" le caló hondo y fue el primer paso para iniciar el camino corto, el de los atajos, a la autodestrucción. Paso acelerado y fijo, seguro, firme, al exterminio. El propio. Su padre se dedicaba a la compra y venta de vehículos usados. Iba a Mexicali, a la frontera norte, del lado de Baja California, a adquirirlos, para llevarlos a Culiacán, Sinaloa, y venderlos. Le iba bien a la familia y a él. Cualquier cosa, lo que quisiera, se lo pedía a su padre, y éste dijo a todo que sí: botas de piel de avestruz y de cocodrilo, alhajas, relojes, pantalones Versace y camisas Platini. Todo lo nuevo, lo caro, lo de marca. Casualmente todo lo que usaba era lo mismo que gustaba a los narcos de su edad: la forma en que matones, buchones, distribuidores, vendedores al menudeo y émulos del crimen organizado visten, sus ropas en el aparador de moda de los sicarios, la narcada de la región.

Él dice, insisten, que su padre no era narcotraficante, pero esquiva las preguntas. Se voltea, se nota que prefiere que el interlocutor se conforme con ese "no" que le duele: "No le escarbe, compa, mi apá no era narco, no era malandrín."

En el 2005 un comando armado lo interceptó para "levantarlo" (secuestro sin rapto de por medio) y se lo llevó. Al poco tiempo, muy poco, apareció muerto a tiros. Eso lo descompuso todo. La vida se le vino abajo, echa tiras, como su mirada, como sus sílabas peleándose por salir, y se le ensució.

"A él lo mataron en el 2005, a balazos, lo levantaron… y de ahí, coma, como que quedé mal, no sé qué rollo. Y me junté con amigos que traían un desmadre, coma, que andaban en el cotorreo, me afectó mucho lo de mi papá, andaba en el cotorreo, sano sin droga, pero luego de esto me empecé a drogar cabrón, coma, cabrón."

En el campo, los cuates y él jugaban con pistolas de salva y postas. Al rato era el rifle 22 para la cacería de tórtolas y liebres. En cuanto pudo, tendría unos catorce años, compró en dos mil pesos una pistola calibre 9 mm, cuya marca no recuerda. Y siguió con sus amigos, los compas de la cuadra, escondidos en esquinas de arbotantes fundidos y paredes grafiteadas. Asaltó con ellos a transeúntes, choferes del servicio de transporte urbano y pasajeros. Uno de ellos, espantado, quiso quitarle la navaja, que Manuel le había puesto al cuello, y en el jaloneo cortó al desconocido aquel. Él pensó que le quería quitar el arma, por eso se puso bravo, pero le dio miedo cuando vio sangre y se echó a correr. Una patrulla de agentes de la Dirección de Seguridad Pública Municipal de Culiacán lo llevó al Centro de Detención Preventiva de la corporación y de ahí fue consignado al Ministerio Público y luego trasladado a los juzgados que están junto al penal de Culiacán, hoy llamado Centro de Ejecución de las Consecuencias Jurídicas del Delito. De donde se escapó, a través de unas rendijas.

Fueron muchas las veces que los agentes de la Policía Municipal lo detuvieron. Bastaba con que lo vieran en la esquina, que se toparan con él en la calle, con ese andar guango, como flotando, con movimientos lerdos, para llamar su atención y esculcarlo: churros de mota, pastillas rivotril. Él las combinaba con Coca-Cola o con café. "Más chingón, coma, si viera… cabrón." Pero como eran faltas consideradas menores o bien violaciones al bando de policía y buen gobierno, rápido lo dejaban ir.

Fue uno de sus cómplices el que se metió a su casa a robar. Él no quiso saber si había logrado sustraer algo. Tomó la pistola, se la fajó. Subió al automóvil y fue en busca de aquél. Llegó a su casa y le gritó. El susodicho salió y cuando vio que le apuntaba con un arma de fuego, corrió. Manuel disparó y fue en busca de su enemigo, a quien siguió correteando y disparando.

A los minutos supo lo que había pasado. La bala que él había disparado y que su ex cómplice había logrado esquivar, había penetrado el cráneo de Anastasia Páez Vargas, de ochenta y siete años, madre del ladrón, mientras ésta leía la Biblia en la sala de su casa, del otro lado de la puerta, que también quedó perforada. Fue un 10 de mayo de 2009. La nota de *Noroeste* del día 11, dice lo siguiente:

> Cuando se encontraba leyendo la Biblia en la sala de su casa, una mujer de la tercera edad de la colonia Plutarco Elías Calles fue asesinada de un balazo en la cabeza, por un amigo de su hijo que minutos antes había ido a buscarlo y disparó contra la puerta de la casa.
>
> Información de las corporaciones policiales establece que la víctima fue identificada como Anastacia Páez Vargas, de ochenta y siete años, con domicilio en la calle Artículo 115 y General Cruz Medina, en el sector mencionado.
>
> El homicidio ocurrió alrededor de las 10:30 horas de ayer, en el domicilio de la víctima, cuando se encontraba en compañía de uno de sus hijos.

El diario informó que el homicida le preguntó a la señora por su hijo y ésta dijo que no estaba. Segundos después, el joven disparó contra la puerta, luego entró de nuevo a la vivienda y le disparó a corta distancia a la víctima.

"En el lugar del homicidio peritos de la Procuraduría General de Justicia del Estado recogieron un casquillo percutido calibre 25 mm al interior y uno más del mismo calibre en la calle."

—¿En ese momento no sentiste nada?

—No pues andaba con los aires de la droga y me duraron hasta el siguiente día. Las pastillas te las tomas ahorita y al otro día sigues todo poderoso. Lo que hice fue irme a otro lado, huir.

"Malamente hice eso de matar a la señora. Andaba huyendo, yo sabía que me andaban buscando, preguntaban ministeriales por mí... Sí me arrepiento porque la señora no tenía nada que ver y yo también andaba drogado y ahora estoy encerrado, pues está cabrón, encerrado por algo que no debí haber hecho, drogado... por ese ratero."

Manuel tenía prisa por todo. Como la tiene ahí, en el tutelar, y por eso le dan esos ataques de ira y desesperación. Como la tuvo entonces, cuando, angustiado y contrariado, "arrepentido", dice él, opta por irse de ahí y cambia su domicilio a la colonia Mazatlán. A los días, enterado de lo que había hecho y superados los efectos provocados por el consumo de tres a cinco pastillas de Rivotril (que le duraba dos o más días), se fue al Distrito Federal, a visitar a su novia. No pudo contenerse y le contó: maté a alguien. Sin que ella alcanzara a reponerse, le dijo que hasta ahí llegaban, que se retiraba para no meterla en problemas, porque podía arrastrarla.

"Yo le dije, ya estuvo, que no quería que a ella la encarcelaran por mi culpa, y me fui. Ella se agüitó, claro, porque yo había hecho mal y yo estaba consciente de eso, así que no podía quedarme. Y me fui a Tijuana, con unos amigos", recuerda Manuel.

Lo primero que hizo allá fue asaltar: negocios, tiendas, peatones, todo. De ganar unos 1,500 pesos mensuales, matándose con horarios y trabajo duro, mejor se echa cerca de 2,500 en un sólo jale, asaltando, pero sin matar a nadie. Así anduvo varias semanas: pegando y huyendo.

En Tijuana encontró a sus primos, uno de los cuales tenía trato directo con El Teo, quien fuera pistolero de los hermanos Arellano Félix, del Cártel de Tijuana, y luego operador del Cártel de Sinaloa (detenido en enero de 2010 en aquella ciudad durante un operativo en el que participaron alrededor de 50 agentes federales), por una razón: dinero.

"Una vez fuimos a matar a unos policías y nomás nos dieron 10,000 pesos a cada uno. Esa vez fueron tres muertos y un herido, todos ellos municipales. Y yo me quedé ondeado, ¿cómo que esto me van a pagar?, yo esperaba mínimo unos cincuenta mil pesos. Yo decía «ando arriesgando el pellejo para que no más esto me paguen»."

Fueron varios los asesinatos consumados por Manuel, sus primos y esa horda de orates: locos, vatos bien locos, drogados, como él, uno de San Francisco, otro de San Diego, uno más de

Guadalajara, otro de Sonora, y él. Ellos locos y peligrosos. Él no soltaba su fusil AR-15, conocido en el mundo del hampa como chanate.

Como los pagos siguieron quedándose cortos y no cubrían sus expectativas, le entró de nuevo a los asaltos. Y entre homicidio y homicidio llegaron a asaltar varias gasolineras. Cuando no había chamba, asaltaban cinco en la mañana, descansaban un rato y atracaban otras cinco durante la tarde.

"Hay que hacer algo por una feria y «simón decía yo», y decía «Yo voy a asaltar todas las gasolineras que vea», y eran unas diez en un día. Juntamos como unos 10,000 pesos para cada uno, una buena feria."

Manuel traía un Honda Civic viejo, de esos legalizados, modelo 1991. Con la prisa por los latidos, por la vida, la intensidad, el poder y esa danza con la muerte, adquiere un vehículo de lujo modelo 300, del año, pero chueco, con papeles falsos.

Se cansa de los homicidios y los asaltos, y decide viajar. Acostumbró sus bolsillos a los 30,000 pesos diarios y se tomó todos los botes de cerveza que le tocaban en toda su vida, consumió mariguana y sus pastillas preferidas, pocas mujeres porque las putas le pueden pegar enfermedades, y eso sí, mucha ropa, calzado y alhajas. Viajó por Mérida, Cancún y otras ciudades. Dice que no hizo nada ilícito, y eso, aclara, incluye el narcotráfico. En esta travesía, que fue, asegura, insistente, de mero paseo y placer. Hasta que se le secó la billetera.

Regresó a Sinaloa, pero no a su casa. En una comunidad cercana a la Cruz de Elota, en el municipio Elota, a unos 100 kilómetros de Culiacán. Ahí se dedicó a asaltar. Él y un cómplice se ponían en un retorno de la carretera Costera y se paraban en medio de la vía, para obligar a los traileros a detenerse. Él con su Uzi calibre 9 mm. El otro con un arma más pequeña. Uno por cada puerta. "Órale, caite con la feria." Hasta que lo que les cayó fue la Federal de Caminos.

Huyó a Mazatlán, a casa de unos parientes. Una tarde se decidió a ir a un Oxxo por cigarros y a asaltar. No podía llevar la Uzi, así que agarró una navaja y pidió los Marlboro al de la caja. Al regresar, éste tenía frente a su nariz el arma punzo cortante y Manuel le gritó "dame por favor todo el dinero, puros billetes, nada de feria, tarjetas para celulares y una lámpara."

—¿Y por qué la lámpara?

—Para aluzar a los traileros en la carretera, y asaltarlos.

Aquel 2 de septiembre de 2009, Manuel salió de ahí corriendo apanicado. Subió a un autobús del servicio de transporte urbano y a la siguiente cuadra se bajó. Oyó el ulular de las patrullas y decidió meterse a la casa de un pariente. Entró, se quitó la camiseta negra, por cierto, la cangurera en la que había guardado el botín y la navaja. Se sientó frente a la tele. Luego cambió y se puso frente a una computadora. Después se acostó: tocan. Abren, "déjalos pasar", grita él, confiado. Los agentes ingresan con las armas apuntando, se van directo a él y lo someten. Él pregunta qué pasa. Le dicen "acabas de asaltar, no te hagas". Traen al empleado de Oxxo y él lo mira, lo reta. "¿Fui yo, estás seguro de que fui yo?" El otro se voltea. Los agentes esculcan y dan con cangurera, botín y navaja. "Vámonos."

Agentes de una unidad especializada, que usan atuendos tipo Robocop, lo trasladan a las instalaciones de la Policía Ministerial del Estado en Culiacán, y luego al penal, de la capital sinaloense. Ahora se pregunta por qué asaltó el Oxxo, "por míseros 1,800 pesos. Chale".

A Manuel le pasaban cerca las balas, cuando cumplía sus encargos de sicario. Su primo hablaba por teléfono con El Teo (Diego García Simental, sicario del Cártel de Sinaloa en Tijuana) y él obedecía. Sintió cómo rozaban, sonaban cerca de su oreja, le rezaban al oído y venteaban en sus prendas. Una camioneta que usaron en uno de esos homicidios quedó destrozada. Miró alrededor y todos estaban ahí, disparando y esquivando. No eran sus amigos, no les tenía confianza. De hecho, les temía por dementes y matones. Ni él ni sus socios quedaron heridos, pero esa vez sintió miedo. "¿Y si me matan?", preguntó.

Trae esa sonrisa que inquieta. Se agüita porque tiene tías abogadas en derechos humanos, primos arquitectos o ingenieros, una madre que lo visita y lo quiere y una hermana. Se encariña uno, dice. Él no trae fantasmas que lo despierten de madrugada y lo asalten. No llora. Pero eso sí, se le revientan las manos, algo en el estómago se le pone duro y la cabeza se le voltea, hay cortos circuitos y los cables se le cuatrapean: ataques de ansiedad y coraje. Ahí, en su colectivo, como le llaman a las celdas, tiene que tomar Tafil y Tegretol, que son calmantes, para cuando le pega la desesperación. Ya no quiere alcohol ni saber nada del Rivotril. Teme ver a su gente, los pocos que quedan, porque puede ser el diablo que le extienda la mano con pastas y cigarros de mota. No, eso no, quiere vivir bien, tranquilo, salir adelante.

—¿Cuántos de tus amigos están vivos, te esperan afuera?

—No pues, éramos como 30… ahora sólo quedan dos, cuatro. Dos en la peni, en la cárcel, presos, otro aquí, en el tutelar, conmigo, y yo. Los otros están muertos.

Manuel se despide. Parece un chico fresa entre otros jóvenes que se ven pobres y abandonados. Él tiene chapetes y buena ropa. Camina como dandi, como rufián de vecindario de buen nivel. Y ya ha dado algunos problemas, pero lo quieren y lo ayudan, no lo toleran. Se separa del grupo: tiene que cenar, reportarse al colectivo, incorporarse a las labores de limpieza.

Ya de cerca, sin nadie que lo oiga, acepta una pregunta más, sin agentes de la Policía Estatal Preventiva cerca ni la Directora ni los instructores. A cuántos, a cuántos mataste en total, Manuel.

"Aquí, en corto. A siete, fueron siete. Pero no le digas a nadie."

Sonríe y se va con su plato de comida, a su recámara colectiva: a sucumbir, como un animal enfermo, malherido, rabioso e indómito, otrora fuerte y todopoderoso, al que deben domesticar.

***

Voces de la calle

"¡Qué bueno que la mataron, pinche vieja!" (Expresión en una reunión familiar, ante el homicidio de dos mujeres: madre e hija.)

"Qué le hace que esté feo, con que sea narco, que tenga muchos billetes y una camionetona. Con eso hasta se ven guapos." (Una joven mujer, en un domingo culichi, en el Malecón nuevo.)

"En boca cerrada no entran balas." (Expresión de un periodista, al referirse a medidas de seguridad ante posibles atentados.)

"¿Vas a hacer ejercicio? Llévate tu chaleco antibalas." (Una mujer a su esposo, una mañana de julio de 2008, en Culiacán.)

"Más vale que llegue a un arreglo porque éstos son malos." (Agente de tránsito a un joven que chocó contra un muchacho que traía una camioneta Sierra, 2011, con aspecto de narco.)

"Si nos van a matar que nos maten y ya. Para qué tanta tortura." (Joven mujer involucrada en el narco, al enterarse de conocidas suyas a las que antes de matar les quitaron implantes y las torturaron.)

"Yo las veo como gente normal, gente buena, buenas madres y buenas hijas. Pero les tocó la mala suerte de envolverse con esas personas, de ese medio." (Joven madre, al opinar sobre las mujeres esposas, novias o amantes de narcos.)

HUÉRFANOS Y VIUDAS: OTRA FORMA DE MORIR

Durante un ataque por equivocación que se diera el fin de semana pasado contra jóvenes a bordo de un vehículo, confundidos con delincuentes, balearon a una joven, cuya familia acusa a los policías federales. El incidente ocurrió el pasado sábado en la Colonia El Papalote cuando la joven Rosa Angélica Marín Hernández iba en un auto tipo Mustang negro de modelo antiguo con varios jóvenes y un menor de 5 años. A decir de su madre, los agentes federales los confundieron y pensaron que de ese vehículo los atacaban, por lo que les dispararon, de modo que a una semana de cumplir los 15 años, la joven murió. La familia pide justicia para la víctima.

Foto: Ricardo Ruiz / © Procesofoto / Chihuahua

La Magdalena

La Magdalena vivió desde niña una ráfaga de tragedias. Su corta vida, que empezó en el municipio de Navolato, Sinaloa, pasó por Mexicali, Baja California, y terminó en Culiacán. Ahí tuvo su remanso en plena juventud. Y cuando por fin gozaba de hija, esposo y familia quisieron quitarle parte de ese pequeño oasis. Ella luchó.

Fueron segundos, instantes: jaloneos, gritos, forcejeos. Al final le arrebataron todo.

Su nombre completo, María Magdalena Santiago Beng, quien nació de una efímera relación de tres meses, acaso. Cuando él, su padre, de nombre Agustín, de apenas diecisiete años, supo que aquello no iba a funcionar, lo anunció y siguió aportando recursos para su hija, y visitándola.

Su madre de dieciséis años poco tardó en juntarse con otro hombre. Cuando Agustín fue a ver a la niña a su casa, en la comunidad de El Bolsón, se enteró de que la nueva pareja se la había llevado y no le dijeron a dónde. A través de un hermano de su ex esposa consiguió la dirección y optó por enviarle dinero a través de giros telegráficos que rápido regresaron a sus manos: el padrastro los rechazó.

Entonces María Magdalena tendría alrededor de un año.

Cuando por fin tuvo capacidad de trabajar, cuentan familiares, el padre acudió a buscarla varios años después. Ambos se veían en la plaza Cachanillas, en Mexicali, la capital de Baja California. Ella con ropa carcomida por el uso y el tiempo, deslavada y traslúcida, y él ansioso de encontrarse de nuevo con su retoño. Aprovechaba, comían juntos y le compraba ropa y huaraches.

La menor tenía doble sobrepeso: a sus cerca de diez años padecía cierta obesidad, pero además cargaba con más responsabilidades que cualquiera de su edad: cambiar a sus hermanos, darles comida y llevarlos a la escuela. Sus padres, contó el propio Agustín, se iban a trabajar y regresaban hasta tarde, y ella cuidaba y atendía a sus hermanos.

Huir de todo: del abuso, de ser la sirvienta

Un día María Magdalena se despertó. Y despertó de sí, de todo. A sus cerca de trece años ya estaba cansada, y un guiño, un atisbo de espejismo, bastó para levantarse y huir completamente, incluso de ella misma. Era toda una señorita y un joven que su padrastro había asilado en esa casa, con una muchacha que él había embarazado, la empezó a cortejar. Ella, joven, abriendo los ojos a la sexualidad y diciéndole sí a la insumisión, no tomó ninguna pertenencia y huyó.

Iban en un autobús de pasajeros rumbo al centro del país. Los parientes de ella recuerdan que cuando el autobús llegó a Culiacán, María aprovechó y llamó por teléfono buscando a su padre. La esposa de éste le avisó. Le pareció raro que la joven de trece años le dijera que pasaba por Culiacán, que necesitaba dinero. Habló a Mexicali y entonces su ex esposa, que no le había contado nada, le informó que tenía una semana que no sabía de ella y empezó a llorar.

Agustín consiguió un vehículo con un amigo, quien lo convenció que podía alcanzar a su hija en Mazatlán si se daba prisa. "Pero antes, le dijo, tienes que llamar a la Policía Federal de Caminos, para que revisen los autobuses y con suerte los detengan." Apenas salían de Culiacán rumbo al sur cuando le llamó un agente federal: tenemos a su hija y al sujeto que la trae. Lo citaron en la base de la corporación, ubicada junto al penal, al poniente de la ciudad.

"Su hija está bien verbeada, ese tipo la tiene terapeada y dice que ella vino por su voluntad, que él no tiene nada qué ver", cuenta el mismo padre que le señaló uno de los policías que los detuvo. El joven fue dejado en libertad y él se llevó a su hija, quien le contó que había huido porque su padrastro había intentado abusar de ella, que la tenían como "la chacha, la sirvienta", con la responsabilidad de cuidar y alimentar a sus hermanos, y que no podía más.

Molesto, la llevó a la agencia del Ministerio Público especializada en violencia intrafamiliar y delitos sexuales, en la capital sinaloense, donde interpuso denuncias en contra del padrastro y de quien resultara responsable. Cuando su ex esposa se enteró le dijo que la niña era una mentirosa, y que se trataba de "puro chantaje, un pretexto para no trabajar ni hacerse responsable".

El padre la mantuvo unos días en Culiacán y luego se organizaron porque ella quería terminar el tercer grado de secundaria en la Escuela Técnica Industrial ubicada en Lomalinda. Cuando llegó el momento de estudiar el bachillerato, María Magdalena pensó que la mejor opción era irse a la comunidad de El Bolsón, municipio de Navolato, con sus abuelos, donde además tenía otros parientes que trabajaban en la Universidad Autónoma de Sinaloa, a cuya preparatoria ingresó.

Tuvo entonces una etapa de estabilidad. Iba y venía a El Bolsón, escapaba repentinamente pero sin muchos desarreglos ni graves consecuencias. Así pasó alrededor de dos años, hasta que uno de sus tíos de Culiacán quiso pasar por ella para invitarla a la bahía de Altata, pero no la encontró. Sus abuelos decían que se había ido a Culiacán, que así les había dicho. En Culiacán, luego de revisar con algunas llamadas, no estaba. Su padre llamó y no obtuvo muchas respuestas, hasta que le marcó a su teléfono celular. María Magdalena explicó que había estado en Culiacán con unas amigas, pero que ya iba a Navolato. La joven, que fue calificada por sus amigas y compañeras de la escuela como la primera en todo, las ocurrencias, travesuras, fiestas y hasta calificaciones y cierto liderazgo, le habló a la esposa de su padre y le dijo que no se preocuparan, que había ido con unas amigas a Tijuana, de paseo.

Cuando Agustín se enteró le dio mucho coraje y la regañó. Ella dijo que no había pasado nada, que sólo había ido a acompañar a unas amigas que no querían viajar solas, pero él le advirtió que pudieron haberla usado para trasladar droga.

Segunda llamada

Alrededor de dos semanas antes de su cumpleaños, que era el 4 de marzo del 2008, ella le pidió a su padre, con quien no había dejado de tener comunicación, que quería una fiesta. Faltaban dos semanas y él accedió. Pero les llegó un comentario a través de una persona que vendía chucherías afuera de la preparatoria: María Magdalena andaba de novia, estaba embarazada y planeaba huir.

Él se quedó sin habla. Su hija de apenas diciesiete años quería irse porque estaba esperando un bebé. El hombre aquel, su novio y pareja, Luis Manuel Tovar Carranza, tenía veintisiete. Cuando quiso hablar, actuar, hacer algo, ella ya se había ido. Supo después, a través de otras personas, porque dejó de verla, que vivía en una casita dentro de un fraccionamiento llamado Villaverde, al sur de Culiacán. Meses sin ella, enojado, el padre pintó la raya y la borró gustoso, resignado, cuando supo que iba a parir. Le dijo a su mujer que lo acompañara al Hospital de la Mujer: el bebé nacería en octubre de 2009 y a la par nacía entre ellos una nueva relación: ellos, la niña, que luego bautizarían como Danna Maylú (Danna, por una canción que le gustaba mucho a él, y Maylú por ambos: María y Luis), y él, aquel día 8.

Apenas tenían unos días estrenándose como padres cuando María Magdalena le pidió a Agustín que le diera trabajo a Luis, su esposo. Él le preguntó, luego de contestar que sí, que si sabía hacer algo. Ella dijo que nada. Agustín, que ya tenía tiempo en el negocio de la habilitación de viviendas para empresas inmobiliarias y la renta de karaokes y brincolines, lo jaló en el negocio, lo involucró en tareas de pintor, plomero, electricista, chofer y cargamento, que era lo que ellos mismos hacían.

Broncas añejas

Agustín se enteró porque fue inevitable. Su yerno le dijo que si podía llevarlo al penal de Culiacán porque tenía que ir a firmar. Él preguntó que qué había hecho, y aquel contestó que había estado preso alrededor de dos años, que ahora estaba libre bajo caución. "Yo lo que hice fue preguntarle si todavía tenía broncas, problemas con esa gente, porque trabajábamos juntos todo el día, y muchas veces andaban mis hijos con nosotros, imagínese un ataque, un atentado. Pero él contestó que no, que ya lo había arreglado todo. Y yo le creí."

Datos de la Procuraduría General de Justicia de Sinaloa señalan que efectivamente Luis Manuel Tovar Carranza fue detenido el 12 de mayo de 2005 por robo en casa habitación, y salió libre bajo fianza en el 2007, de acuerdo con la ficha penal 32033.

Aguntín recordó que durante el trabajo Luis recibía llamadas a su teléfono celular y él, que en ocasiones se apartaba del lugar donde estaban laborando, para atender la llamada, decía luego de colgar que lo habían invitado a "hacer un jale". ¿Y? Preguntaba insistente Agustín, pero el yerno contestaba que no se preocupara, que no iba a decepcionarlos ahora que por fin se había ganado la confianza de su esposa y de ellos.

Agustín contó que en una ocasión, ya avanzados en trato y cariño, fueron juntas las dos parejas de compras. Se acercaba el día del padre. Era junio de 2010, escogieron cachuchas y camisetas, algunas de las cuales eran para él pero no se lo habían dicho. Una vez que pagaron, se las entregaron. Él, conmovido, preguntaba por qué. Le contestaron que era su regalo del día del padre y se puso a llorar. En medio de los sollozos se detuvo a limpiar mocos y lágrimas para decir que a él nunca le habían regalado nada.

"Pienso que eso refleja que algunas veces los padres tenemos responsabilidad por la conducta de los hijos. A mí me decían en su familia que no lo aguantaban, que era muy problemático y les había dado muchos dolores de cabeza, y que estaban sorprendidos y agradecidos porque con nosotros, con su mujer, su hija, conmigo, era diferente, era bueno y trabajador... Creo que a él le faltó eso, cariño, atención en su familia", contó Agustín.

Pasado terco

En las casas de las dos familias, la que recientemente conformaban María Magdalena y Luis, todo marchaba en un ambiente de armonía y unión. La esposa de Agustín trataba a la hija de éste como propia y lo mismo hacían los otros hijos, todos ellos varones. María Magdalena había terminado la preparatoria y atendía a su hija. Los padres de Luis lo habían aceptado de nuevo, de vez en cuando celebraban y convivían, como aquel 14 de agosto.

Los padres de ambos convivían en la casa de la colonia Estela Ortiz, a pocas cuadras de la Adolfo López Mateos, donde vivían Agustín y su familia. Decidieron seguir bebiendo cerveza y comiendo fritangas en la casa de la López Mateos, pero Luis, que quería regresar a donde estaba su papá, pidió la camioneta al suegro y éste aceptó con tal de que de regreso le trajera un paquete de ocho botes de cerveza. María Magdalena, que estaba ahí con la niña en brazos, dijo que lo acompañaría. Ambos se treparon en la camioneta, una Toyota, viejita, color gris, y se fueron rumbo a la Estela Ortiz. Pasaron diez minutos cuando Agustín recibió la llamada de un cliente que quería que le rentara un karaoke. Le llamó a Luis para que no se tardara y así pudiera trasladar el equipo a esa fiesta, pero no contestó el teléfono celular. Hizo lo mismo al número de su hija y nada. Se inquietó. Usó un remolque y otra camioneta para llevar el karaoke. De regreso a su casa, un vecino lo interceptó. Ya Agustín le había preguntado si había visto a su yerno, a lo que había contestado que no. Esta vez le informó que a la vuelta estaba una camioneta que se parecía mucho a la suya.

La camioneta estaba atravesada en la calle Nueve, con las puertas abiertas, una hielera en la caja y un bote de cerveza a medio tomar. La cachucha de Luis a unos veinte metros, sobre la calle.

Bajo la cortina de agua de ese día lluvioso, vecinos y amigos de Agustín coincidieron en que se trataba de un "levantón", es decir, un secuestro relacionado con el crimen organizado. Muchos de los levantones no terminan con el pago de rescate, sino en ejecución.

Seis horas

En ese momento, alrededor de las 19 horas, marcó al teléfono de emergencia 066. La persona que lo atendió le dijo que iban para allá. Agustín contó después que llamó muchas veces porque los policías no llegaban, le decían que estaban perdidos, que no encontraban la dirección, pero no les creyó. Los agentes arribaron al lugar esa noche que siguió con lluvia, casi a la una de la madrugada.

Los policías sostuvieron que no podían hacer nada, ni recoger huellas dactilares, porque el agua de la lluvia se las había llevado, que mejor fuera al Ministerio Público a denunciar. Molesto y desilusionado, no lo hizo sino hasta dos días después.

"Los agentes llegaron a mi casa, entre los que iba una mujer, y preguntaron lo de siempre, nombres, vestimenta, características particulares, si teníamos problemas con ellos, o Luis o mi hija, «nada, nada», les contesté." Versiones de los agentes de la Policía Ministerial del Estado que atendieron el caso señalaron que las pesquisas indicaban que iban por él, no por la joven, pero alguna razón de último minuto los había orillado a llevársela también, además "esa gente" sabía que Agustín, el padre de ella, era un hombre honesto y de trabajo, con quien no tenían problemas.

Catorce días

Agustín llamaba a los teléfonos móviles de los desaparecidos todos los días, a toda hora. Hasta que alguna vez sólo dejaron de sonar y entraba directamente la grabación y el buzón de los mensajes. Preguntó con amigos, parientes y vecinos. Gestionó ante la policía, lo asaltó el insomnio y la desolación incierta del mediodía de agosto. Y nada.

De su caso sabían periodistas, a través de amigos y conocidos, así como también personal de las empresas funerarias. La desesperación lo llevó a tocar puertas ajenas y desconocidas, a buscarla desesperadamente en los alrededores y con los parientes. Y nada.

Como se habían quedado con la menor cuando María Magdalena decidió acompañar a su esposo por las cervezas, fueron a la casa del matrimonio, en el fraccionamiento Villaverde, por ropa y algunos accesorios. Lo hicieron en dos ocasiones. Agustín, que tenía en esa vivienda una caladora, aprovechó para recogerla. Mientras estuvo dentro vio a un joven que permaneció sobre una motocicleta de cuatro llantas, todo terreno, fuera, en la calle, vigilándolo. Eso no le gustó.

Pasó de nuevo por ahí y vieron el hueco del aparato de aire acondicionado en la pared. Entraron y no se habían robado nada, sólo habían unos cajones abiertos, pero perfumes, ropa y las cachuchas que tanto le gustaban a él, estaban en su lugar. Se habían metido a la casa, pero no se habían llevado nada.

El 27 de agosto de 2010 sonó su teléfono. Era la agente de la ministerial para avisarle que en el campo La Flor, cerca de la comunidad de Costa Rica, en Culiacán, habían encontrado una pareja de jóvenes muertos a balazos, que fuera para que viera si se trataba de su hija y su yerno. En cuanto colgó le llamaron unas personas que él había contactado, de la funeraria. Le recomendaron que se fuera al Servicio Médico Forense, porque ya casi levantaban los cadáveres.

El abogado Gustavo de la Rosa, investigador de la Comisión de Derechos Humanos del estado de Chihuahua, donde está ubicado el municipio de Ciudad Juárez, analizó una muestra de 5,000 muertos por la guerra en dicha ciudad, la cual está separada de El Paso, Texas, en Estados Unidos, sólo por un alambre de púas y la cuenca seca del Río Grande.

Con base en datos que muestran que los hombres mexicanos de entre dieciocho y treinta y cinco años tienen un promedio de 1.7 hijos, De la Rosa estimó que la población en esa entidad había dejado alrededor de 8,500 huérfanos.

En México se considera que un niño es huérfano aunque tenga a su madre. Extendiendo la cifra antes mencionada a nivel nacional, podría haber un total de 50,000 chicos sin padre por la guerra de la droga.

"Es como una zona de guerra. No hay ningún programa, no hay interés de ninguna organización para cuidar la situación de los huérfanos (...) Para el Gobierno es como si el problema no existiera, lo dejan para las familias", dijo De la Rosa.

Reuters/La Jornada, 8 de octubre de 2010

Los parientes que acompañaron a Agustín cuentan que él ya iba con la idea de que su hija estaba entre los muertos. "Lo confirmó cuando vio los cadáveres que bajaban de una camioneta, y más cuando los vio adentro de la morgue, en la plancha. «Son ellos», dijo, y lloró. Creo que de alguna manera también descansó, como que aflojó los hombros, el cuerpo, y dejó salir las lágrimas", afirmó un familiar.

Limpios y cambiados

Extraña y sorprendentemente, confirmaron otros familiares, los cadáveres de María Magdalena y Luis Manuel llevaban una ropa diferente a la que vestían el día del levantón: ella con otra blusa y pantalón, él no traía la camiseta blanca llena de pintura, sudor y grasa. Además, señalan los investigadores de la PME, era evidente que ambos estaban recién bañados y olían a limpio. No fueron torturados ni golpeados. Tampoco tenían huellas de haber sido esposados o atados de pies o vendados de ojos.

"Esto puede ser un indicio de que los victimarios, los captores, los conocían, conocían a las víctimas. Todo parece indicar que los tuvieron vivos desde su captura, es decir, durante catorce días, y les permitieron ascarsc y cambiarsc", scñaló un policía del área de homicidios dolosos de la PME.

El hallazgo de los cadáveres ocurrió alrededor de las 8 horas. Los familiares pudieron mover a la hija, que no tenía todavía el llamado *rigor mortis*, y sentirse abrazados por ella. Cuando los levantaron de su cabeza —ambas con un balazo arriba de la oreja—, seguía emanando sangre. El reporte inicial de la policía decía:

> Los cuerpos fueron encontrados alrededor de las 7:52 horas de ayer en un canal de riego, entre los campos La Flor y San Nicolás, en la sindicatura de Costa Rica. Los cadáveres fueron localizados por trabajadores del campo que pasaban por el lugar quienes lo reportaron al sistema de emergencias 066. Elementos de las corporaciones policiales acudieron al sitio y encontraron a la pareja aproximadamente a 300 metros de la carretera 20.
>
> En el lugar peritos de la Procuraduría General de Justicia del Estado localizaron como evidencia un mensaje que decía "Esto les pasa ELP".

Sin justicia ni venganza

Agustín no quiere justicia ni venganza. No le interesa saber de los asesinos de su hija y su yerno, al contrario, agradece que no los hayan desfigurado con torturas ni esposado. "No, no quiero venganza."

—¿Por qué?

—Porque tengo hijos, una mujer y una nieta por quienes seguir viviendo. Y además, lo que pasó, pasó. No quiero, no quisiera, eso sí, que le pasara a otra jovencita de la edad de mi hija, mi María Magdalena. Que vean su experiencia, su vida, su lucha y sufrimiento, sus errores, para que les sirvan y no los cometan ni terminen así, como ella. Que su caso sirva para que otras muchachas y muchachos se den cuenta de lo que tienen y no se metan en problemas y aprovechen las oportunidades.

Agustín trae una camiseta blanca sin mangas. Anda con su hijo, el mayor, que quiere ser ingeniero. No asoman lágrimas mientras cuenta, recuerda, ni indignación. El dolor ya lo sacó dice.

—¿Usted fue el único que estuvo pendiente de su hija, con tanto sacrificio y cercanía, se siente como un viudo?

—Algo así, como un viudo que al mismo tiempo pierde a su hija. Ya no he tenido noches tranquilas. No tengo miedo, no he hecho nada malo, pero quiero seguir mi vida, sacar adelante a mis hijos, a mi nieta, quien cumplió años en octubre pasado y le hicimos la fiesta con el Winnie Pooh como personaje. Así lo quería su madre.

Ella, la María Magdalena, a sus diecinueve, quería seguir estudiando. Había logrado buenas calificaciones en la escuela cuando se lo propuso. Les decía a sus hermanos, con quienes no se llevaba como media hermana, que quería ser maestra de primaria.

Esa tarde fue su despedida. Así, sin llanto ni drama, le dijo a su padre "te encargo a mi hija". Su hermano tuvo un presentimiento. Habían estado programando salir al día siguiente a Mazatlán, aprovechando que Agustín tenía que ir al puerto a realizar un presupuesto para un trabajo. Él supo siempre que no iban a ir.

Un hermano de Luis, mayor que él, tenía tres noches soñando que algo malo le pasaría. Contó Agustín cuando le avisó que estaban muertos. Y ella ahí, tan limpia, recién bañada y cambiada, recién muerta: de vuelo en vuelo, desde El Bolsón hasta Mexicali, la Plaza Cachanilla, y luego a Navolato y después a Culiacán. Siempre María Magdalena. Siempre sufriendo, aleteando, queriendo alzarse, de tragedia en tragedia. Y cuando por fin tuvo estabilidad, familia, cariño, se fue, se la llevaron, a balazos.

Después del hallazgo los testigos se abrieron. Los vecinos hablaron: aquella tarde del 17 de agosto los hombres le cerraron el paso a Luis y éste quiso dar vuelta sobre la calle, pero al echarse de reversa la defensa quedó atrapada en un tronco y ya no pudo huir. Los hombres aquellos y Luis parecieron conocerse porque éste reaccionó en cuanto los tuvo de frente. Bajaron del vehículo en que iban y lo sometieron fácilmente. Cuando iban a meterlo a su automóvil ella lo abrazó. Lograron separarla y lanzarla varios metros, pero de nuevo se asía al cuerpo de Luis. Eso pasó en dos o tres ocasiones, hasta que decidieron llevársela también.

Así se fueron los días pantanosos en la corta vida de María Magdalena. Y también los mejores, los gloriosos, el pequeñísimo y efímero paraíso que apenas gozaba.

La enfermedad

Yamileth está enferma. Era una *nerd*. Así se describe ella cuando tenía quince años: pelo largo y recogido, flaca, lentes de aumento con 2.7 de graduación para su miopía, y nadie la pelaba, dice, para referirse a que no le hacían caso. Antes de entrar a la preparatoria dio el gran salto. Subió de peso, se operó los ojos para no usar más antiparras, se pintó el pelo y mostró sus muslos. Entonces su vida cambió.

Ahora está enferma. Es viuda a sus veintitrés años. Tiene un hijo y pechos nuevos que ya no necesitan aumento. No conoce otro mundo, otros amigos, otros escenarios que no sean ese, el de su enfermedad: el virus que recorre las calles, la noche, los negocios, que pasea en camionetas de lujo y viaja como proyectil lacerando cuerpos, traspasándolos, poblando cementerios y manteniendo a ejército y policía en las calles, entre matanzas, balaceras y ejecuciones.

Su enfermedad viste de ropa de marca, generalmente importada, y gusta de joyas y vehículos de lujo. No consume droga, no toma cerveza, ni fuma. Tampoco está en cama. Su enfermedad tiene nombre y apellido, vida y muerte, bala y fusil, polvo e hipodérmica: se llama narco.

Los narcos le gustan. Los jefes, los que operan y mandan. Todos sus lujos, sus pachangas de tambora y amanecida, de borracheras y jaurías alrededor de la alberca de una mansión citadina. El fiestón. Sus patrocinadores.

Yamileth creció en un barrio pobre en la colonia Hidalgo. Su padre es un comerciante que no pasó de ahí. Su madre es enfermera, prestamista y vendedora de joyería, no ha sido nada más porque no tiene tiempo. Su lucha diaria por la sobrevivencia la ha ubicado como líder de la familia, además como una madre cercana y comprensiva. Ahí se crió Yamileth, la *nerd* que estuvo en la escuela verde, de nombre oficial Ramón F. Iturbe. Después iba y venía a la secundaria Jesusita Neda, en el centro de Culiacán. Luego de tres años en la preparatoria Salvador Allende, de la Universidad Autónoma de Sinaloa, en la colonia Guadalupe. Ahí, en ese lugar y en ese periodo, inició su transición, el cambio demoledor, su parteaguas infernal: de *nerd*, como ella misma se definió, a narca.

Ya era toda una señorita, sus lados, sus frentes y retaguardia, habían crecido. La sombra ensanchada recorría los pasillos de la prepa, con un grupo de amigas, todas ellas populares en el plantel, ubicado entre lo que fue una de las más exclusivas zonas de Culiacán, y del otro lado, por la Calzada de las Ciudades Hermanas, al sur, empezaba lo que todavía en los ochenta era parte del arrabal, y que en los tiempos de Yamileth eran ya colonias populares en las que convivían casas de ladrillo parado y lámina, con edificaciones de dos pisos, de material.

Ya había narcos en los alrededores, después de que en los 80 se brincaron los linderos de la colonia Tierra Blanca para esparcirse por toda la ciudad, discreta y con todo el escándalo posible. Unos de ellos, jóvenes operadores, jefecillos que escalaban rápido, gatilleros con camioneta recién comprada con el dinero de la primera ejecución, burreros que estrenaban deportivo después de llevar a la frontera media tonelada de coca. Todos ellos las rondaban. Las jóvenes sabían si desfallecían ante aquel desfile de lujo y motores rugiendo, o ignoraban los guiños de la muerte y los cañones de fusiles y 9 mm.

Para Yamileth no todo eran faldas cortas, pelo teñido y los muchachos. En ese 2004, lo conoció en medio de la jauría de hombres de más edad, de veinte y más, que asediaban a las colegialas deslumbrantes que gustosas e inocentes se dejaban encandilar. Jesús Viviano era uno de ellos. Andaba con otro grupo de jóvenes nuevos en el narco. Él tenía cierto poder: ya era dueño de camiones de carga y llevaba y traía todo tipo de drogas a la frontera o al sur del país, o bien, a Culiacán. Él la cortejaba pero ella no le hacía caso, sino al contrario le caía "gordo" porque era amigo de una de la prepa que se creía mucho, "una naca". En cambio, ella, Yamileth, había decidido salir con uno y con otro, probar aquí y allá, porque nadie le cubría sus expectativas o, como dicen en esta región, no le llenaba el ojo.

Él andaba en su Cheyenne del año. Empezó por mandarle flores y contratar a la banda, la tambora (grupo musical de tuba, trombón, trompetas y tarola) y a enviarle joyas. Ella no cedía, él volvía a sacar la rebosante billetera y emprendía una nueva embestida de regalos: dijes, pulseras, anillos de oro, flores y más flores.

"Él era muy espléndido, al principio yo andaba con uno y con otro, tenía muchos pretendientes pero no quería a nadie, no me enamoraba, al contrario, me valía. Pero él fue muy detallista y al menor capricho mío, lo que yo quisiera, iba y lo traía. Era espléndido. Así me conquistó", confesó Yamileth.

Iba a la casa a visitarla pero ambos sabían que los padres no aprobaban aquella relación, porque él andaba en "eso", la "maña", o sea "trabajaba mal", fuera de la ley: era narcotraficante. Un día le dijo que se fueran a dar la vuelta y ya no regresaron. Ella se dio cuenta cuando él tomó por la carretera al sur, rumbo a Mazatlán, a unos 200 kilómetros de Culiacán. Le pidió que la dejara ir pero no insistió mucho. Él puso los seguros en las puertas y no los subió hasta que llegaron al motel El Edén, ubicado en la entrada norte del puerto. En otras palabras "se la robó". Desde el cuarto él avisó a los padres de ella para que no se preocuparan. La madre dijo resignada que si así quería ella que se quedara con él, pues no tenía nada qué hacer. La joven lloró toda la noche. Al siguiente día decidieron que se iban a casar. Con esa decisión empezó su camino a la perdición: durante los primeros quince días, en que vivieron en hoteles y moteles y en casa de parientes de él, no la dejó salir ni asomarse a la calle, con el pretexto de que no quería que le pasara algo o que se fuera y no la volviera a ver. Ni los llantos ni súplicas sirvieron. Era de él, suya, toda: de su propiedad.

En cuanto pudo asomarse buscó a su tía para que no estuviera angustiada y le explicara a su mamá. Pasados los días buscó a su madre y limó asperezas. Entonces él le dijo que vivirían en una yarda que tenían, donde guardaban y daban mantenimiento a los trailers suyos y de su hermano en los que transportaban droga. Le dio luz verde para que buscara una casa, para comprarla, remodelarla, pues sería suya. Su hogar. Su nido y celda, con barrotes de espinas.

La encontró en La Campiña, un fraccionamiento de casa y patios grandes. Cerca del río Tamazula y de uno de los primeros centros comerciales de la ciudad, a 15 minutos del primer cuadro y a cinco de Las Vegas, donde vivía la madre de él. Adquirió la propiedad a través de un crédito hipotecario. No importó lo que le costó pues fue más escandaloso lo que le metió: alrededor de un millón y medio en destruirla y volverla a construir, caprichosa y estridentemente: mármol, cinco recámaras, herrería de lujo, amplia cochera, portón eléctrico, de dos niveles.

Ella de diecisiete y él de veintidós. Al principio era cariñoso y se la pasaba con ella. "Todo era color de rosa", dijo un familiar cercano a la joven. Él no tenía mucho dinero, no el que tuvo apenas un año después de casados. Así que era un hombre de hogar y pareja, que se desvivía por atender a su mujer, esa bella dama blanca y esbelta, de una belleza sin mucho ruido ni infartos, pero de mirada pícara y seductora, facciones hermosas y diáfana de carácter, que apenas había terminado la prepa a punta de insistencias, porque él no quería, no hubera podido seguir estudiando, con todo y que ella quería ingresar a la carrera de medicina, porque la escuela, las fiestas y los amigos, habían sido cancelados por el marido.

Así vivieron alrededor de un año. A él le empezó a ir bien y el infierno entre ellos pasó a otro nivel: el fuego, la tortura, las espinas llegaron cerca, la buscaban los filos o le pasaban rozando.

En su negocio las cosas mejoraron sustancialmente. Se hicieron cada vez con mayor regularidad los viajes a Nogales y a otros puntos para transportar droga. Llevaban de todo, desde mariguana, hasta cocaína o cristal. Escondía la droga en compartimentos, dentro de los trailers y avanzaban sin problemas por todas las carreteras del país, con los agentes de la Policía Federal apalabrados y comprados: ellos vigilaban, custodiaban, abrían caminos y los escoltaban. No así el ejército, de esos había qué cuidarse porque no habían encontrado la manera de que sus billetes sedujeran al uniforme verde olivo.

Mientras tanto él, que no tomaba ni se drogaba y que había dejado el cigarro porque a ella le hacia daño, se perdía en su pantano de perdición: las mujeres. Chavas ávidas de dinero y de paseos en la Cheyenne, de regalos caros y joyas de oro, sedientas de ser alguien, algo, al lado de un narco, un hombre armado y poderoso. Sus amigos y socios llegaban por él y se lo llevaban. Él le decía a Yamileth que las cosas se habían complicado, que tenía que salir, que iba a supervisar un trabajo, pero ella sospechaba porque oía los cantos de las sirenas de los amigos que iban a buscarlo: él se cambiaba y perfumaba, se ponía la ropa sin estrenar y se lustraba la piel, el pelo y los zapatos. Podía perderse 15 días o una o dos noches. Podía contestarle el teléfono celular o el radio Nextel a eso de la una o dos de la mañana. Pero después ya no. La línea enmudecía, se arrinconaba, olvidada, en algún bolso de mujer, en un pantalón hecho torunda en el suelo, en el piso de algún motel, en una fiesta: orgías de cerveza, Buchanans y placer.

Esa noche ellos se estrenaron: él sus puños, ella la piel de su cara. No le contestó más, ni siquiera para decirle estoy ocupado, al rato voy. Lo buscó por todos lados hasta que recordó que habían dicho que se iban al motel Los Caminos. Los encontró alrededor de la alberca, con la banda y los cuartos de toda un ala del inmueble rentados por él. Lo buscó con la mirada y no lo vio. Recorrió pasillos, gritándole por su nombre. Lo oyó dentro de uno de los cuartos. Su voz se mezclaba con risas y expresiones festivas de mujeres. Entró violentamente y lo sorprendió. Se la llevó a empujones y golpes, la subió a la camioneta GMC que le acababa de regalar (después sería un automóvil 300 de lujo, una Durango y luego una Mazda, todas del año) y la siguió agrediendo a puñetazos.

"Me golpeó con el puño, como si le estuviera pegando a un hombre. Me agarró y me gritó que lo había dejado en ridículo frente a sus amigos. Me agarró del pelo y me subió al carro, empezó a pegarme y yo traté de defenderme, pero no pude hacer nada. Esa vez duré 15 días sin salir a la calle, de los golpes que traía. Si me los hubiera mirado mi amá entonces sí se me armaba. Después me pidió perdón."

Aquellos comentarios aparentemente cariñosos y bien intencionados de que no saliera a la calle por seguridad, que no se pusiera tal ropa ni se comportara de tal forma, lo dibujaron a él y sus celos. Con el tiempo y el dinero que llegó a obtener, ella se volvió celosa y "panchera": lo perseguía, le lloraba y le hacía *shows* en las fiestas, cuando lo sorprendía con alguna otra. Aunque eso le valiera una nueva golpiza. Y algo más.

"Él andaba de pico lurio, en la calle, de madrugada, y yo, desesperada y celosa, medio loca, iba a buscarlo a la calle, a las cuatro de la mañana", cuenta ella. En medio estaban el ambiente tenso de los amigos y socios que le debían y que se habían convertido en enemigos debido a las cuentas pendientes, y la competencia que en el narco no sólo desplaza mercados, sino también mata.

Llegó el 2007 y ella había quedado embarazada, a pesar de que primero no quería. No tan rápido. Duró años y años cuidándose a escondidas, con una hipodérmica que siempre tenía que llenar de anticonceptivos e inyectárselos. No con pastillas, porque si las hubiera encontrado, él le sacaría de nuevo la pistola 45 mm que siempre traía para ponérsela en la cabeza. Y nadie sabe, ni ella, qué pasaría. Pero ya no pudo más. Fue tanta la terquedad que cedió y le dio el gusto. Ella pensó que era otra forma de retenerlo, aunque en medio del embarazo se le volvió a escapar. Le dijo que iba a comprarle un regalo, que no tardaba, que lo esperara, pero tardó mucho y decidió salir a buscarlo con todo y su panza sietemesina. Como se había ido en su camioneta la encontró en el estacionamiento de un centro comercial. Entró al casino que había en el lugar y hurgó en cada pasillo y cada mesa y cada máquina tragamonedas. Lo esperó hasta verlo salir con una joven, abrazado y sonriente. Lo espetó y se le vinieron los dolores, luego de aquella cachetada que él le propinó. Yamileth fue internada de urgencia. Él le dijo que la quería, que a nadie más.

"Eran tiempos en que yo me la pasaba esculcándole los teléfonos, sus cosas, era como psicópata, y eran pleitos, golpes. Me volví como psicópata, yo sentía mucho celo y sentía que lo quería, que era mío y que no podía compartirlo con nadie. Me valía si me peleaba con él y ya, le iba a pegar a la vieja en lugar de él o separarme. Nada de eso importaba. Era una paranoica, vivía en la locura", recordó ella.

La escena se repitió un mes después y esa vez tuvo que acudir a un hospital porque los malestares fueron mayores, luego de ver un mensaje comprometedor que había llegado al celular de él, de uno de sus amores. Parió ahí, a los ocho meses, pujando celos y paranoia, hasta expulsar a un varón.

A pesar de que se le enfrentaba, ella le tenía pavor.

—¿Pensaste que te podía matar?

—De hecho. Una vez, me puso la pistola en la cabeza.

—¿Por qué?

—Por panchera y ridícula, por celosa. Siempre estábamos peleando.

—Pero lo dices como si te lo merecieras.

—Yo sentía como si me lo mereciera. Me hizo sentir que no valía nada. Me decía que estaba fea y gorda, después de tener al niño. Y yo le decía "pues opérame". Me contestaba que cuando tuviera dos o tres (hijos) más. Y yo, pues me volví a inyectar, porque no quería todavía tener más niños.

Versiones extraoficiales de la Procuraduría General de Justicia del Estado de Sinaloa indican que Jesús Viviano pudo haber estado relacionado con al menos tres homicidios. Información de sus allegados indica que todos los casos de homicidio en que se le involucra fueron entre 2005 y 2007. Dos de ellos, de acuerdo a estos testimonios, fueron por traiciones. El otro se debió a una deuda, aparentemente. Y con su muerte pagó.

"Pero también tenía sus lados buenos", Yamileth se acuerda y ríe a solas. Pareciera que en sus recuerdos está sola, que no tiene a nadie enfrente que la cuestione o se burle. No se siente obligada a contar todo, a pesar de que se le ofrece "negociar" algunos detalles de la historia para no comprometerla. Pero ella no piensa en la seguridad o las repercusiones de esa vida truculenta y cruel. Algo hay en su sonrisa traviesa que la hace sonreír y festejar de nuevo. Se seca las lágrimas. Su rostro no se ensombrece a pesar del dolor y la tristeza o las frustraciones, sino que se conserva lozana y bella, así, con esa sencillez, esa transparencia: no le pesa su hijo porque está contenta de tenerlo, sino haber dejado la escuela, los amigos, para encerrarse ante el miedo, someterse, esperar o buscar los golpes. Esos cerca de cuatro años con él, su vida fue tan rápida como trágica. Tanto que no pudo vivirla.

Jesús Viviano había acumulado hasta cuatro carros de lujo, todos ellos del año. En cuanto salía otro iba a la agencia y con argucias y la complicidad de amigos, socios y parientes, compraba otro, así, de contado, y se lo llevaba a su casa. Lo mismo hacía con la ropa, los perfumes, las alhajas y las armas. Llegó a tener unas quince armas de fuego, incluyendo fusiles AK-47 y armas cortas, como su 45 mm, que nunca dejaba o que tenía que guardar en algún escondite en la camioneta cuando empezaron los operativos del ejército, o aquella de colección, chapada en oro, con incrustaciones de diamantes, legendaria. Esa que estaba "muy bonita" llegó a costarle cerca de 30,000 pesos. Tenía una cruz de oro con diamantes que le había costado cerca de 150,000, o también la cadena de la que pendían 24 kilates. Las armas, los automóviles y las joyas eran su obsesión... también los amoríos.

Juntos, hasta en el peligro

Ella se metió mucho y todo por amor. Arriesgó la vida y la libertad. Cuando empezaron los fuertes operativos de militares y de la Policía Federal Preventiva, Yamileth le entraba y hacía los jales que le tocaban a él, que no podía dejar en manos de otros por desconfianza o temor de que los sorprendieran. Era difícil que la esculcaran a ella, por eso tomaba las camionetas llenas de droga y atravesaba la ciudad o la carretera. Se dio cuenta, en una de esas, de que había perdido el miedo, que estaba metida más allá del matrimonio. No había reversa. Era él, estar juntos, el amor. Juntos, hasta en el peligro.

Aquel 2008

Jesús Viviano y Manuel Otilio trabajaban para los hermanos Beltrán Leyva, cuando éstos eran operadores del llamado Cártel de Sinaloa, liderado por Joaquín Guzmán Loera, El Chapo, e Ismael Zambada García, El Mayo. Desde finales de 2007 Yamileth vio a su esposo convertido en un loco que pasaba de la alegría a la psicosis y al enojo. En cosa de segundos, de cualquier cosa se volvía iracundo y cada vez que se subía a uno de sus vehículos clavaba la mirada en los espejos retrovisores: se sentía perseguido, acosado; tal vez alguna amenaza, deudas, deudores o acreedores, estaban en la mira telescópica de su destino.

De noche, a su llegada, le decía a su mujer que no salieran para nada. Que a la calle ni para asomarse. Así pasaban hasta quince días de encierro, vigilante y contagiado de la paranoia, que al principio sólo la había enfermado a ella.

"A veces sí era cariñoso y me decía que me quería. Que no se hacía la vida sin mí. Pero también estaba medio loco. Cambiaba drásticamente de humor y de una se ponía loco, enfadado, cuando momentos antes andaba alegre. No sé."

El olor de la división y ulterior enfrentamiento le llegaba. Ya no era olor, sino hediondez: el drenaje profundo de la herida abierta por la entrega de Alfredo Beltrán Leyva, aquel enero de 2008, en la colonia Burócrata en Culiacán; la hediondez había dejado de estar abajo, en lo hondo y las catacumbas del crimen organizado, para situarse en las calles y ríos, en el cielo y el aire citadino: la mierda olía y pronto tendría manchas de sangre y restos, pedazos, de humanos. El hermano, el vecino, el compadre, cuñado, socio y amigo, había pasado a ser todo lo contrario: el enemigo. Había que desterrarlo, desaparecerlo, matarlo. Eran balas para conservar la plaza.

Todos están muertos

Aquel joven llegó a la carreta de tacos a saludar a su ex patrón. La tarde se iba, apresurada, pero buscaba ser retratada en esos trazos, como zarpazos, dibujados en el incendiado cielo culichi.

"¿Cómo estás viejo?", sonrió y se sentó en una de las bancas de madera donde se acomodaban los clientes. El patrón lo vio y le regresó la sonrisa, le gritó su nombre, emocionado y se acercó para apretar su mano y palmearle el lomo.

Ambos habían tenido una gran época esos años. La carreta, junto a un expendio de cerveza y un lavado de carros, era concurrida y los tacos asediados por los que iban a surtirse de bebidas y los que llevaban sus carros a limpiar.

En los años previos al 2008, los hombres llegaban enfierrados siempre en pandillas. Convoyes de camionetas del año, equipadas y destellantes. Pistoleros de veintitantos con sus chavas bien arregladas, pantalón entallado, escotes rellenos de brinca brinca, enjoyadas y con nextel y celulares.

Chavos de prepa con la pistola fajada. Jefes de buen nivel, jefecillos de segunda fila, morros piñados por la droga, la narcada, las morras y las camionetonas. Estudiantes del cobáis o de las prepas de la guas, en sus bemedobleú, atraídos por esos montones de dólares asomando como racimos en las bolsas del pantalón.

Aquel joven ya no trabajaba ahí, pero le dio nostalgia de sólo pasar por el lugar y ver a su ex patrón limpiando el local, la parrilla, raspando la banqueta con esa escoba de cerdas de plástico. De visita por la ciudad, ¿por qué no aprovechar para saludar al viejón?

El viejo lo vio y casi se le echó encima del gusto. Le contó que el negocio iba bien, pero nada que ver con los tiempos dorados en que la carreta se les llenaba de comensales, las hieleras rebosaban de cerveza a un lado de los clientes, y antes de que se fueran los que apenas terminaban, ya llegaban otros que querían tacos y más tacos.

—¿Te acuerdas morro?

—Claro, me fui de la ciudad. Ando chambeando en el otro lado. Allá la vida es dura, pero me va mejor. Quiero estudiar, salir adelante. Nada de eso hace que me olvide de usté, de la raza, de esto. Oiga, y qué ha sido de aquellas quesadillas sincronizadas, a las que llamábamos "las criminales". Y esa salsita molcajeteada que preparábamos para la raza. Y qué decir de las tortillas recién hechas, los chiles toreados, la cebolla frita. Y aquellos trozos de carne jugosa, de Sonora.

El viejo le contestó que todo seguía igual. La sazón, las salsas, las criminales, las tortillas, pero lo que nunca volvió a ser igual fue la clientela.

—¿Por qué?

—Están muertos.

—Y eso.

—Mira, ¿te acuerdas de El Güero? Sí, sí, el güero alto aquel. Bueno, pues lo mataron aquí, a la vuelta. Y El Chuy, que llegaba siempre con las morritas. Claro, claro. Bueno, a ese se lo echaron con todo y novia.

Le contó que con el pleito entre los narcos de un lado y de otro, que antes eran socios, amigos, todo se vino abajo, ensangrentado. Que llegaban los pistoleros y preguntaban "¿y tú con quién estás, con El Chapo o con los Beltrán?" Y el otro contestaba "pues, ¿qué no son los mismos?" Y pues claro que no. Y lo mataban.

Hubo muchos, muchos que eran amigos, que se sentaban en la misma mesa, que llegaban juntos, que eran primos, que pisteaban juntos. Todos. "Fue una matazón de la chingada."

En la plática, el joven preguntaba por alguno de los clientes, muchos de ellos muy queridos, y el viejo contestaba: lo mataron allá, lo decapitaron, lo levantaron y ya no apareció. Sumaron en la lista unos 100. "Y todos —le dijo con la mirada nublada, nostálgica— todos están muertos."

El padre

Jesús Viviano frenó en su vida, aunque fuera un poco, un rato, un momento. Se refugió en su casa, su mujer y su hijo, quien le creció entre sonrisas y juegos en los brazos, pecho y hombro, de tanto tratarlo y cuidarlo.

Así duró varias semanas y meses. Pero cuando salía, sus ojos, sus miradas, eran devoradas por esos espejos lateral y retrovisor de la camioneta, una Cheyenne modelo 2008, que había comprado desde finales de 2007, cuando empezó sus invenciones y pesadillas en las que siempre, alguien, no se sabe quién, lo perseguía. En medio de esta tensión, Yamileth recuerda un incidente.

El conductor de un camión de transporte urbano se le atravesó varias veces hasta que él optó por llamar a través del radio Nextel a sus compinches. Al lugar llegaron cuatro jóvenes, dos de ellos armados. Bajaron a golpes al chofer del autobús y lo golpearon hasta dejarlo inconsciente. Fueron los gritos de ella, sus peticiones de que lo dejaran, que ya era demasiado, lo que le salvaron la vida.

"Yo creo que por mí se detuvieron, si no lo hubieran matado. Ya para entonces se había convertido en un hombre bien duro ya sin sentimientos. Se van haciendo personas más fuertes, insensibles."

La situación entre las organizaciones de los Beltrán Leyva, Guzmán Loera y Zambada eran tan difíciles que los hermanos fueron a hablar con alguien "pesado". La familia no sabe qué les respondieron, pero de esa reunión llegaron más calmados y confiados. Una cosa era cierta: ya era demasiado tarde.

"No saben con quién se meten"

Dos tipos de negro, encapuchados, llegaron hasta la calle Francisco Villa caminando, sin el menor cuidado. Los ojos abiertos: mirada y enigma en la ranura de la capucha. Un homicida está debajo de ese atuendo. Un gatillero sin guadaña. Un personero del mal. Dicen quienes los vieron que alcanzaron la calle a pie. Juntos, pegados, uno solo. Empuñaban fusiles AK-47 y caminaban sin dejar de apuntar.

En la banqueta estaban Manuel Otilio y Jesús Viviano. Los hermanos le metían mano a unas motonetas o patinetas motorizadas que recién habían comprado. Jesús Viviano, agachado, moviendo aquí y allá, entretenido, se acababa de levantar y tenía tres minutos de haber dejado a su hijo, de poco más de un año, en brazos de su madre, que había salido a la estética a arreglarse las uñas y pintarse el pelo. El niño le había crecido en el antebrazo y el hombro, los bíceps y la zona torácica: asido, tatuado y culeco.

Manuel Otilio estaba de pie mirando la escena. Era casa de su madre, en la colonia Las Vegas, a unos cinco minutos del centro de la ciudad, en Culiacán, si se va en automóvil. Levanta la cara, ve la calle y a aquellos dos que avanzaban fantasmales, con el dedo en el gatillo y la otra mano en la parte delantera del fusil automático, muy cerca del cañón. Cinco pasos más. Metros menos entre ellos. Y jalan. Se escucha un tableteo que ensordece. Manuel cae ensangrentado bajo la banqueta. Jesús termina de despertar con la ráfaga de proyectiles y el sonar inconfundible de los Kalashnivok que él tanto conocía e idolatraba. Levanta la mirada y ve a aquellos dos dando la media vuelta en retirada:

calmos, como una lluvia que escampa. Van caminando sin soltar sus armas, sin distraerse. Él se levanta y corre hasta donde está su hermano yéndose. Grita, maldice, abraza, golpea, manotea, brota el llanto y caen lágrimas que no pueden competir con el rojo charco aquel, que se ensancha en el pavimento. Habían pasado unos segundos. Aquellos apenas unos cuantos pasos. Los mira y les grita y los reta: "Me las van a pagar, no saben con quién se están metiendo." Los dos no dudan: de nuevo media vuelta, de nuevo el gatillo y la ráfaga y los proyectiles en tórax y cabeza. Cayó junto a su hermano, el menor, de quien era uña y mugre. Piel y carne. En latidos unísonos, silentes.

Crecieron juntos. Transportaban, vendían. Llevaban y traían mariguana, cocaína y toda clase de drogas a Nogales y más allá. Cómplices en todo. El menor era ruidoso y problemático. El mayor no le sacaba pero se caracterizaba por ser más discreto y poco partidario de los problemas. Cuando su hermano se metía en ellos, siempre fue en su ayuda a sacarlo.

Esta vez no pudo. Al contrario, Manuel ya se había ido y Jesús no podía quedarse atrás, ahí, en la vida, con su hijo y mujer, su madre a la que maltrataba, los negocios de ambos. No podía. No pensó. Accionó su dispositivo interior y se entregó en ese reto, casi diciendo: "Vengan por mí, ya no estoy si mi carnal no está." Y lo mataron.

En la nota periodística del 3 de julio de 2008, en el diario *Noroeste*, pudo leerse:

> Dos hermanos que supuestamente eran traileros fueron ejecutados a balazos por un grupo de sicarios que los atacó con "cuernos de chivo" cuando se encontraban jugando en una motopatineta, frente a su casa en la colonia Las Vegas.
>
> La Policía Ministerial del Estado informó que las víctimas fueron identificadas como Manuel Otilio Delgado Ortiz, de veintitrés años, y su hermano Jesús

Viviano, de veinticinco años; ambos con domicilio en la calle Francisco Villa.

La información señala que el atentado se registró alrededor de las 18:30 horas, sobre la calle Francisco Villa, entre las calles Tenochtitlán y Cuauhtémoc, en la colonia Las Vegas.

Testigos informaron que los hermanos tenían algunos minutos de haber llegado a su casa y empezaron a jugar frente al domicilio en una motopatineta de las llamadas "scooter".

Fue en ese momento cuando sobre la calle se acercó de poniente a oriente una camioneta Suburban negra, en la cual viajaban varios sicarios.

La unidad se detuvo frente a los hermanos y de ésta bajaron dos pistoleros, quienes les dispararon con "cuernos de chivo" matándolos en forma instantánea.

Deudas y más deudas

Yamileth había salido cinco minutos antes. El bebé, que siempre andaba enredado en la piel de su padre, jugando y traveseando, se fue con ella. Iba a la estética, a arreglarse uñas y pintarse el pelo, junto con su madre. Cuando le llamaron al teléfono celular: "Lo siento mucho", le dijo un conocido, ella preguntó qué pasaba. Le contestaron que acababan de matar a su esposo.

Como pudo, de "raite", porque no estaban en posibilidades de manejar, llegó hasta el lugar. Su esposo estaba tendido, ensangrentado, destrozado a balazos. No la dejaron acercarse. Ella quería abrazarlo, estar con él, anegarlo en sus lágrimas, despedirse. En la funeraria, los familiares permitieron que el niño lo viera, ya maquillado y reconstruido, por la ventana de cristal del ataúd. Ahora, cada vez que ve una caja de madera, dice que su padre está ahí y que él se quiere ir a acompañarlo, al cielo.

Dejó ese recuerdo en él, su hijo, para ella, muchas deudas y pocas propiedades. Fue entonces que se dio cuenta de que no tenía papeles y que los documentos que había no estaban a su nombre, sino al de otros familiares y amigos. De todos los trailers y vehículos, sólo vio uno y dos cajas que malbarató. La hipotecaria le exigió el pago de la casa, que nunca saldó su esposo, y tuvo que entregarla, igual que la camioneta Mazda que traía. No vio más el lote de joyas ni las armas, a las que temía, ni los vehículos que supuestamente le pertenecían a su esposo. Lo poco que conservó lo vendió y eso le sirvió para saldar cuentas que él había contraído. Porque a Yamileth no le gustan las deudas ni que hablen mal de su esposo, menos ahora que está muerto. "Hay que honrar su memoria", dice.

Pagó cincuenta mil aquí, cien o ciento cincuenta mil allá. Pagó todo. Se quedó con un Bora de aquel funesto 2008, que le recuerda la "vida perra" que tuvo al lado de aquel hombre que a la hora de la hora pensó en irse con su hermano, batirse al aire, desnudo, sin nada, desarmado, para recibir las balas, y no pensó en ella ni en su hijo.

De novia

Yamileth tuvo para todo y se quedó sin nada. "Bueno, con poco que es mucho", aclaró. Ahora vive con sus papás, quienes le consiguieron trabajo lícito. Cuida a su hijo y retomó el estudio. Está en tercer año. Dice su carrera y escuela, pero es mejor mantenerlo en el anonimato. Se sabe joven y poseedora de una belleza que no es infartante ni mata fulminantemente: pero sí asesina despacio, a sorbos, len-ta-men-te.

Parte de sus recursos los invirtió en ella: esos pechos ahora estrenan brasier y no requieren de aumentos. Pasó de 34-B a 36-C. Con algo de grasa de la liposucción abultó un poco sus nalgas. Y está contenta. En lo alto de sus cerca de 1.70 metros es evidente que sale el sol. En su cielo, de sonrisa fácil y ojos destellantes, hay estrellas y lunas de octubre que se posan en su mirada y pómulos.

Volvió a los novios de ocasión, de dos semanas o un mes, a lo más, que la quieren "comprar". Ella se deja querer pero no se entrega del todo. Uno le quería regalar un automóvil del año para que se casara con él, pero sus padres no quisieron y ella se disciplinó. En sus fiestas de alberca en residencia que parecen fortalezas medievales, donde hay bacanales que sólo detiene la mañana soleada del día siguiente, la han invitado a Phoenix, de compras, a Guadalajara o Los Ángeles, y le han ofrecido de todo. No y no, responde. A los asomos de nostalgia y lágrimas rojas y negras contesta con sonrisas de oasis y flores, parrandas y uno que otro capricho que se esmeran en cumplir sus pretendientes.

Uno de ellos, viejo conocido, acaba de salir de una relación. Ella accede a salir con él porque se entienden, hay confianza y comunión. Acordaron ser amigos con derecho, pero empezaron los celos de ambos: una chava, acaso quinceañera, se le echa encima a él afuera de una tienda Oxxo para pedirle con terquedad el número de teléfono. Lo ve en camioneta de lujo, le cierra el ojo. Él no accede. La quiere a ella, le dice que ya estuvo bueno de andarse escondiendo, que quiere ser su novio, visitarla en su casa. Coinciden en eso, es bien parecido, tiene mucho dinero, pero ella quiere querer, enamorarse. Le ofrece para una cosa y otra, pero se hace del rogar. "Soy medio mamoncita, pero no me compran", confiesa.

Es gatillero, se le pregunta. No, es jefe. Estuvo preso por transportar droga y ahora es patrón. Él manda, vigila, nomás. Tiene departamentos, expendios de cerveza, supermercados pequeños.

"Es celosito", dice. Y contesta rápido que no es como el otro, que maltrataba hasta a su madre. Él la cela, pero poquito. Es corajudito.

Yamileth tuvo un tiempo en que le valía madre todo. Se iba y perdía por horas, llegaba al otro día, pero se corrigió al ver el sufrimiento de sus padres y de su hijo. Le da por ir a Las Quintas, al bulevar Sinaloa, donde cada viernes, sábado y domingo, hay arrancones, exhibición de mujeres y hombres enjoyados con sus bulldozer de cuatro llantas, pleitos, operativos que nadie respeta y hasta balaceras. No tiene miedo.

—¿Y si te toca una balacera, si te matan?

—Sí, tuve como cuatro meses que me valía todo.

—¿Qué piensas de esta vida ahora que la ves de lejos?

—Es una vida muy perra pero igual este es mi mundo. A él pertenezco, porque mis amistades igual. Falleció mi esposo y como a los ocho meses digo "ultimadamente, nunca me valoró ni nada" y empecé a salir con mis amigas, y como al año y feria tenía muchos pretendientes, y todos trabajaban en eso, y es como mi vida.

"Yo me la llevo en Las Quintas, en el Sinaloa, donde está «la enfermedad», mis amistades son esas. No es tanto que me gusten sino que no tengo otras amistades. La colonia donde vivía, la Hidalgo, pura gente así. A lo mejor si estuviera en otra parte, si viviera en otro lugar, tuviera otras amigas, conocería otro tipo de personas, pero no es así."

Yamileth tiene nueve pulseras de oro, una de ellas tipo Rosario pero más pequeña, de oro tipo florentino. No baja del cabello sus lentes Versache que cuestan 4,000 pesos. Sus manos largas, de pianista, suaves. En la muñeca un reloj Rado, de unos 15,000 pesos, y cuelga de uno de sus brazos un bolso de 15,000 dólares que compró en algún *mall* de Estados Unidos.

No quiere volver a las relaciones de hombres poderosos que les dicen a las novias y amantes que ellos son mujeriegos, que andan con varias, que para eso es el dinero, pero que ella, a la que quieren convencer, es la catedral, la principal, la importante. Las otras "son las capillitas". "A la chingada", contesta. "No quiero volver a eso."

Anduvo con varios capos y capitos. En la lista está uno de los hijos de Javier Torres Félix, quien era operador de El Cártel de Sinaloa y fue detenido por el Ejército mexicano y extraditado a Estados Unidos por narcotráfico. Era un chavo tranquilo, que estudió comercio internacional en una escuela privada. "Buena gente, noble el muchacho, no andaba en broncas. Pero el problema es que no podíamos salir, siempre andábamos encerrados, cuidándonos, por seguridad, y pues como que no."

Dice que quiere cariño, no que pretendan deslumbrarla con dinero. "Imagínate no sentir nada. ¡Ay no!, si se puede los dos: dinero y amor, pues qué bueno ¿verdad?" Y suelta una carcajada.

Por eso anda con él, aunque sea celosito y corajudito. Ya no tiene miedo. Sabe que no va a volver el pasado aquel: porque ya está con ella, para siempre, por siempre… enferma.

La bolsa de sabritas

Su padre falleció en la cárcel, estaba preso cuando él tenía tres años. Una expulsión de la escuela primaria, un amigo muerto. El suyo. Muerto por él.

José tiene catorce años y un cuerpo de uno de ocho. No tan flaco, eso sí, pero lo atrapa una imagen enjuta que pesa sobre él y se adueña de su silueta, de esa vida que apenas empieza y ya está en el infierno: aquel cuchillo y los limones, ese pleito estúpido, ese llanto que sale de repente y lo asalta de noche o madrugada, ese encierro en la cárcel para adolescentes.

"Pues me ha ido bien", dice. Pero sus palabras no suenan convincentes. Él forzó para que salieran así y parecieran espontáneas. Tal vez quiso quedar bien, enseñar que también sabe de buenos modales y que no es el hosco y agresivo que uno pudo haberse dibujado mentalmente cuando hablaron de su caso.

Es de la colonia Virreyes, de la ciudad de Los Mochis, cabecera municipal de Ahome. Una ciudad que tiene mucho de campirana, a pesar de sus calles anchas y de un sólo sentido, de sus trazos cuadrados y sus cláxones sin estrenar en cruceros con semáforos, en esas grandes avenidas.

Los Mochis, que en el 2006, seguía siendo una ciudad tranquila, un modelo citadino de civilidad y tranquilidad, de paz y respeto. La guerra entre los cárteles del narcotráfico se trasladó también a esta región, ahora también en disputa. Antes los culichis iban a descansar a esta región, ubicada a sólo veinte minutos del mar, con hollín y eterno olor a caña, por el ingenio azucarero que funciona a unos cuantos pasos del centro de la ciudad. Ahora prefieren no voltear ni a ver esta zona norteña de Sinaloa, la cual suma cerca de 300 asesinatos, de un total de 2,000 que tienen en total los 18 municipios de la entidad, hasta que culmine el 2010. En los últimos tres meses de 2009, fueron ejecutadas a balazos, cercenadas y torturadas, unas 100 personas, de acuerdo con los reportes de Luis Fernando Nájera, corresponsal de *Ríodoce*.

Ahí vivía él, entre canales de riego e interminables parcelas de papa, tomate, pepino, maíz, cebolla, trigo y chile. Predios tecnificados, tierras de buena calidad, producto de exportación, pegados a la ciudad, rozando el asfalto.

José tiene seis hermanos, una madre que se dedica al hogar y un padre ausente, muerto cuando estaba preso en el penal de Culiacán, hace más o menos once años. No sabe por qué fue detenido y sentenciado, ni por qué murió. Ni siquiera lo recuerda. Su imagen fue sustituida por un hombre al que llama padrastro, con quien, afortunadamente, se lleva bien.

Iba a la escuela primaria y luego ingresó a primer año de secundaria. En una ocasión, de travesura, se le ocurrió aventar una piedra grande a las aguas de un canal de riego. Justo cuando pasaban unas compañeras de la escuela, quienes le avisaron de esta fechoría a la maestra y ésta lo sentenció sumariamente: expulsado.

—¿Te pareció justo que te expulsaran?, ¿excesivo?

—Sí, pero ni modo. Me dijo mi mamá que no iba a estudiar hasta que tuviera los quince años, en la secundaria abierta. La verdad me pesa haber perdido la escuela.

La "Guerra contra el narcotráfico" que lleva a cabo el Gobierno Federal arroja un balance desfavorable para la niñez y la adolescencia mexicanas, manifestó Juan Martín Pérez García, director ejecutivo de la Red por los Derechos de la Infancia en México (Redim), en una declaración aparecida en medios informativos nacionales el 6 de diciembre de 2010.

Durante la presentación del informe anual "La infancia cuenta", que ese año abordó el tema de la violencia contra niños, niñas y adolescentes en México, dijo que las autoridades gubernamentales, organismos y medios informativos deben dejar de criminalizar a los menores que han sido sumados a las filas de la delincuencia organizada pues, aseguró, no son victimarios, sino víctimas de un sistema que ha violentado continuamente sus garantías.

Pérez García aseveró que si bien, dicha estrategia puede ser necesaria y legítima para algunos sectores, en los hechos la infancia está siendo afectada: pone muchos muertos y recibe pocos beneficios.

Según la Redim, en los recientes tres años los decesos de menores de dieciocho años vinculados con la "Guerra contra el narcotráfico" suman 1,066, de los cuales 166 corresponden a 2010, cifra que corresponde a lo publicado en los medios informativos, lo que significa que seguramente son "muchos más" y corresponden sobre todo a estados como Chihuahua, Sinaloa, Tamaulipas y Durango.

El niño tiene los ojos hundidos y unas ojeras invasivas e imprudentes, que parecen tatuadas bajo sus ojos. Esas oquedades como canicas que se agrandan cuando su portador se espanta, mientras conversa, y se esconden bajo sus morenos párpados. Mide un metro con veinte centímetros, poco para sus catorce años. Poco para esa vida atropellada y sin infancia ni adolescencia ni luz del otro lado del túnel.

Orejas grandes que rebasan su pequeño rostro y parecen hundirlo más en esa mirada inundada e inundante. Unas manos flacas y morenas, con las que talla y talla el muslo derecho del pantalón. Hay en él, habitando en esa mirada, un niño, no un adolescente, enfrentándose a lo desconocido, con los nervios por delante, arrepentido y solitario, nervioso, confundido. En penumbras por las pesadillas, los rezos suplicando por perdón, insomne.

"Cuando me salí de la escuela me puse a trabajar con unos herreros, unos señores ya casados, y me dijeron que les ayudara, uno de ellos era sobrino de mi padrastro, y eran otros dos, y me puse a trabajar con ellos y sí me gustó. Me pagaban 400 pesos a la semana", contó José.

De sus ingreso, añadió, le daba 50 o 100 pesos a su abuela, unos 200 a su mamá, y él se quedaba con cien: para sabritas, y de vez en cuando, luego de juntar algunos ahorros, se compraba ropa, lo que le alcanzara.

"Me salí de trabajar a los pocos meses, porque me fui con unas hermanas a un ejido, cerca de Los Mochis, donde ellas vivían, y ya me regresé a Los Mochis y pasó eso, con el muchacho."

Él y sus amigos habían decidido ir a la tienda, a comprar unas sabritas. Cuando regresó, su madre lo mandó de nuevo a comprar comida y cosas de la casa. De regreso, vio a unos vecinos, de entre diecisiete y dieciocho años, que les quitaron las bolsas de papas a sus amigos. Él les pidió que se las regresaran pero éstos no quisieron. "Me dijeron que me fuera a la verga y yo la verdad me enojé mucho. Ellos eran dos y estaban grandes, yo los conozco, y me insultaron mucho, me dijeron groserías, así que me agaché, agarré unas piedras y le pegué varias pedradas a la camioneta que ellos traían."

José regresó a su casa y ahí lo alcanzaron los agresores aquellos. Le preguntaron airadamente por qué le había pegado a la camioneta y él les contesto que se molestó porque no quisieron regresarles las sabritas. En una mano José traía unos limones y dentro de la bolsa del pantalón, del lado derecho, un cuchillo que quería usar para partirlos y exprimirlos en las papitas.

Aquellos dos lo rodearon. Se hizo una bola de vecinos y familiares mientras esos tres danzaban con la muerte. Reanudaron los insultos, le echaron de la madre. Uno se puso atrás y el otro, el mayor, adelante. El que estaba a sus espaldas lo empujó y el que estaba enfrente le dio una patada en el pecho. Él sacó el cuchillo y lo blandió. No tenía escapatoria. El que estaba frente a él se le acercaba y le ponía el pecho, lo empujaba. En un movimiento que no supo describir y que fue rápido, le ensartó el arma bajo la axila, a la altura del pecho.

"Yo le hice así y él metió el pecho y fue cuando le pegué, debajo de la axila… yo sólo hice así y yo le pegué. Me espanté, todavía tenía el cuchillo afuera, en la mano", recordó. José cuenta por abonos. Se calla y cuando regresa al lugar en el que está conversando sobre lo sucedido lo hace con una voz baja, apenada, y él escondido detrás de ese jovencito que es, ese niño disfrazado de adolescente, ese extravío. Resuella, gime. Agacha la cabeza. La levanta a los segundos y ya trae la mirada nublada. Parece que va a llover, apenas.

"Mi mamá me dijo métete a la casa. Había mucha gente y nadie nos separó. Recuerdo que yo quería que me dejaran en paz, por eso hacía así el cuchillo, que a mi mamá le decían que no se metiera, no supe quién. Yo no pensaba en nada, me enfurecí, y el muchacho corrió cuando piqué al otro, me tapé la cara y mi mamá se acercó y me preguntó por qué lo había hecho y le dije que no sabía por qué. Y me puse a llorar."

José afirmó que aquel joven le dijo "ya me chingaste" mientras caía y al mismo tiempo deseaba mantenerse erguido. El otro, el hermano que había permanecido atrás, tomó un ladrillo y amenazó con aventárselo, pero corrió a abrazar a su hermano, casi muerto. Salieron los padres de ellos, le pidieron al otro que se calmara y trataron de auxiliar al herido, pero ya era tarde. Se oyó la sirena de una patrulla, entraron a la casa de José, quien había permanecido llorando en un rincón, y se lo llevaron a la barandilla.

El 22 de octubre, después de una noche terrible en la que no pudo dormir y se la pasó rezando, pidiendo por su víctima, arrepentido y apesadumbrado, llegó su madre. Él no sabía nada, así que lo primero que le preguntó, con urgencia, fue cómo estaba aquel joven herido, a quien la última vez había visto tendido, desangrado, en el suelo de su calle, frente a su casa. La madre le dijo que había muerto.

José abre de nuevo sus cavidades. Se agacha buscando refugio entre sus brazos, como si su cabeza no quisiera asomarse más y sus ojos prefirieran esconderse, blindarse, no mostrar su dolor, sus lágrimas y ese sollozo silencioso que parecen suspiros hondos, jadeos de un niño lastimado y temeroso.

"Me puse a llorar. No lo podía creer. Y desde entonces me la paso llorando. No lo sueño porque al muchacho le rezo, pido por él, pido perdón... Por las noches me pongo a llorar, le digo que me pesa, que me duele lo que pasó, le pido perdón." José se traba. Sigue escondido entre sus brazos, agachado. Ese joven, al que mató sin querer, era su amigo y había sido generoso con él: sabía que no tenía manera, así que seguido se llevaba a José a comer a su casa y le regalaba lo que necesitara. Por eso le duele más. Con más razón endurece sus nudos. Se traba, toma agua: no podrá reponer nunca los fluidos salados que salen de sus ojos, ni con toda el agua de los mares, ni con ese pomo de Bonafón. Llora él y todo.

El parte rendido por los agentes de la Policía Municipal de Ahome indicó: "A causa de la herida que recibió debajo del brazo derecho, con un cuchillo de cocina, en una riña entre dos menores de edad, en la colonia Rubén Jaramillo dejó de existir dos horas después en el hospital público el menor identificado como Manuel de Jesús N de diecisiete años; según el reporte, el agresor responde al nombre de [José]... de catorce años, el cual por causas desconocidas atacó con un cuchillo de cocina al hoy occiso. La riña entre los menores fue por la calle 6 entre Veracruz y Zacatecas en la popular colonia antes referida."

En las diligencias judiciales, los padres del joven muerto se defendieron y acusaron. Sus hijos, aseguró, no se metían con nadie. José no dijo nada. Pero sabe que ellos, los dos, fumaban mariguana y ese día, no se descarta, andaban acelerados, de buscaplictos, más agresivos. Los desconoció. Sabe que no era para tanto, que no debió suceder.

Teme por su madre y su abuela, pero espera que no la agarren contra ellas ni contra sus hermanas y hermanos o su padrastro que es albañil. Ahí dentro hace pulseras con hilos de colores y chaquira. Trae una de estas en la muñeca derecha. Pero no le cabe su ser en ese encierro, en el colectivo siete, que no es una celda pero como si lo fuera. A lo lejos se escucha música de banda y parece coquetear con los linderos del viento y nuestros oídos un narcocorrido. El personal se apura a explicar que están prohibidos, igual que todas las referencias al narcotráfico. José va a la escuela, a la clase de literatura, al taller de refrigeración que no le gusta mucho. Se desespera, le gana el encierro, pero dice que lo han tratado bien y que se siente seguro en el Centro de Internamiento para Adolescentes, ubicado en Aguaruto, municipio de Culiacán, junto a la cárcel del estado.

Quiere lápices y un cuaderno para seguir dibujando. Se le pregunta qué quiere, si se le ofrece que le traigan algo de fuera, él contesta hilo de 24, negro, blanco y rojo. Ah, y chaquirón azul. Se le ofrece fruta, tal vez manzana o plátano. Los funcionarios que están cerca escuchan e interceden. Dicen que fruta no, que tendrían que controlarla, porque saben que pueden ponerla a fermentar y procesarla para crear bebidas embriagantes.

—¿Y qué quieres? ¿Qué vas a hacer cuando salgas, cuando crezcas?

—Irme de aquí, a otra parte, con otros familiares. Trabajar, seguir estudiando. Quiero ser militar.

El Centro de Internamiento para Adolescentes (CIPA) tiene una población de sesenta y nueve menores, algunos de ellos, la minoría, están desde el 2007. Casi todos ingresaron acusados de haber cometido robo. La ley en materia de menores infractores dice que la pena máxima para este sector de la población es de siete años, pero al cumplir el 75 por ciento de tiempo, pueden obtener su libertad si tuvieron buena conducta y cumplieron el programa de rehabilitación.

Alejandrina Rubio, directora del centro, informó que alrededor del 60 por ciento de los jóvenes que ingresan logran salir al cumplir los tres meses de prisión preventiva, ya que los delitos cometidos no son de gravedad.

"En el CIPA pusimos en marcha un programa de tratamiento integral personalizado, que incluye ejecución de medidas y que está supervisado por el Juzgado Primero Especializado para Adolescentes. Esto implica escuela, tratamiento médico, deporte, talleres, psicología, trabajo social y la rehabilitación en sí", dijo.

Agregó que el tratamiento de menores es muy difícil, sobre todo porque hay mucha desintegración familiar y se requiere que el gobierno instrumente políticas públicas de carácter social y económico en esta materia.

"Los jóvenes hacen todo el esfuerzo, pero una vez que salen del Centro llegan a ese ambiente de desintegración familiar, de rechazo de la sociedad y en esas condiciones es más fácil reincidir."

Para las autoridades del CIPA, el narcotráfico como tal no representa una gran incidencia, además de que la ley no establece penas graves para aquellos menores que son sorprendidos portando armas de fuego, ya que muchos de ellos son liberados en el mismo juzgado y no pisan la cárcel —lo que también pasa con quienes incurren en robo simple, sin violencia—, pero sí en cuanto a la conducta de los jóvenes infractores, muchos de ellos quieren imitar a capos como los Carrillo Fuentes o los hermanos Beltrán Leyva, sobre todo Alfredo, conocido como El Mochomo, detenido en febrero de 2008 en Culiacán.

"Es absurdo, los pueden detener con un AK-47, pero no los ingresan al centro, los liberan, porque no lo establece la ley, no hay castigo para menores, pero en las fiestas en el CIPA ellos quieren narcocorridos y nosotros no los dejamos, está prohibido."

Rubio, madre de cuatro hijos, tiene dos años al frente del centro y treinta y cinco en el servicio público. Pero sus hijos son más y llega a entristecerse cuando los jóvenes, con los que terminan encariñados, obtienen su libertad. Aunque más tristeza les da verlos de vuelta.

Algunos funcionarios señalaron que los menores que llegan de Navolato y Mazatlán, considerados dos de los cuatro municipios más conflictivos de Sinaloa, "están descomponiendo las cosas al interior". Adentro los jóvenes se involucran en tareas de limpieza y de cocina. Suman doce colectivos, algunos de ellos se ven limpios y funcionales. Un total de diecinueve agentes de la Policía Estatal Preventiva fungen como custodios. No hay mujeres porque el centro no cuenta con condiciones aptas, pero sí un área de castigo, en el que terminan muchos de ellos "voluntariamente", después de cometer desarreglos.

***

Voces de la calle

"Ya no quiero volver a Sinaloa porque tengo miedo. Desde acá, en Estados Unidos, he dicho que me da mucha tristeza ver que en el país hay tantos riesgos e inseguridad. Antes estaba orgullosa y decía soy de Sinaloa, de México, ahora no puedo decir lo mismo." (Joven sinaloense que vive en Estados Unidos, su esposo y sus dos cuñados, que vivían en Coahuila, están desaparecidos).

"¡Asesina! Tírenle un balazo. Mil puntos." (Mensaje en el metroflog, en el que acusan a una joven de mandar matar a otra.)

"CON BÚNKER, GUARURAS Y DINERO PARA ALMACENAR COMIDA, CUALQUIERA SE RÍE DEL CRIMEN ORGANIZADO, SR. PRESIDENTE ADÓPTEME CON TODO Y MI FAMILIA PARA REIRME DE LOS DEL CRIMEN ORGANIZADO Y DE TODOS LOS DEMÁS (¿QUÉ

SENTIRAN LOS FAMILIARES DE LOS MUERTOS EN ESTA LUCHA?)" (Mensaje en la web, frente a declaraciones del presidente Felipe Calderón, en el sentido de que su gobierno gana la "Guerra contra el narco", 13 de noviembre de 2010.)

"Para ese gasparín, el que según asusta, ten por seguro que te voy a encontrar y para cobrarte una cuentita pendiente donde estés. Yo estoy en todas partes y el mundo es muy chiquito, cabrón, aver si esierto que muy baliente, la muerte es poco comparado conloque te espera." (Mensaje en la web, 14 de noviembre de 2010.)

"¿Entrevistaste a Alfredito Olivas? ¿Y no traía guardaespaldas?"

(Niño de doce años, cuando vio los videos de Alfredito Olivas, cantautor de narcocorridos.)

"En la prepa, mi hijo ya sabía desde un día antes a quién habían detenido en ese operativo. Ya le dije que quiero saber con quién se junta, porque no quiero que ande con narcos."

"Atención: mañana habrá muerte general a las doce." (Mensaje colocado afuera de un banco, en Aldama, Chihuahua, por cuatro niñas de catorce años, *La Jornada*, 14 de noviembre de 2010.)

"Hace algunas semanas, una reportera del diario *El Universal* fue amenazada en una de las entidades del norte del país. El director del diario, Jorge Zepeda Paterson, le habló al Gobernador del estado y le pidió protección para la periodista. La respuesta fue una cátedra de cinismo. «Yo no puedo proteger ni a mi esposa», le dijo."

EL PELIGRO DE ESTAR VIVOS

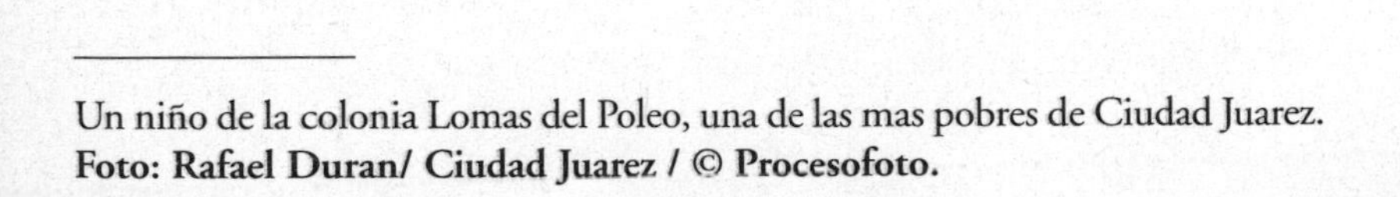

Un niño de la colonia Lomas del Poleo, una de las mas pobres de Ciudad Juarez.
Foto: Rafael Duran/ Ciudad Juarez / © Procesofoto.

Cuernitos de chivo

En la escuela Venustiano Carranza la maestra Miriam supo que su nuevo producto iba a tener un gran éxito de ventas en la tienda de la escuela. Esa semana de mayo de 2010 a ella le tocó surtir, organizar y administrar la cooperativa del plantel de educación primaria. Y tuvo razón.

En la bolsa del producto, seguramente adquirido en alguna dulcería de Culiacán, había unos 50 cuernos de chivo, el fusil automático llamado AK-47, calibre 7.62, arma que es una adoración entre los narcotraficantes y pistoleros, de plástico. Apenas los colgó en el rudimentario aparador de la tienda cuando ya tenía como abejas africanas al montón de niños pidiéndolo, preguntando, queriendo comprarlo.

Era un juguete negro, de alrededor de diez centímetros de largo, con una especie de mira telescópica como aditamento en la parte superior. En una suerte de depósito, que hace las veces de cargador, tiene chicles de colores cuadrados, en forma de almohada. En el cañón, un dardo con extremo adherible a superficies planas. Seis pesos cada uno. Y volaron.

En la región centro de Sinaloa el termómetro ya coquetea con los cuarenta grados centígrados. En el norte de la entidad, en los municipios de Choix y El Fuerte, por ejemplo, el mercurio ya rebasa los cuarenta y uno y cuarenta y dos grados. Eso que el calor apenas empieza, que lo fuerte está por venir en julio y agosto (los llamados meses pesados), cuando el termómetro roza los 48 ó 49 grados.

El calor está también en el ambiente, a la intemperie, bajo el sol, en la sombra, por la violencia y la forma de vida mortal, de riesgo y tragedia, de viento y sol filosos en la calle o en la casa, escuela o trabajo. Por eso la joven aquella, agente de la Policía de Tránsito, corporación que forma parte de la Secretaría de Seguridad Pública Municipal de Culiacán, prefiere no estar ahí, minutos antes de las ocho de la mañana, apurando el tráfico, llamando la atención de los automovilistas, cuidando a los niños, ayudándolos a cruzar la calle.

Ella está asignada a la seguridad vial de este plantel, ubicado cerca de la calle Abogados, casi esquina con el bulevar Pedro María Anaya. A la vuelta también se encuentra un preescolar. De acuerdo con autoridades de la Secretaría de Educación Pública y Cultura (SEPyC) de Sinaloa, en el estado ingresaron al nivel básico alrededor de 212,000 niños en el 2010, y en total la población en preescolar, primaria y secundaria suma cerca de 628,000. En 2010 se inscribieron a primaria en primer grado unos 100,000 niños. Otros 60,000 lo hicieron en secundaria.

"Es complicado. La gente es medio «especial»... como que hay muchos influyentes, muchos que andan en eso, que son narcos", confiesa, para explicar su actitud de hacerse a un lado y fingir cuando ve bajando a los niños en medio de la calle, bloqueando el tráfico o en sentido contrario, frente a la primaria Carranza, ubicada en la colonia Burócrata (aunque muchos llaman a este sector como parte de la ampliación Chapultepec). Da igual: los narcos y pistoleros andan por allá y por acá, tienen casas para sus familias por toda la ciudad, y también casas de seguridad, almacenes de armas y drogas, guaridas para la tortura: cercenar, decapitar, arrancar confesiones, obtener datos de enlaces, contactos, operadores, matones del enemigo, conseguir información que una vez que emerge de las bocas sangrantes destilan también sangre. Seguirán emanando de estas confesiones borbotones, hilillos, charcos, fuentes. Y seguirán salpicando.

La joven es atractiva. Trae uniforme gris con blanco. Un kepi o gorra cubriéndole la cabeza y ese pelo teñido y trenzado para que apenas asome. Un silbato para llamar la atención y dar órdenes, pero ahí no puede. No se puede. Finge, voltea para otro lado, hace como que no ve. De plano le gana el coraje y actúa como si quisiera tirar la gorra, arrancarse el silbato. Pone sus manos en la cintura y hace un "no" con la cabeza. Aprieta los labios, hace pucheros. No patalea. No puede ser muy gráfica. Hay que actuar apenas, discretamente, no vaya a ser que le saquen la pistola, le enseñen el fusil que traen en el piso del vehículo y sobre las piernas. Lo menos es que le hablen fuerte, la insulten, como aquel que le dijo "qué te crees cabrona". Otro la pendejeó. Ella tragó saliva y sigue tragando. Atragantándose a este paso.

Todo es escenario para la desolación mortal. En las embestidas de las armas de alto poder han muerto también niños y mujeres embarazadas. Así fue cuando un comando armado asesinó a balazos a Óscar Vega Lindoro y a su hijo menor Miguel Antonio, de tres años, cuyos cadáveres quedaron en el interior de un vehículo tipo Jeep Rubikon. En este ataque una mujer y su hija, también menor, al parecer parientes de los occisos, estaban dentro del banco y resultaron ilesas, si hubieran permanecido unos minutos más con los otros, habrían también muerto aquel 23 de febrero de 2009.

La doble ejecución fue en el sector conocido como Humaya, en Culiacán, de acuerdo con los reportes de la Policía Ministerial del Estado. El agente de la Policía Estatal Preventiva, Margarito Alvarado, se encontraba custodiando el banco y repelió la agresión, resultando herido de bala en una pierna, al parecer está fuera de peligro.

Las corporaciones reportaron dos o tres personas lesionadas por este doble homicidio, en el que los sicarios usaron fusiles AK-47 o cuernos de chivo. Versiones de testigos indican que los sicarios viajaban en una camioneta de modelo reciente color vino.

El 26 de mayo de 2010, en Reynosa, Tamaulipas, desconocidos dispararon contra las instalaciones de la escuela secundaria federal número 4, Ingeniero Marte R. Gómez, hiriendo en la pierna derecha a Daniela Oyervídez de trece años y alumna de primer grado.

José Manuel Assad Montelongo, titular de la Secretaría de Educación del estado, desmintió la versión al asegurar que la bala que lesionó a la joven, provino de una refriega afuera del plantel ubicado en la colonia San Ricardo.

"Personal de la Procuraduría General de Justicia del estado acudió al plantel para conocer el testimonio de directivos, maestros y alumnos del turno vespertino, quienes narraron que la tarde del miércoles, cuando se encontraban en la hora de recreo, los tripulantes de un helicóptero color negro que sobrevolaba a baja altura realizaron disparos desde la aeronave", informó el diario *La Jornada*, el 27 de mayo de 2010.

En otro caso, el 30 de mayo de ese año, alumnos de la escuela primaria Vicente Guerrero, localizada en una zona céntrica de la capital de Durango, esperaban la entrada a clases cuando fueron sorprendidos por varios disparos efectuados por un desconocido en contra del director del plantel, Rafael Perea Morales, quien resultó gravemente herido y murió minutos después.

El ataque se produjo a las 8:00 horas, cuando el director de la escuela llegaba al lugar. Ante los alumnos y sus padres cayó gravemente herido luego de recibir tres impactos de balas calibre 45 mm en el tórax, según las autoridades.

Por aquí, por la calle Abogados, también conocida como Cuarta, entran los vehículos en los que los padres llevan a sus hijos a la primaria Carranza. El empedrado no dificulta que algunos lo hagan a velocidad inmoderada. Y otros, a los que la joven agente no quiere ver, lo hacen en sentido contrario. Vienen del bulevar Pedro María Anaya y doblan aquí, no importa que la fila de vehículos, amontonados en las intersecciones de la calle Abogados, frente al plantel y a pocos metros de él, circulen en el sentido correcto de la calle. Por eso la joven policía les llama la atención tímidamente. Mide sus actos en función del tipo de vehículo, un marquís viejo bien puede aguantar un regaño o una infracción, pero cuando se trata de una Cheyenne del año o una Lobo sin placas es mejor hacer mutis.

Los niños juegan en el recreo. La mayoría de los que compraron el cuerno de chivo de juguete son de primero y segundo año. La maestra suspiró: éxito total.

En los pasillos, explanada y canchas, los niños se organizaban y gozaban con el nuevo plástico "mortal". Te maté o ríndete, gritaban. Emitían sonidos con sus bocas arremedando las ráfagas de los cuernos de chivo, las balaceras y los enfrentamientos, los asesinatos en plena calle, la banqueta, los centros comerciales o en patios y cocheras de las viviendas.

Ra-ta-ta-ta-ta-ta estás muerto. Ra-ta-ta-ta-ta-ta te maté. Otros gritaban enjundiosos que hicieran equipos de matones. Se dividían en dos o tres bandas de gatilleros. Se peseguían, tendían celadas. En las canchas de futbol que están entre dos de los edificios de la primaria los esperaban para "cazarlos" y "matarlos".

El director del plantel encontró uno de los juguetes tirado. Preguntó en voz alta: "¿Y estos cuernitos?" Vociferó un "¡chingado!", de acuerdo con las versiones de algunos alumnos y maestros presentes, y luego preguntó dónde los habían comprado, después de percatarse que no eran uno ni dos, sino decenas los fusiles de plástico que portaban algunos de los alumnos. Le explicaron que en la tiendita de la cooperativa. Allá le contestaron que la maestra Miriam los había adquirido y que habían volado rapidísimo.

Es la misma escuela en la que algunos de los niños portan alhajas de oro en muñecas, dedos y cuello. Largos rosarios de oro, gruesos anillos y pulseras de bolas doradas, que combinan con trozos de tela y figuras y estampas religiosas. En la que un plebillo (como les llaman aquí a los menores de edad) enseña un video en su teléfono celular en el que unos desconocidos, amigos de él, golpean y luego asesinan a balazos a un joven. Aquí, en estos salones, uno que siempre trae cientos, tal vez miles de pesos de pesos en su billetera y bolsas del pantalón, paga para que lo acompañen otros que preferentemente deben ser más altos, robustos y aventados que él. Dice que les va a comprar dulces y chucherías. Y lo hace. Pide que lo acompañen para allá, a las canchas, a los baños, que se queden con él. Los compra. Les ofrece prestarles dinero si no traen o no les alcanza. O regalárselos. Si alguien le cae mal o simplemente le ganó al futbol o lo insultó o lo miró feo, paga para que le den sus "putazos", chingazos, a ese que ya fabricó como su enemigo. Son pequeños sicarios, sus escoltas y él un pequeño capo. Un capito. Aspirante a narco. Sicario en el horno, en cocimiento, en pleno hervor.

En diferentes regiones del país los niños están siendo entrenados sobre cómo deben actuar en casos de balaceras. En Acapulco, estado de Guerrero, los niños, con uniformes de blanco y azul, se tiran al suelo y se cubren la cabeza. Avanzan a rastras. Cerca, los instructores de la Secretaría de Seguridad Pública simulan detonaciones: todos gritan, pechotierra, brazos cubriendo la cabeza, y tratando de conservar la calma en tiempos de guerra.

En otro caso, los *boy scouts* gritaron "¡Todos al suelo!", en un acto celebrado en Tepoztlán, estado de Morelos, el 17 de julio de 2010. La reportera Rubicela Morelos Cruz, del diario

La Jornada, escribió: "¿Cómo se grita en Juárez? ¡Todos al suelo! ¿Cómo se grita en Chihuahua? ¡Todos al suelo! Y ¿cómo se grita en todo el norte? ¡Todos al suelo!", gritaron al unísono los más de mil *scouts* del país al tomarse la foto con la presidenta del DIF nacional, Margarita Zavala, en la clausura del décimo tercer Jamboree Panamericano México 2010, donde participaron representantes de, al menos, 15 países.

La porra, que encabezaron los jóvenes *scouts* de Ciudad Juárez, Chihuahua, congeló la sonrisa de Margarita Zavala, esposa del presidente de la República Felipe Calderón, quien minutos antes se había negado a hablar de las más de 30,000 muertes que ha dejado la "Guerra contra el narcotráfico" desde 2006.

En estos mismos pasillos aquellos pequeños vieron el video en el celular de uno de ellos: el de cuarto grado era el protagonista.

En el patio de la escuela los niños hicieron montón. No cabían en ese espacio tantas cabezas juntas, tantos pares de ojos, agrandándose, excitados, pegados, elevando los niveles de emoción, viendo ese video en el aparato de teléfono celular de Raulito.

El niño está en segundo grado de primaria. Anda siempre pavoneándose por los pasillos, seguido por sus amigos, esos incondicionales: compra sus compañías con pequeños préstamos, golosinas que dispara, tortas, cevichurros y papitas.

En el recreo es visto siempre perseguido por esa nubosidad densa compuesta de niños de segundo grado hasta sexto. El niño es impetuoso y creído. Camina con las piernas abiertas, con paso guango, moviendo siempre esa mezclilla de marca que cubre la mitad de su cuerpo.

Raulito no va bien en la escuela, pero tampoco ha reprobado. Es mediano, ochos y sietes en la boleta. No importa, tiene lana y padres, tíos, parientes pesados, perrones. Como él: soy perrón, soy chingón, repite, como un recetario, cuando hablan bien de él.

Botas de piel de cocodrilo, con unos relieves que parecen escamas, puntiagudas. Camisetas Jolister, varios colgajos de oro en la muñeca, uno de ellos con su nombre grabado. Los otros penden de su cuello, bailan con ese paso de vaivén, como el de sus tíos, y brincan cuando él corre.

Las camisas y camisetas deben estar desabotonadas para lucir los collares. El gel mantiene el pelo enhiesto, de puntas, como sus botas, retando a la gravedad y al poco viento.

"Vengan, miren qué perrón", les grita a sus compañeros, a quienes trata como sus súbditos. Lealtades adquiridas: comida, galletas y tortas invitadas, a cambio de que lo sigan y le hagan mandados. Le hagan la barba.

Todos se juntan para ver el video, comparten el aire que parece escasear, puesto que están agitados. Chocan sus cabezas, se raspan entre los pelos y el coco.

Aparece Raulito, primero, viendo de frente a la cámara. Alguien le grita pero no se entiende. Aparecen unas manos, unos brazos. Cargan un fusil de alto poder, un AK-47. "Es mi tío", dice con esa voz de confeti. "Miren, miren. Shshshshshshshsh, cállense." Se ve apenas una parte del cuerpo del tío. Le da el fusil a Raulito. El pequeño es chaparro y grueso. Se ve fuerte, pero no para cargar un Kalaschnivov color cuervo.

Lo abraza a duras penas, alguien le dice que lo agarre bien. Otros se ríen pero no salen sus rostros en el aparato celular que graba la escena. "Así, así", le explican. "Eso, así mijo. Así, chingadamadre." Y luego se oye una voz imperativa que le ordena que ponga el dedo en el gatillo. "Eso, eso. Jálele compa. Jálele. Fuerte mijo, sin miedo. Órale."

Raulito parece nervioso, pero los gritos hacen que despierte, que espante sus miedos. La voz que le ordena suena como una cachetada en su chapeteada mejilla. Y se oye que le explican cómo. "Dispara, dispara. Así mijito."

Y ra-ta-ta-ta-ta-ta-ta-ta. Al aire, a un lado. Sale el fuego de los proyectiles del 7.62.

El niño sonríe pero no muy convencido. Hay una fiesta en su rostro, pero también una sombra que nubla. Espantado por la fuerza, el golpeteo. Quiere completar su sonrisa pero le ganan los nervios del rostro, que se resisten.

Raulito tiene las palmas de su mano sobre la tierra. Las nalgas también. El golpeteo lo tumbó de espaldas. Le ayudan con el fusil y lo levantan. "Eso, muy bien." Se escuchan también aplausos.

Sus amigos en la escuela lo miran y parecen felicitarlo. Uno dice "ei, qué perrón". Él contesta "claro, soy perrón, como mis tíos. Soy Chacaloso".

El director buscó a la maestra, luego acudió a la tienda. Enfurecido apuraba los pasos y hablaba en voz alta, diciendo que los iba a quitar. Recorrió salón por salón pero les dedicó más tiempo a los de primero y segundo grado. "A ver, a ver, niños —llamaba la atención de la maestra y de los alumnos. Todos los que tengan esas pistolitas, los cuernitos, regrésenlos por favor." Disgustados, desconcertados, los iban entregando uno a uno. El director les explicó que eso genera una mala imagen, que no estaba bien, que luego critican al plantel los de la prensa, que nada de violencia en la escuela.

Uno de los niños se levantó y entregó el cuernito de mala gana. Preguntó, casi a gritos, que quién le iba a regresar los seis pesos. (30 de mayo de 2010.)

En los últimos cinco años han muerto 900 niños en México como consecuencia de la "Guerra contra el narcotráfico". En 2010 se estima que son por lo menos 100 pequeños los que han perdido la vida.

Juan Martín Pérez García, director de la Red por los Derechos de la Infancia en México, alertó que en los estados del norte del país, "hay un grado de epidemia debido al aumento en el número de niños asesinados".

El defensor de los derechos humanos exigió al Gobierno Federal dejar de estigmatizar a los niños que fallecen en la "Guerra contra el narcotráfico" y evitar asociarlos a pandillas, grupos de sicarios o a alguna otra actividad delictiva. Por ello se pronunció por la creación de una defensoría de los derechos de los niños, autónoma, que investigue el asesinato de cada menor, ya que hasta el momento los decesos que se han presentado han quedado en la impunidad.

Pérez García presentó el informe alternativo relativo a la participación de niños en los conflictos armados en el país, que establece que de diciembre de 2006 a marzo de 2010 se han registrado 22,000 defunciones en la lucha contra la delincuencia organizada, de las cuales, 900 son de menores de diecisiete años.

Algunas entidades padecen tazas elevadas como es el caso de Sinaloa, con 43.7 fallecimientos por 100,000 habitantes; le sigue Chihuahua con 42.1; Guerrero, 30.2; Durango con 27.8; así como diez estados que tienen tazas hasta cuatro veces más altas que la media nacional.

En Ciudad Juárez se registraron 191 homicidios por cada 100,000 habitantes, confirmando a la ciudad como la más violenta del mundo.

En lo que se refiere a niños de cero hasta diecisiete años, las tazas de defunciones por homicidio aumentó, especialmente en Baja California, Chihuahua, Durango y Sinaloa. Un ejemplo de este incremento es Durango, que en el 2006 registraba una taza de 0.84 defunciones por homicidio en edades de cero a diecisiete años, la cual para 2008 se incrementó en 3.8 por ciento.

En el informe se alerta que la categoría de niños más afectados por el incremento en la taza de homicidios son los adolescentes desde los quince hasta los diecisiete años. De 2007 a 2008, en un sólo año, la taza de homicidios de Baja California subió de un 8.33 hasta 24.3 por cada 100,000 personas de ese rango de edad, lo que significa un incremento de 291.7 por ciento. En Chihuahua, donde pasó del 12.6 hasta el 45.95, lo que equivale a un aumento del 364 por ciento.

Algo más impresionante revela el documento de treinta y un cuartillas: el aumento de esta taza en el estado de Sinaloa, donde pasó de 3.13 hasta 17.01, produciéndose así un incremento del 543 por ciento.

El respaldo

Transitar por Culiacán a eso de las ocho es tormentoso. El movimiento vehicular es lento. Los semáforos son ollas exprés: contienen, detienen, apresan los carros en los cruceros a punto de reventar. Los escapes de los vehículos son chimeneas, fumarolas asfixiantes.

Luis en su camioneta. Una Van, viejita, azul marino que por más que limpia siempre se ve como grisácea, opaca, con mapas de huellas de sol en algunas partes de la carrocería. Luis mira el reloj. "Ínguiasu, es tarde." Trae prisa, la misma prisa que los otros automovilistas que esperan su turno en el crucero. Unos pitan, otros traen las luces altas. Los camioneros aceleran, activan los frenos de aire y se oye como si el camión estornudara.

Calcula que puede llegar en diez minutos, pero él necesita recorrer lo que le resta de camino en cinco. Cinco minutos. Qué chinga. Siempre la misma batalla. Pinche ciudad.

Monta sus manos en el volante. Le mueve al aparato de sonido instalado en el tablero. Busca música de su agrado en el dial. Aplasta un botón y otro. Viaja de los boleros predecibles al reggetón, del hip-hop a La Original Banda Limón. Al fin da con una balada de Miguel Bosé.

"Morir de amor", canta la voz de los años ochenta. Nada qué ver con el sonar de "Si tú no vuelves", del nuevo CD de Bosé, dice, musitando. Tararea bajito. Golpea el volante al ritmo mientras se oye: "Morir de amor, despacio y en silencio sin saber, si todo lo que he dado te llegó… a tiempo."

Saca el teléfono celular de la funda. Cree que tal vez está mal la hora que da el tablero del vehículo. La cola es larga. Chingado. Otros dos turnos frente al rojo. En un abrir y cerrar de dedos se le cae el teléfono móvil.

Hora de avanzar, pero no lo hace. No se da cuenta de que los vehículos formados delante de él se acercaron más al límite del crucero porque está punto de aparecer el verde. Los de atrás le pitan. Él sigue agachado, tocando los tapetes, el suelo oscuro de la Van.

Se oye el rugir de un motor grande, como de camioneta. "Dónde está el cel, chingada madre." Toquetea en lo oscuro. Tantea entre los pedales del acelerador y el freno. Bajo el asiento. Logra tocarlo pero con sus torpes movimientos lo empuja en lugar de asirlo.

Sigue la búsqueda, siguen los automovilistas de la fila pitando y pitando. Ruge el motor del camión de transporte urbano. Alguien más atrás pone las luces altas. Ruge otro motor.

Una camioneta avanza quemando llanta. Está del otro lado en sentido contrario. Se sube al camellón y se pone junto a una patrulla de la Policía Estatal Preventiva. Se asoman cuatro, sacan sus fusiles y disparan.

Los agentes apenas tienen tiempo: las manos se mueven para desenfundar, para quitar el seguro a los errequince, para jalar gatillos. No alcanzan. Uno se baja y corre. Los proyectiles pasan zumbando. Lo alcanzan por la espalda y cae.

Los que van en la cabina no reaccionan. Escuchan el estruendoso rafagueo y es lo último que pasa por sus oídos. El despido. Expiran.

Dos de los pistoleros se bajan. Con los rifles empuñados se acercan. Unos pasos, unos metros. Los gritos vienen de los testigos, que están en todos lados. Unos corren, otros se tiran al suelo. Se agachan detrás de los aparadores. Disparan de nuevo, de cerca, a los cuerpos.

En la masacre mueren seis policías. Es el crucero de bulevar de las Américas y Universitarios. Irónicamente frente a Ciudad Universitaria y del Centro de Ciencias de Sinaloa. Dos horas antes, militares de las Bases Operativas Mixtas Urbanas (BOMU) se enfrentaron a balazos contra un grupo de sicarios, cuyo vehículo se incendió.

Aquí, en este crucero, quedó hecha pedazos la patrulla 1232, de la PEP, en la que viajaban los seis agentes, todos ellos muertos:

Roberto Ortiz Martínez y Óscar José García Muñoz, de la Dirección de Seguridad Pública Municipal, Juan José Ramírez Gurrola y Juan Alejandro Almaral Ibarra, elementos de la Estatal Preventiva, el policía Ministerial Mario Arturo García López, y el agente de la Policía de Tránsito de Culiacán, Juan Manuel Mendoza Herrera.

El ataque fue alrededor de las 22 horas. Versiones de testigos indicaron que los agentes esperaban en el semáforo, de norte a sur, cuando se les emparejó una camioneta Pick up blanca, desde la cual les dispararon al menos cuatro sujetos, con fusiles AK-47. Cientos de casquillos de calibre 7.62 quedaron esparcidos en el lugar. Tres personas, todas ellas mujeres, fueron heridas de bala y trasladadas a una clínica particular.

Hasta el 26 de junio de 2008, sumaban cincuenta y dos agentes de las diferentes corporaciones abatidos a tiros.

Luis escucha todo. "Puta madre." No se asoma. Se quedó abajo, protegiéndose. Dejó de insistir en su búsqueda del teléfono celular. Agachado. Oye los zumbidos de los proyectiles: cual moscos prehistóricos, insectos supersónicos, veloces, de plomo, raspantes.

Un silencio se instala entre automóviles y testigos. Víctimas y motores. Un silencio hirviente de gritos y llantos. Luis se levanta por fin. Asoma la cabeza. Tembloroso. No encontró el cel, pero sí dos orificios en el respaldo de su asiento.

El narco, esa atracción

"Yo no he matado a nadie... últimamente", dice Alfredo Olivas. Está frente al micrófono, en el estudio de grabación ubicado en la planta alta de un inmueble lleno de oficinas y tiendas, por la Pascual Orozco, en la colonia Ejidal de Culiacán. Trae un pomo de agua en la mano pero no se da abasto: suda hasta con en el aire acondicionado, por la emoción y el esfuerzo que hace al cantar, en ese cuarto sellado, que no puede contra el calor de 45 grados del verano en Culiacán.

Tiene dieciséis años detrás de esos ojos pícaros que parecen tener alas y revolotear. El acné asoma, sucumbe, deja huella en sus mejillas. Es de complexión llena, como un tanque militar, y bajo de estatura. Se ve compacto, entero y fuerte. Sobre todo seguro. Desde los nueve o diez años compone, canta y toca el acordeón y el bajo sexto. Puro narcocorrido.

En el medio artístico, entre los chavos ávidos de los videos y estas historias de matones, cuernos de chivo, camionetas de lujo, joyas y asesinatos, es conocido como Alfredito Olivas: sencillo, no fuma ni consume drogas, pero cuando toma cerveza lo hace en serio, y de su voz salen metralla, las ráfagas de las armas de asalto que idolatra el narco, retratos de jefes que siempre burlan el ejército, hombres que por traer armas son valientes y por andar en lo que andan tienen "pegue" con las jóvenes mujeres.

En sus galerías de fotos y videos, incluidos los de sus canciones, en internet, hay imágenes de operativos del ejército y la policía, saldos cruentos de los enfrentamientos entre éstos y los gatilleros del crimen organizado, camionetas de lujo, hombres con sombrero y ropa de marca, armas largas y cortas, granadas de fragmentación, droga decomisada, jóvenes con pesados, gruesos y largos rosarios de oro, y él sosteniendo un fusil AK-47, apuntando, o con una camiseta que trae estampado un cuerno de chivo.

En sus canciones, todas de su autoría, que en ocasiones interpreta acompañado de Régulo Caro, recurre al lenguaje de los sicarios, de los jóvenes involucrados (los plebes, la plebada, como dicen en algunas regiones del norte del país, como Sinaloa), de los que andan en el negocio de las drogas en México.

Expresiones como jefe, patrón, blindada, comando, troca, pecheras, encapuchados, "piñas" (granadas), cuernos (cuernos de chivo), cártel y mafia.

Un hobby

Nació en Ciudad Obregón, en el estado de Sonora, donde actualmente viven sus padres, en la colonia Casa Blanca. Considera la situación económica de su familia como de mediano nivel. Dejó le preparatoria que estudiaba en el Colegio de Estudios Científicos y Tecnológicos del Estado de Sonora (CECyTES) cuando estaba apenas en el primer semestre, para dedicarse de lleno a la música. Ya tiene un año trabajando profesionalmente en la farándula, aunque sus padres le insisten que no lo vea como un trabajo, sino como un *hobby*.

"Qué más quisiera, vivir de esto, a lo mejor, no sé... Un día se me puede terminar la voz, y ahorita está muy duro esto de la música, y me dice mi familia «tú tómalo como hobbi», y qué bueno que me esté dejando (dinero), pero lo hago porque me gusta, pero no sé si en un futuro quisiera vivir de esto, me divierte. Aunque sí me gustaría", dice.

En el 2010 ya tenía su primer disco *Con el pie derecho*, en cuya imagen promocional dice "Alfredito Olivas... y sus belicazos de primera", y anuncia a Régulo Caro como invitado especial. Ahora, cuando apenas gozaba las mieles de este primer material, graba algunas de sus canciones para llevárselas a la disquera Universal, con sede en Estados Unidos, cuyos representantes se le acercaron luego de uno de sus conciertos para que firmara con ellos.

"Fue muy curioso. Fuimos a tocar a Mexicali a un baile y después de que tocamos vino gente de Los Ángeles, de Universal, y hubo pláticas. Luego fueron a visitarme a mi casa, platicamos, y en cuanto les entregue el *master* de este disco vamos a hablar de contrato", manifestó.

—¿No se te ha subido la fama, como se dice coloquialmente?

—No, nada. Me gusta el ambiente, eso de andar de arriba para abajo, al terminarse los bailes...

—¿Tomas cerveza, vino?

—No mucho, pero cuando tomo, tomo... de todo, ayer grabando aquí me tomaba el tequilita para la garganta, para sostener la voz, pero se me fue de paso. El vino casi no lo tomo.

—¿Drogas?

—Nada.

—¿Qué piensas de eso?

—Pienso que cada quien ¿no? De hecho, en el grupo algunos integrantes de repente traen su gallito (cigarro de mariguana), pero hasta ahí. Pero tampoco los dejo mucho, por ejemplo en el autobús no me gusta que anden fumando. Pero cada quien su rollo.

Alfredo mantiene una calma que espanta. No se inmuta. Dibuja una sonrisa a medias, sincera, pero no plena. Trae una camiseta empapada de sudor y ninguna joya. Hay algunos jóvenes cerca. Parecen empleados del estudio de grabación y algunos son sus amigos. Lo acompañan los técnicos y un señor joven y amable, de mirada apacible, que es su representante.

No suelta el recipiente de agua. Los conocidos se apresuran ante la orden y llegan con bolsas de plástico y en el interior refrescos, té helado y más pomos de agua, que compraron en una tienda que está en la esquina del inmueble en la planta baja.

Se sienta alrededor de una mesa que sólo guarda restos de comida y envoltorios vacíos de chucherías. Un pequeño perico verde va dejando sus desechos por los espacios de la superficie mientras se realiza la entrevista. El cantautor sonorense, a quien llaman en su tierra El Niño Cantante, no tiene aspecto de narco ni en su forma de vestir ni en el actuar. Mantiene con sencillez y aplomo la conversación. No trae joyas porque dice que las que ha tenido, muchas de ellas regaladas por admiradoras durante los conciertos, las pierde con facilidad. Tampoco habla fuerte ni golpea con su voz ni presume de sus logros. Sólo deja asomar esa sonrisa cuando las preguntas le inquietan o se le dificulta encontrar qué responder.

—Veo que no tienes joyas, en este ambiente se usan mucho.

—No, es que no me gustan. Lo que pasa es que siempre he sido descuidado con esas cosas. De niño siempre me regalaban que el anillo, la cadenita, y los perdía. De hecho gente del público me ha regalado y la verdad, una disculpa porque se me han perdido. Me da mucha pena porque me lo dan de todo corazón y yo los quiero cuidar, pero no. Una vez una muchacha me regaló un rosario de oro muy bonito y al siguiente día en el hotel me metí a la alberca y me lo quité, y al salir ya no estaba. Soy muy descuidado y por eso tampoco uso joyas.

A Olivas, durante sus presentaciones, en lugar de ropa interior las mujeres le avientan anillos, pulseras, collares y hasta rosarios de oro. Las mujeres que asisten, muchas de ellas deslumbradas por el narco y las joyas, le han aventado de estos objetos durante los conciertos, como una forma de agradecerle y manifestar su admiración por él.

—¿Y qué piensas del narco?

—El narco... ¿qué podría decir? No sé qué pensar yo de eso. Que nunca se va a acabar, como dice por ahí una revista. ¿Qué más podría decir?, que genera mucho empleo y creo que es de las mayores fuentes de empleo.

—En algunas regiones dicen que la economía depende entre un 60 ó 70 por ciento del dinero del narco.

—Pues he sabido que no falta, te lo tienes que topar en tu

vida, a fuerza tienes que ser parte de él y siento que en mi carrera está influyendo un poco. Para qué más que la verdad.

—¿Qué le quitarías o cambiarías?

—Pues decir que se acabe la violencia, no, ¿verdad?, pero sí le quitaría las formas que están agarrando últimamente de matar a la gente, esas formas... Yo siempre he respetado cómo se mueren algunos, como ahora estaba viendo las noticias la forma en que murió (Ignacio) Nacho Coronel (uno de los jefes del Cártel de Sinaloa que operaba en Jalisco y parte de Michoacán, muerto durante un enfrentamiento con militares en Zapopan, en julio de 2010). Estaba viendo las noticias y pienso que así es como deben morir los hombres. Y eso de la tortura se lo quitaría, eso es demasiado, las decapitaciones, las mutilaciones, los descuartizamientos. Eso es demasiado.

—Ha habido gente inocente que también ha muerto, no sólo por el narco, sino también por los operativos del ejército, la policía.

—Sí, de hecho estaba viendo que mataron a un pintor en estos días, vi cuando fui al Oxxo y vi los periódicos, que estaba pintando y lo mataron ahí, y dices tú pues ni modo, son cosas que no deberían pero pasan...

"Me pongo a pensar en la familia del pintor, qué va a pasar con ellos, si él era el único que trabajaba. Igual ha pasado con albañiles, han sido plomeros, gente inocente que se va igual a la muerte que a prisión, pero qué podemos hacer."

Alfredo se refiere al joven Joel Cruz Soto de veinticinco años, quien fue muerto a balazos cuando un comando atacó, accionando fusiles de alto poder, a Emma Quiroz, vocera del Operativo Culiacán-Navolato, del Ejército mexicano. La funcionaria no fue alcanzada por el medio centenar de balas calibre 7.62, para fusil AK-47, que dispararon los sicarios, pero sí el trabajador que remozaba una de las paredes de la fachada del edificio de departamentos, donde vive Quiroz. El ataque fue en Río Elota 210, esquina con Manuel Bonilla, en la colonia Guadalupe. La madre del joven, María Magdalena Soto Bonilla, quien vivía en una vivienda de la colonia 10 de Mayo, en condiciones de pobreza, exigió al gobierno apoyo para enterrar a su hijo, cuyo ataúd fue colocado en uno de los cuartos de la casa, un día lluvioso, en el que también llovía dentro: en las mejillas y por las goteras.

"Queremos justicia, pedirle al gobernador, al gobierno estatal, federal, a todo el gobierno, a la persona que se salvó (Ema Quiroz), le dio la vida como quien dice, y hasta ahorita no hemos tenido ningún apoyo… no fue un perro al que mataron", dijo, inundada.

> "Me llovió cuando me trajeron, / corría sangre por mi cuerpo, / mi compañero tendido, / lo dejaron en el suelo, / cerraron toda la ciudad, / a mí me dieron por muerto, / la camioneta como coladera, / hoyos en los vidrios, / sangre en los asientos, / pero yo seguía con vida, / fallaron su cobarde "intento",…" canta Alfredito Olivas en su pieza "El principio del infierno".

No canta bien. No es la estética lo que importa en este ambiente de los narcocorridos, la llamada onda grupera: es el berreo, la pasión por pegar los dientes, el sentimiento al abrir la garganta y emitir sonidos cual becerro lepe, recuperar el llanto del monte y del campo, el canto de la sierra y las montañas. Nada de buenas voces hay en esto. Nada, como Chalino Sánchez, que no impostaba la voz, que cantaba como hablaba. Fuera fingimientos. Después, los otros, los que siguieron, tuvieron que construir su estilo, desamoldar la voz: echarla a perder.

En "El Patroncito", también de su autoría, el sonorense canta:

> "Y aunque es muy corta mi edad, / estoy entre los más grandes, / me codeo con los patrones, / por influencia de mi padre, / ahora ya soy patroncito, / tengo gente trabajando, /

y con mi 45, no me asustan los comandos, / aunque todavía no la uso, / por varios soy respetado... / yo tengo comprado al gobierno, / la Siedo no ha cooperado, pero no entran al terreno."

Y en la canción "Piñas en mano":

"Se pusieron las pecheras, se encapucharon, / los cuernos con tiro arriba, y «piñas» en mano, / todos estaban en uno, no me hacía falta ninguno, / como rayo les brincaron, a las del año. / Nos fuimos en el comando, / caímos de madrugada, / nos bajamos apuntando, con el lanzagranadas, / nos estaban esperando, y comenzó la batalla, / sólo efectué la señal, y todo lo hicieron garra."

Alfredo no se esconde: es el que se ve, el que está ahí, enfrente, del otro lado de la grabadora, recuperándose de esas extenuantes jornadas de grabación, encerrado, ensayando.

"¿Y qué es apología?", pregunta. Se le explica que es defender, homenajear, alabar. En este caso, se le insiste en si él considera que hace apología del narcotráfico. No mide ni mira a los lados para contestar. Simplemente dice que sí, que le gusta contar cómo viven los sicarios, las aventuras de los narcos.

"Pues nada más me pongo a pensar... y a escribir", afirma. Para alimentar, imaginar y empezar a construir esas historias que luego hace canción, lee periódicos y revistas, toma algunos detalles y trata de plasmarlos en alguna libreta, también recibe historias que le llegan a través de admiradores, amigos y parientes, para luego meterles sonidos, ritmos, hasta parir una pieza musical.

—¿Te han pedido que compongas para alguien?

—Ya no falta quién, ahora que ando cantando.

—¿Y te pagan?

—Pues sí, no sé si sean o no (narcos), pero me dicen "no le pongas violencia" o "ponle violencia y di que las mujeres esto".

Muchas veces no se inclinan tanto al narco, sino a los lujos, las mujeres, los carros, las fiestas, las joyas, no necesariamente violencia.

—¿Y son conocidos?

—No, no me ha tocado que el Chapo Guzmán me pida, que es de los más conocidos, pero sí me han llegado en los bailes, no sé si sean conocidos entre ellos, pero hay que saber, no vaya a ser que se ofenda este o el otro. Hay que andarse con cuidado, saber cómo manejarlo.

El joven sabe dónde anda y qué caminos y escenarios pisa. Ahora está en Culiacán y dice que no le da miedo, aunque no se le ve del todo a gusto. Mantiene la idea de que "el que nada debe nada teme", y que estará bien. Pero se apura para decir que uno de los lugares a los que no iría, aunque sólo lo han invitado una vez, es a Ciudad Juárez, considerada una de las ciudades más violentas del mundo. En esa ciudad fronteriza de Chihuahua, suman alrededor de 1,800 homicidios de enero a mediados de noviembre de 2010. La cifra es muy cercana a los 2,200 que acumula todo Sinaloa en ese lapso.

Asegura que no lo han amenazado directamente, pero sí a través de mensajes que publican en las páginas de internet, incluida la de videos Youtube, en las que le han advertido que si va a tal lugar, como sucedió recientemente en Mexicali y en Tijuana, lo iban a secuestrar o a "levantar", pero no pasó nada: habló con unos amigos y conocidos para que lo cuidaran durante su estancia. Y asunto arreglado.

Alfredito escribe sobre armas de fuego. Sabe de ellas, pero quizá no tanto como quisiera. Ha disparado armas cortas, como una 38 mm con la que se hirió en un muslo por inexperto, y también el famoso fusil AK-47. Pero hasta ahí, porque le gustan, le apasionan.

Es larga y sangrienta la lista de historias que llevan y traen torrentes entre el crimen organizado y los cantantes y compositores de narcocorridos. Uno de los primeros casos fue el homicidio de Chalino Sánchez, en los primeros años de la década de los noventa y en octubre de 2010 fue muerto a tiros Fabián Ortega Piñón, El Halcón de la Sierra, en Chihuahua, cuyo cadáver fue encontrado con el de dos personas. El cantante había sido detenido con un kilo de cristal, armas de fuego, 20,000 dólares y más de 800 cartuchos. También se le había señalado por tener nexos con los capos.

"La vida me ha cambiado. Veía a los soldados y tenía miedo, pero sencillamente fue una equivocación. Como te puede pasar a ti, y dondequiera hay inocentes; ahí todos éramos inocentes", dijo él luego de su detención.

Entre las víctima violentas está Valentín Elizalde y dos de sus escoltas, en Reynosa; también Sergio Gómez, vocalista del grupo K-Paz de la Sierra, Carlos Ocaranza Rodríguez, conocido como El Loco Elizalde, y Sergio Vega, El Shaka, asesinado cuando viajaba en su vehículo por la carretera México 15, cerca de la comunidad de San Miguel Zapotitlán, municipio de Ahome, estado de Sinaloa, en junio de 2010. Los homicidas le dispararon con armas de alto poder desde un automóvil en movimiento.

En el 2009, la Procuraduría General de la República arraigó a Ramón Ayala y Los Bravos del Norte, a los Cadetes de Linares y al Grupo Torrente por presuntos vínculos con el Cártel de los hermanos Beltrán Leyva, luego de que se les sorprendió amenizando una fiesta de narcos.

Estufas, cotorreo, amigas

De los 50,000 ó 100,000 pesos que llega a ganar por concierto, Alfredo invierte una parte en gastos de la casa de sus padres, donde también él vive. Aunque su papá se dedica a la compra y venta de vehículos, y por eso va y viene a Estados Unidos, él ha adquirido algunos electrodomésticos, como una estufa y una lavadora para su familia. Dice que no le gusta gastarse todo, por eso guarda "un dinerito" para invertirlo en algún negocio. Le llaman la atención las camionetas cerradas, tipo Van, y los autobuses (de los que ya tiene uno) para el transporte de turistas. Piensa seguir estudiando, terminar primero el bachillerato.

Por componer corridos a pedido, le han pagado 20 ó 30,000 pesos. En una ocasión, un conocido le pagó con un vehículo Honda 2001, que conserva y valora mucho, pues es resultado de su trabajo.

"Me gusta darme mis lujitos y mis cotorreos. Invertir en arreglar el acordeón o comprar otro, comprar un X-Box, que me gustan mucho, y divertirme con amigos y amigas. Más que nada con mi novia."

Alfredo Olivas se define como una persona con valores como el respeto y la amistad. Cuando se le acercan las mujeres prefiere tener cuidado para no meterse con alguien que ya tiene compromisos. Piensa en seguir correteando sus sueños: componer, cantar y un día meterse a estudiar: quiere ser piloto aviador.

—¿Sientes atracción por el fenómeno del narco?

—Sí, como toda persona. Por más corriente o fino, o educado o humilde, siempre va a haber una atracción hacia el narco, siempre. Y estoy seguro que va a haber una atracción hacia el narco, aunque la gente lo niegue, finja, sí te atrae.

Genoveva: esa luciérnaga

Ese día Genoveva no se quería levantar. Llegó la noche anterior, un sábado, con un chocolate. Le dijo a su papá "ruco —como le llamaba cariñosamente ella—, me compré un chocolate Snikers", le pidió que la despertara para que no se le hiciera tarde, porque él domingo tenía que estar a las siete de la mañana en la Cruz Roja.

Ella, que nunca desayunaba y se conformaba con tomarse un café o una taza de chocolate caliente antes de salir a la escuela o al trabajo, ese día le pidió a su madre que le preparara unos huevos fritos.

"Viera cómo batallé para que se levantara, le decía, a eso de las seis de la mañana, «hija, ya es hora», y ella me contestaba «ay, qué güeva», hasta que por fin se alivianó y se levantó."

Tomó la chamarra, esa que había comprado en una convención nacional de socorristas de la Cruz Roja, en Toluca, y salió con ella. En la puerta de la casa, a un paso de la cochera, se la quitó y la aventó de nuevo al sillón de la sala. Dijo que estaba haciendo mucho calor, que después se la estrenaba.

Era febrero de 2010. Hacía frío en la ciudad pero no para ella. Alta, frondosa, morena y coqueta, prefirió mostrarse y no ocultarse bajo ese chamarrón vistoso y grueso. Ella tenía que cubrir un turno de una compañera, pues así se lo había pedido. Y partió.

Genoveva Rogers Lozoya, de veinte años, era una joven ejemplar. Nueves y dieces fueron sus promedios de vida y de escuela. Dama diáfana, querendona, abierta como un compás que no tiene reversa, dada, entregada, era de ella su vida, pero más de otros: tenía alrededor de tres años en la Cruz Roja, primero como parte de la Juventud de Socorristas, luego como voluntaria, y al final combinando estas tareas con la de empleada de la institución, como operadora del radio.

Culichi, alta, de alrededor de un metro con ochenta centímetros de altura, ojos pispiretos, cabello ondulado y negro, morena y con una corpulencia que no llegaba a ser gorda. En su trabajo la ubicaban como seria y responsable. A la hora de las fiestas, comunes y con cualquier pretexto entre los socorristas, ella era alegre y bullanguera, buena para bailar y para encender el cotorreo. Llamaba la atención a pesar del uniforme, o quizá por él o por alta o morena, o porque era diáfana. Su padre, Guillermo Rogers, un hombre blanco y encorvado por los sufrimientos, pero con destellos en su habla y esa sonrisa cuando se trata de La Chica Yeyé, como le llamaba, la ubica como una mujer disciplinada: tanto que parecía que se había autoimpuesto un régimen militar.

Entre balas

En Culiacán las balas pasan muy cerca. Tan cerca que se oyen, rozan, duelen. Y perforan. Por eso Marco Antonio Carrillo, presidente del Patronato de la Cruz Roja, ubica a los socorristas como insectos raros, por su calidad humana, la solidaridad, el arrojo, la temeridad, frente a la tragedia, el dolor ajeno, las heridas de otros que duelen a propios, la sangre a borbotones, el llanto, los desmayos, las balas, la muerte: las prisas bajo ese sonar de la sirena y esos colores invasores de calles y avenidas. Cuando el reloj avanza más rápido que la vida y los proyectiles todo lo rebasan, y la muerte, esa imprudente, terca y precisa, tiene prisa.

Para ellos, los socorristas, el trabajo se ha vuelto muy difícil, en ocasiones insostenible o irrealizable. El primer hecho que recuerdan fue en mayo de 2006, en la colonia Adolfo López Mateos. Para ellos, ahí empezó la detonación. Esta descomposición en que la muerte violenta está de oferta y alcanza a todos por igual, estén o no en el narcotráfico, sean o no policías o periodistas o socorristas. Los agentes de la Policía Municipal avisaron a la institución que había una persona golpeada, identificada como Luis Enrique Hernández Salas. Al parecer, la víctima había sido sorprendida por narcos en el interior de una vivienda, y le dieron tal golpiza que pensaron que lo habían dejado muerto. Los paramédicos llegaron, le dieron los primeros auxilios y lo fijaron con la "araña" a la camilla, para luego subirlo a la ambulancia. Minutos después la ambulancia fue interceptada por unos desconocidos que iban en una camioneta de modelo reciente, que le cerró el paso, en Maquío Clouthier y Sexta, a espaldas de la clínica del IMSS de Infonavit Cañadas. Los homicidas se bajaron del automóvil, apuntaron al chofer con un arma de fuego y le dijeron que no se moviera. Acudieron a la puerta trasera de la ambulancia y la golpearon. El socorrista que atendía al herido se asomó y lo tumbaron. El herido, que ya había reaccionado, pedía a gritos que lo liberaran, que no los dejaran entrar. Uno de los sicarios apuntó de nuevo contra los de la Cruz Roja y el otro le ordenó que no era con ellos, sino con el lesionado, a quien destrozaron la cabeza a balazos.

Sin saber cómo, los socorristas emprendieron de nuevo hacia la base de la institución, con todo y muerto. Iban temblando, en estado de shock, bloqueados y el estómago revuelto.

Los socorristas se quejan, los directivos alzan la voz. El gobierno contesta: vamos a reforzar la vigilancia en la delegación y a tomar medidas preventivas para el traslado de enfermos y heridos.

En agosto de 2010, tres paramédicos fueron obligados a pasar un herido de bala, de una comunidad cercana a la ciudad de Culiacán. Los pistoleros les apuntaron a la cabeza con sus armas, unos se subieron al vehículo oficial y otros los seguían en una camioneta. Les prohibieron avisar por el radio, pasaron desde aquel punto hasta una clínica privada, sin ser auxiliados por efectivos del ejército o la policía. Los desconocidos bajaron al herido, lo pasaron a otro vehículo y se retiraron. Cuando iban de regreso, un retén de militares los detuvo. El oficial les preguntó por el herido, ellos les explicaron que no sabían, que habían sido obligados a trasladarlo, pero no les creyeron. Los tuvieron tres horas ahí, interrogándolos, hasta que decidieron soltarlos.

A finales de agosto de 2010 hubo un incidente similar. La base de la Cruz Roja recibió una llamada de auxilio. La ambulancia con todo y paramédicos se trasladó a una comunidad cercana, al sur de la cabecera municipal. Por radio les habían reportado un enfermo y cuando llegaron vieron a un hombre que parecía fingir un dolor de cabeza, rodeado por varios hombres armados, quienes les dijeron a los socorristas que tenían que ayudarlos a "brincar" el retén de militares que estaba sobre la carretera 20 y salvar al hombre aquel de una detención. "Y para dónde nos hacemos, son cosas de que lo haces o lo haces", dijo un empleado.

En la comunidad de Pericos, municipio de Mocorito, ubicado a cerca de cincuenta kilómetros de Culiacán, al norte, efectivos del Ejército mexicano detuvieron a tres paramédicos, luego de llegar de un servicio el 23 de julio de 2009. Los militares los acusaron de posesión de armas y drogas que estaban en una bodega, junto a las oficinas de la Cruz Roja. Los jóvenes siguen presos. Los directivos señalan que las acusaciones son falsas y por lo tanto se trata de detenciones injustas.

La institución decidió retirar la ambulancia que tenía en Pericos, por "intimidaciones" sufridas de octubre a noviembre de 2009.

El 17 de enero de 2010, alrededor de las 21 horas, la ambulancia de la Cruz Roja, con base en el municipio de Badiraguato, traía a Culiacán a una mujer que había sido baleada allá, en la incipiente zona de la Sierra Madre Occidental, a cerca de una hora de Culiacán. Cuando pasaban por la comunidad de El Limón de los Ramos, perteneciente a la capital sinaloense, la ambulancia fue rebasada por sujetos armados que iban en una camioneta, los cuales les ordenaron detenerse. Los sicarios, aproximadamente cuatro, obligaron a los paramédicos a descender de la unidad y remataron a la mujer, de alrededor de cuarenta años, identificada como María Armida Pérez Quintero.

De nuevo, aprontado, el gobierno del estado, a través de la Secretaría de Seguridad Pública, ofreció respaldo, garantías, custodia en los traslados y vigilancia en la central de la institución. Y de nuevo no pasó nada.

Genoveva estudió la secundaria en la Federal 6, ubicada en la colonia 10 de Mayo, y la preparatoria en la Doctor Salvador Allende, de la Universidad Autónoma de Sinaloa. Fue siempre dedicada al estudio, incluso cuando combinaba, como en estos tres años recientes, su trabajo en la Cruz Roja, su labor como voluntaria no remunerada y la escuela. En la Facultad de Derecho de la UAS tenía promedio de excelencia y ya le faltaba año y medio para terminar la carrera.

Socorrista, operadora de radiocomunicación, alumna excepcional, amiga, fiestera, optimista y solidaria, con la mano derecha siempre tendida a la hora de servir, ayudar, cariñosa y tierna. Por eso, para cumplir todas sus tareas, estudiar para los exámenes y seguir de pie, con entereza, fiera y alegre, se acostaba a las tres de la mañana, porque no le alcanzaba el día para rendirse. Como si no le faltara tiempo ni le sobraran actividades, estudió un curso de inglés en la escuela privada. Y al otro día, a las seis, otra vez de pie, lista, en su trinchera, envuelta en ese uniforme de blanco, azul y rojo, siempre viva, humana, activa.

Los policías nos vendieron

Los agentes municipales y ministeriales empezaron a separarse. En silencio, despacio. Abrieron cancha. Nadie sabía qué pasaba, no prestaban atención. Pero sí aquella enfermera que vio cómo algunos de los policías guardaban las armas bajo colchones y sábanas, en el área de atención a enfermos y heridos. Una de ellas le sostuvo la mirada al policía y éste hizo una seña cubriéndose con el dedo índice, erecto, la boca. No habló. Cosa de segundos. El lugar estaba lleno de matones, diez, tal vez quince. Y ningún policía. Fueron a la segura, sin levantar armas de fuego ni apuntar al personal médico ni enfermeras. Avanzaron, se afianzaron en el área, aseguraron todo: precisión, sigilo, imponencia. De veinticinco a treinta años, corpulentos, jóvenes, profesionales sin estridencia.

El lugar se había llenado de periodistas, paramédicos, enfermeras, médicos y policías. Estaban ahí porque en las corporaciones se recibió el reporte de que hubo una balacera en el sector. Y sí, había sido un ataque perpetrado por sicarios. Dos jóvenes fueron agredidos a balazos cuando se encontraban afuera de una vivienda, en el callejón Agustín Lara, en el centro de la ciudad, justo a espaldas de la Cruz Roja. Las víctimas fueron identificadas como Luis Alberto Carlos Angulo, de veintitrés años, Alejandro Rocha Bátiz, de dieciocho años, y Jesús Omar León Valenzuela. El ataque fue alrededor de las 20 horas del 26 de octubre de 2010. Al parecer, los homicidas llegaron en un automóvil negro, cuyas características se desconocen, acostaron a los tres jóvenes boca abajo y les dispararon en las piernas. Dos de los heridos fueron atendidos ahí, por la puerta trasera de la Cruz Roja, y el otro fue trasladado a un hospital privado.

Los de la Cruz Roja atendían a uno de ellos de una lesión en los glúteos mientras era llevado a una ambulancia que ya lo esperaba afuera. El otro herido ya estaba arriba. Los homicidas fueron directo a la ambulancia y enseñaron sus armas. Uno de los empleados de la ambulancia levantó la voz: "Por favor, deja sacar a mi gente." El otro asintió y bajaron dos o tres socorristas. Antes de que accionara el gatillo contra el que estaba tirado en la camilla otro se acercó y le dijo "Este no es". Entonces se dirigieron hacia adentro, desde donde salía el otro lesionado, quien al verlos corrió tratando de protegerse, y se metió de nuevo al área médica. Los sicarios no dispararon al aventón. Lo siguieron y jalonearon, le dispararon: pum pum. Dos veces y salieron con él. No hubo más lesionados ni groserías ni armas en alto ni apuntando. Y se fueron, después de meter al herido a una de las camionetas en que habían llegado.

"Para mí fue muy evidente: los policías nos vendieron", contó uno de los empleados, quien, sin embargo, agradeció el gesto de que los matones hayan sido profesionales en su actuar y no hayan lesionado a más personas, ni provocado más altercados.

Los sicarios actuaron con una confianza inaudita, con un nivel impresionante de preparación: jóvenes recios, fuertes, de buen tamaño, ordenados, impecables y disciplinados.

Un mes después, el 27 de noviembre, durante la tarde, militares que realizaban un recorrido por las cercanías del poblado Huizachez en Culiacán, encontraron el cadáver de Carlos Angulo, con huellas de tortura y al parecer amordazado.

Esos animales raros

"Estamos en una situación en la que corremos riesgos grandes y podemos perder la vida", dice Marco Antonio Carrillo, quien lleva alrededor de dos años al frente del Patronato de la Cruz Roja. "Cuando la policía nos avisa de un hecho violento y nos asegura que en el lugar ya hay agentes y está vigilada, agrega, no es cierto." Los socorristas han llegado a escenas del crimen, entre heridos y muertos, sin la presencia de las corporaciones policíacas.

Ahora, igual que los periodistas, los paramédicos se mantienen lejos a una o dos cuadras, o al menos a varios metros, hasta que llegue el ejército y asegure la zona. "Hace poco se dio una instrucción de parte de Cruz Roja Nacional, en el sentido de que no atendiéramos ningún acto en el que hubiera de por medio armas de fuego, hasta no estar convencidos del resguardo policíaco... pero si esperamos resguardo de la policía, no sé, quizá sea mejor ir solos", dijo.

Otra fuente del interior de la institución afirmó, más bien como un lamento, que si es necesario, los agentes bien pueden vender o entregar a los socorristas al crimen organizado, a pesar de que su deber es resguardar la zona de homicidios y garantizar la seguridad de los heridos, los traslados de éstos a hospitales y las operaciones del personal de la Cruz Roja.

Este empleado, quien pidió el anonimato, afirmó que en el caso del joven levantado en octubre de 2010, los agentes se desaparecieron para facilitar la llegada de los sicarios al servicio del narcotráfico, y que éstos se llevaran al lesionado, luego de dispararle de nuevo en dos ocasiones.

Otro trabajador agradeció a Dios que en el lugar no hayan estado los agentes: entre uniformados, matones, periodistas, paramédicos, enfermeras, médicos o lesionados, "¿quién sabe qué hubiera pasado?"

Carrillo vuelve a la carga para manifestar que ellos, los sicarios y narcotraficantes, decidieron qué hacer y saben a qué atenerse, pero los paramédicos, el personal de la Cruz Roja y los ciudadanos en general "somos inocentes y no tenemos por qué pagar por ello".

Por eso, se atreve, con mucho sentimiento y los lentes empañados, a homenajear a los socorristas: "No son gente normal, asegura, son como insectos raros."

"Con un altísimo sentido del servicio, de lo humano, y yo estoy orgullosísimo de esos cerca de 130 muchachos que como ángeles se reparten ambulancias, servicios, vidas qué salvar, balas qué esquivar, aunque rocen, preocupen, penetren, sangren."

Carta a Santa Claus

El presidente del Patronato pide justicia, que garanticen seguridad e integridad, tanto en las instalaciones de la Cruz Roja como en las escenas del crimen y durante los traslados de lesionados. Pero bien sabe que es como pedirle una carta a Santa Claus.

Afirmó que han ofrecido vigilancia permanente, cámaras de video en la oficina central, equipo de comunicación directa con la central C-4 que enlaza a todas las corporaciones de seguridad del estado. La mayoría de estos ofrecimientos los han cumplido. Pero falta uno y es sagrado: justicia ante los casos de agresiones.

"Y eso es como pedir una carta a Santa Claus... pero ellos han cumplido para que nosotros nos callemos, no protestemos ni digamos más por todo esto."

Genoveva se despereza. Inusual y extraño, pero el padre no repara en esto, a pesar de que con ella nunca es difícil levantarse, despertar, bañarse, preparar la ropa y cambiarse para salir a la escuela o el trabajo. Pero ese día, ese domingo, esa mañana, fue distinto. Tanto que hasta desayunó. Ella, que sólo se toma un café o un chocolate caliente, para terminar de abrir los ojos y activarse. Se lleva su Snikers que compró un día antes. Y ese celular "perrón" que su papá la llevó a comprar, el sábado previo.

Llega a la Cruz Roja. Todo normal, un domingo apacible, de buen clima. Alrededor de hora y media después, el cielo se nubló y la vista de Genoveva se tornó negra y su cerebro se apagó: afuera, varios sicarios perseguían a Adán Zazueta Samaniego, de veintisiete años, a quien ya habían herido de bala en el lado derecho del tórax en el fraccionamiento Los Ángeles, ubicado al oriente de la ciudad. El joven llegó por su cuenta, acompañado por su esposa, y tras él los homicidas que aparentemente le habían disparado minutos antes. Quiso guarecerse en las instalaciones de la Cruz Roja, ubicadas por el bulevar Gabriel Leyva Solano, pero escuchó los balazos y empezó a correr por el frente de las oficinas. Cuatro de los disparos dieron en la ambulancia que estaba estacionada afuera y uno en el lado derecho de la cabeza de Genoveva.

Cuando se escucharon los disparos, los cuatro paramédicos que estaban en el área de radiocomunicación se agacharon. Uno de ellos gritó "al suelo". Todos, en cuestión de segundos, ya habían alcanzado el vitropiso, incluida Genovea, La Chica Yeyé, la morena y alta, la buena y generosa, diáfana y solidaria, integrante de ese ejército de insectos raros y luminosos que son los socorristas. Pero ya estaba herida. Muriendo.

"Nos tiramos al piso los cuatro, ella también, pero no pensé que estuviera lesionada, sino que también se había tirado al suelo... No sabía hasta dónde era la realidad del asunto. La señora (esposa del lesionado) gritaba que auxiliáramos al señor, que venía caminando, pero yo le dije que sólo traía un rozón y traté de tranquilizarla, y también le dije que por culpa de esa persona habían herido a nuestra compañera", contó uno de los socorristas que presenció el ataque.

"Médicos y enfermeras —agregó— trataron de auxiliar a Genoveva, pero la lesión era grave, así que decidieron trasladarla al Hospital Regional del IMSS, pero cuando llegó ya había muerto." El lesionado aquel que había sido perseguido por los homicidas fue también llevado a un nosocomio, bajo vigilancia policiaca. Días después fue dado de alta y siguió contando con custodia de las corporaciones de seguridad, en calidad de testigo de la Procuraduría General de Justicia de Sinaloa, ya que además presenció el homicidio de Genoveva Rogers y aparentemente conocía a los sicarios. Un domingo 25, después de que él mismo pidió que se le retirara la custodia, varios desconocidos llegaron a su casa, en El Pozo, Imala, y lo mataron a balazos.

Un informe interno de la Procuraduría General de Justicia de Sinaloa indicó que el mismo sicario que asesinó a Genoveva Rogers está a cargo de un grupo ejecutor del Cártel de Sinaloa que opera en las comunidades de Tepuche, Imala, El Pozo y la capital sinaloense. El grupo al que combate esta célula fue identificada como Los Charritos, enemigos de Joaquín Guzmán Loera, El Chapo.

Uno de estos grupos incursionó en la sierra y asesinó a Jorge Antonio Leyva Reyes, Raúl Beltrán Tizoc, Jesús Alexander Zazueta Galindo y Luis Alberto Jiménez Osuna, en la comunidad de El Pozo, el día jueves 20 de marzo de 2008. En respuesta, aquella gente incursionó en la ciudad de Culiacán y asesinó a Aarón Vargas Peñuelas, Fidel Vargas Zonzález, Juan Carlos Vargas

González y Noé Vargas Meza, que eran integrantes de los llamados Charritos. Al parecer, Adán Zazueta Samaniego participó en una de estas balaceras del 23 de marzo de 2008.

"Este acto de venganza lo alcanzó de manera indirecta al ser asesinado su hermano Luis Enrique, el día 14 de agosto de 2010, en las inmediaciones del (centro comercial) City Club cuando viajaba en compañía de Refugio Ochoa Valenzuela, en la calzada Universitarios, en Culiacán", reza el informe de la PGJE.

Dos ambulancias nuevas, adquiridas antes de culminar el 2010, llevan su nombre. En lo alto de las unidades puede leerse TUM (Técnico en Urgencias Médicas) Genoveva Rogers. Todo es en su memoria, su recuerdo, caliente, vivo, sentido, en pasillos, servicios, pachangas y hasta en ese billar que "maljugó", ubicado en la parte alta, frente a los *lockers* de socorristas. Fueron ellos los que compraron escapularios verdes, con hilo café y rojo, con la figura caricaturizada de san Judas Tadeo. Marco Antonio Carrillo lo muestra orgulloso. Flavio Gutiérrez, a quien muchos ubican como su hermano, amigo y confidente, no la sueña, pero no deja de llorarle y pensarla, ni de asistir a las fiestas interminables de los socorristas.

"Ella era un ícono del servicio, le gustaba quedar bien, atender a la gente, era natural, sin poses. Una mujer transparente. Una buena amiga, que se relacionaba fácilmente con otras personas y siempre ayudaba", así la describió Alejandro Flores, coordinador local de Juventud.

Ahí, bajo el cristal que una vez estuvo quebrado, perforado, por la misma bala que cegó la mirada y apagó el cerebro, la vida de Genoveva, hay un pequeño altar: las velas siempre están encendidas, velando, hay flores artificiales y una planta de Nochebuena, un oso de peluche en miniatura, un duvalín sin abrir y otros dulces. Su foto con la chamarra que nunca estrenó en Culiacán, ni ese domingo: ella no debió desperezarse ni salir ni trabajar, ese domingo, porque ella quería quedarse ahí, metida en la cama, tomarse su café o chocolate caliente y permanecer, trascender para siempre. Descansar.

Guillermo Rogers, su padre, fue operador de trailers y después de la muerte de su hija trabajó en la institución y luego fue colocado como chofer del Instituto Sinaloense de la Cultura, por gestiones de la Cruz Roja y con el respaldo de las autoridades locales. Su queja es que no siguieron pagando la terapia psicológica a la que eran sometidos él y su esposa. Asoman lágrimas secas, que apenas irritan sus ojos, cuando habla de ella, su hija, su niña bonita, plantosona, grande, hermosa. Ella quería ser famosa. Y lo logró, y a nivel mundial. El día de su muerte le hablaron a Guillermo de Estados Unidos, países europeos y de América del sur y central. "Lo lograste, mija: eres famosa."

Tiempo después la madre estaba en la Cruz Roja. Guillermo Rogers recibió el aviso de los ex compañeros de su hija: su esposa estaba ahí, en la oficina central. Él se espantó, pensó lo peor. Se apuró y llegó a las instalaciones. Su esposa, compungida y destrozada, le decía que estaba preocupada por su hija Genoveva, porque ya era tarde y no había llegado a casa. El hombre, abatido, se la llevó. Pocos días después la mamá de Genoveva tomó camino por su cuenta, a pie, rumbo al sur, por la México 15, hasta el panteón Parque Funerario San Martín. No avisó, no la encontraban. Ya andaban los bomberos, la Cruz Roja, la policía, buscándola. La encontraron con la noche como cobija, parada, las manos entrelazadas, como rezando, en espera, pausa que le dio la vida, frente a la tumba de la joven.

No es la única que la busca, que cree en ella como una joven que no puede llegar tarde ni quedarse dormida, ni dejar de acudir a la escuela ni reprobar. Creen que es un ángel, una santa. Por eso encontraron a aquella desconocida hincada frente a su altar, en la Cruz Roja, dejándole unas monedas, pidiéndole por alguien: sálvela, yo sé que puede, que usted está allá, arriba, haga algo, no quiero que se muera. Y le prendió una vela: una cuyo fuego lame el viento, revolotea, como luciérnaga.

***

Voces de la calle

"No agarren ese dinero. Es la muerte." (Voz de un parroquiano en una cantina, al referirse al dinero venido del narco.)

"La verdad, a como están las cosas de violentas, prefiero que esté adentro que afuera." (Madre de familia con un hijo preso.)

"Si no sirves para matar, entonces sirves para que te maten." (En la web del periódico *Noroeste*.)

"No queremos que lo velen." (Mensaje amenazante de los homicidas de dos jóvenes ultimados a balazos, uno de ellos colgado del puente de Costerita y México 15, Culiacán, el 19 de noviembre 2010.)

"Si algo hay que agradecerles es la buena puntería: mataron al padre, pero ninguna bala le pegó a los niños que iban con él, que eran tres." (Comentario de lector de un periódico, al enterarse de que un comando mató a un hombre que iba en un automóvil, con sus tres hijos menores.)

"No lo ha superado. Todos los días va al panteón." (Padre de un joven muerto a balazos afuera de una fiesta, al referirse a su esposa.)

"Jaja no mamar, la vez pasada iba del trabajo a la casa, y me faltaban ya cuadras para llegar y a lado de mí que se para una Escalade blanca vidrios polarizados y dije ¡¡¡HASTA AQUI LLEGUÉ YA ME

CARGÓ LA CHINGADA!!! Se bajaron unos vatos sombrerudos, llegó otra troca, y que salgo en chinga. Volti, cambiaron unas maletas y que se van los weyes." (Mensaje en la web, febrero de 2010.)

"Uno de los relatos de los pasajeros decía así: «toda la gente estaba dispersa, las reinas de otros lugares y de otros años estaban tiradas en el suelo cubiertas de sangre, a una muchacha le calló una bala perdida ahí por el taco loco», «aventaban granadas a las comparsas, nomás veía a los muchachos tirándose desde arriba hacia la playa, hasta un muchacho se estaba ahogando en el mar», otro relato decía que habían matado a la reina y al centenario, mientras que otro más señalaba que sólo los habían herido.

"El tráfico era eterno y las caras angustiadas se me contagiaban, las ambulancias sonaban fuerte y en la desesperación de no poder avanzar al hospital, por el tráfico, se iban por el sentido contrario a toda velocidad.

"Al llegar a mi casa revisé en el internet la realidad de la gran movilización desesperada de las personas, busqué en *El Noroeste*, pues me dije a mí mismo: «Los medios no podrían mentir.» Sólo leí: «Hasta este momento, las autoridades afirman que fue un cohete el que espantó a algunas personas y esto hizo que empezaran a correr asustando a toda la concurrencia»." (Artículo Carnabaleando, página en la web *Hazme el chingado favor*, cortesía de La banda, julioko.blogspot.com, 17 de febrero de 2010.)

"¿Cómo estoy? Me dejaron el culo destrozado, cagando sangre." (Familiar de un joven desaparecido y una mujer muerta luego de meses de hospitalización. En ambos casos participaron narcotraficantes.)

"Es un riesgo que corre uno en la calle, a cualquier hora, de toparse con estos pelafustanes, sea uno bueno o malo, independientemente de eso, te pueden matar. Y eso que no estamos en guerra." (Padre de un joven muerto a balazos.)

REPORTEAR EL NARCO

El joven David Gómez de 19 años fue ejecutado la noche de ayer en la calle Luis G. Urbina de la colonia Alta Vista, al poniente de la ciudad. Según testigos un automóvil Bora con varios hombres armados llegó a esa calle, donde David Gómez, con otros amigos, bebía, y asesinaron al joven quedando en la escena del crimen 15 cartuchos percutidos.
Foto: Margarito Pérez Renata / © Procesofoto / Mor.

El miedo a reportear el narco

El reportero la piensa. Se talla el entrecejo desnudo en esa piel tatemada por el sol culichi. Y lanza, sentencia: "Me quiero ir de aquí, porque ya no se puede trabajar, mucho menos vivir. Si no me voy, si no me llevo a mi familia a otro lugar, un día me voy a arrepentir: van a matar a uno de nosotros, un familiar, un reportero, y entonces será tarde, porque ya sabemos lo que está pasando y aquí no hay salvación."

Trae una cámara colgando de su cuello, del hombro un maletín con *flashes*, baterías, lentes y otras cámaras. Se le enchueca la boca y se apaga su voz. Su rostro parece inexpresivo. Sus palabras salen como abandonadas de alma, como sin latido. Ya rendidas. Rendido él.

"Todo está corrupto. Policías, periodistas, socorristas. Todo. No hay a quién acudir." Y se despide. Le avisan que tiene que ir a no sé qué lugar porque hay un hombre ejecutado.

No acudir solos a los hechos policíacos ni vestir el uniforme del periódico para el que se trabaja. Tomar fotos de lejos, video sin sangre y, de ser posible, sin rostros ni cuerpo. Esperar a los miembros del Ejército mexicano varias cuadras antes de la escena del crimen. En suma: postrarse, hacer malabares o de plano dejar de reportear, guardar silencio, frente al narco y su presencia criminal.

Esa es la cobertura del narco entre periodistas de medios impresos y electrónicos en regiones como Culiacán, Ciudad Juárez, algunas zonas de Michoacán, Nuevo León, Coahuila y Tamaulipas. Por ejemplo en las ciudades de Tamaulipas, los reporteros no cubren ni publican información sobre balaceras. Todo mundo sabe qué paso, pero no por los medios, sino a través de las redes sociales, cuyos militantes, angustiados y nerviosos, preguntan si los narcos liberaron tal bulevar o si terminó el enfrentamiento a balazos o se avisan para que no acudan a determinado sitio cuando hay hechos violentos.

En algunos casos, el cártel del narcotráfico pide que se publique cierta información, sobre todo si hay bajas del lado del ejército o si los soldados mataron a un civil. "Es sorprendente ver las trocotas blindadas y con vidrios polarizados estacionadas en alguna «base», que por lo general es una gasolinera. Ahí se reúnen y es común ver cinco, seis, y hasta siete en pleno mitin. Es también muy normal ver a los plebes, morros que no pasan de diecisiete años, bajándose de la camioneta para ir al Oxxo a comprar cigarros... con la AR-15 montada en el hombro", contó una periodista de Matamoros.

"Los reporteros de esa región —agregó— no sólo no publican, sino que tienen prohibido pasar información a otros medios de otras ciudades." Si alguien llama para preguntar por cierta balacera, "te van a pasar al director y éste te va a decir que no tiene información al respecto".

Ellos, fotógrafos, camarógrafos y reporteros han modificado por su cuenta y prácticamente sin la intervención de los directivos de sus empresas la forma en que cubren los hechos violentos generados por el narco, cuyos integrantes —sicarios, operadores, mandaderos, familiares y capos de diferentes niveles— llegan a agredir físicamente y amenazar de muerte a los comunicadores que acuden a recabar información.

Algunas de estas agresiones se dan frente a los uniformados de las corporaciones locales o federales. Todos se callan, fingen, se voltean a otro lado. Chiflan. Otras veces no son los delincuentes, sino el ejército o la policía, los que hostigan, advierten, agreden.

Francisco es fotógrafo de la sección policíaca de un periódico local. Tiene cerca de diez años en esto y su trabajo no sólo le gusta, le apasiona. Esa vez fue a cubrir un homicidio al municipio de Navolato, ubicado a menos de 30 kilómetros de Culiacán. El cadáver estaba en el patio de la casa: muerto a balazos. Cuando llegó el ejército uno de los familiares le gritó a un oficial, al parecer con grado de teniente, y lo señaló con el dedo: "A qué vienen, perros, si ya terminaron de tragárselo", recordó Francisco.

El militar no supo qué hacer. El desconocido aquel siguió gritándole que en varias ocasiones los militares habían ido a catear esa casa y se habían llevado droga y unos 40,000 pesos. Daba a entender que los soldados cobraban su cuota. El oficial no dijo nada. Miró a los reporteros que escuchaban y ordenó sacarlos.

Francisco estaba del otro lado de la cinta amarilla. Aquel militar le dijo "váyase, ya terminó su trabajo", pero ni fotógrafos ni reporteros se fueron. Mucho menos Francisco, a quien el militar espetó y se le echó encima, al tiempo que ordenaba a otros que lo sacaran por la fuerza. El fotógrafo no hizo más que subir la cámara, apuntar y disparar. El militar frenó, pero le dijo que lo iba a detener por desobedecer a la autoridad. Otros reporteros intervinieron, le dijeron que lo dejara en paz y se calmó.

Él se siente un vampiro: patrulla alado la ciudad, de noche, guiado por los fanales, esas luciérnagas infernales, el ulular de las sirenas, los colores rojo y azul de las torretas de las patrullas y su radio para interceptar la señal de las corporaciones. Le gusta su trabajo, lo hace con entrega y pasión, pero no encuentra opciones. "Ya no se puede vivir aquí. No hay remedio", dice y se aplasta resignado en el asiento del conductor del vehículo que le asignaron.

Navolato, otra vez. Un desconocido se le acercó y le dijo "no tomes fotos, ni una, porque si tomas una y sale publicada, agárrate". Le preguntó si lo estaba amenazando. "Tómalo como quieras", le respondió. Él, insistente, le explicó que ese era su trabajo, que entendiera. El otro sólo contestó "me vale madre, ni una foto, ya te dije". Un policía municipal estaba cerca y oyó todo. Apenas dijo, casi hincado, que le diera chance, que era un reportero. Aquel repitió me vale madre y el fotógrafo le dijo que lo podía hacer de lejos, de ladito, que no se viera el rostro del asesinado. "Nada, nada, ya te dije. O cuánto quieres."

"Yo le respondí que no se trataba de dinero, que entendiera que yo tenía que llevar imagen de ese homicidio, pero él se mantuvo. Recuerdo que me decía «es la última vez que te lo digo, por tu bien». Lo que hice fue hablar con mi jefe por teléfono y le expliqué. Me contestó que me regresara. Y ahí quedó."

Sergio es su seudónimo y es camarógrafo. Le hierve la sangre cuando sabe de un hecho policíaco y no le ha importado ubicarse en medio de las balaceras, oír los *swin* de las balas pasándole cerca, pegando en un árbol, una pared, o en el suelo. Le gritan que se agache: "Hey veinte —como les llaman en clave los policías a los de la prensa—, agacha la cabeza, te la van a volar." Fue entonces que despertó y se dio cuenta dónde estaba: podía morir por grabar ese enfrentamiento, cerca del río Culiacán, entre la yerba y el agua estancada y apestosa. Acababan de matar a Williams Alfredo Román, jefe de investigaciones de la entonces Policía Judicial del Estado, en Culiacán. Era 28 de abril de 2000.

"No sé, es la adrenalina, el trabajo, las ganas de grabar imágenes, la emoción de estar ahí. Y te olvidas. Te olvidas de todo. Y te vale."

Cuando empezaron los operativos contra el narco en el 2008, le tocó que los militares le pidieran que les entregara su credencial de elector y la identificación del medio para el que trabaja. Le preguntaban eso y aquello, tomaban nota. Cada operativo, cada hecho violento, lo mismo. Lo fichaban.

Ese año, con la división de las organizaciones de los hermanos Beltrán Leyva y Joaquín Guzmán Loera, El Chapo, luego de la detención y supuesta entrega de Alfredo Beltrán, El Mochomo, por parte del Ejército mexicano, en enero, se fundó en Sinaloa, y luego se extendió a todo el país, otra era de violencia generada por el narcotráfico. El 2008 terminó con cerca de 1,200 muertos en el estado y una estela de psicosis maloliente, de esas que matan lenta y dolorosamente.

Apenas a mediados de agosto de 2010, le tocó a Sergio uno de estos actos militares en la céntrica colonia Rosales, muy cerca del Hospital General. Un soldado le dijo: "Hey, deja de grabar." Le estaba pidiendo la identificación cuando otro, extrañamente, le ordenó que dejara en paz al camarógrafo.

Grabó y se encontró ahí con otros compañeros. Un fotógrafo, al revisar las imágenes en su cámara, vio que los militares tenían a un joven detenido, boca abajo, en el piso de uno de los camiones, con las manos en la nuca. Decidieron retirarse, cuando un adolescente, si acaso de diecisiete años, le abrió la puerta del vehículo estando ya a punto de encenderlo. El muchacho le dijo que ahí las cosas estaban cabronas, "así que no publiquen nada, ya sabemos quiénes son ustedes, dónde trabajan". El fotógrafo le contestó que no molestara. Y se fue. "Es que nos han amenazado y si te asustas, pues ni modo, pero no debes amedrentarte delante de ellos, sino hacerte fuerte. Porque si no, te patean."

Sergio ha acudido por su cuenta, incluso de madrugada, a asesinatos, enfrentamientos y hechos fuertes. Llega al otro día a su trabajo, orgulloso de su labor, de haber grabado imágenes de aquello, pero lo regañan: "Mi jefe me dice «te hemos dicho que nos avises, que no te vayas por tu cuenta, que ya no vamos a cubrir eso».” Es la autocensura. Los pliegues fruncidos en las redacciones, los directivos y reporteros. Saben que los fusiles apuntan a todos y a cualquiera, incluso a ellos.

Otro periodista contó que en una ocasión corretearon a un camarógrafo unos de la Federal Preventiva. No hizo nada, ni siquiera los grabó. Pasó frente a un operativo, despacio, tratando de olfatear, sin detenerse. Siguió rumbo a la oficina cuando vio una camioneta que lo seguía con las luces de patrulla encendidas. Se hizo a un lado pensando que iban tras de alguien, pero no, fue a él a quien detuvieron. Esculcaron el carro y le reclamaron por qué les había echado de la madre. Les contestó que no, que era un error. Vieron que traía el logotipo del noticiero y más le reclamaron: “Ah, eres periodista.” Uno de ellos le dio una patada en la pierna, atrás de la pantorrilla. A los minutos estaba de nuevo en el lugar, grabando a los agentes que lo habían lesionado. Uno de los jefes se acercó y le preguntó de qué se trataba. Habló con los agentes, les advirtió que los iba a denunciar. Después, a solas, desistió. Le dio miedo, porque los agentes ya lo habían ubicado y podían volver.

El enemigo en casa

A mediados de 2008, después del rompimiento entre los líderes del Cártel de Sinaloa, un periodista de la sección policíaca de un diario escribió una nota de seguimiento sobre un posible caso de colusión entre jefes de la Policía Ministerial del Estado y narcos. Ya le habían enviado mensajes de advertencia, así que optó por no firmar la nota. Al otro día apareció publicada con la leyenda "Redacción", en lugar del nombre del reportero. Días después en un operativo se topó con un comandante, éste le dijo "ya supimos que fuiste tú el que escribió la nota, el jefe está encabronado". Y lo amenazó. Al tiempo ese comandante fue muerto, pero el miedo de ese periodista no murió. Alguien, no sabe quién, del interior del periódico, filtró que él había sido el autor de aquel texto. No quiere confiar.

Al respecto, el editor de un diario de Sinaloa, que prefiere mantenerse en el anonimato, opinó: "El asunto es complejo. De entrada te digo que el mayor y peor enemigo del reportero de policíaca está en casa, en la redacción misma. Las coberturas generan peligro, más para el rumbo de Navolato en la actualidad, pero yo le temo más a mis amigos. Eso de que hay que estar con Dios y con el Diablo... a veces uno en el día a día lo tiene que aplicar, por sobrevivencia. Lo malo es que, en ocasiones, compañeros de los medios pudieran hacerla de Diablo", cuenta y pide, insiste, con vehemencia, que no se publique su nombre.

El fotógrafo aquel se reparte entre tanto hecho policíaco, preguntándose todos los días con qué se va a topar. Durante la mañana, antes de salir a la calle a reportear, ya no se cuestiona sobre el número de muertes violentas que le tocará cubrir, sino las veces que lo van a amenazar y que va a correr peligro. Reporteando a solas, solo como un lobo estepario en el chapopote de la ciudad.

"Por fortuna —agrega—, hay una nueva generación de reporteros muy jóvenes, a quienes se les tiene que insistir que las cosas se pueden hacer trabajando bien, con profesionalismo y honestidad."

Se mantiene. Levanta su bandera y enciende sus espejismos. Resiste, se dice. Aunque también guarda silencio. No hay en quién confiar, mucho menos en la redacción.

El 12 de noviembre de 2010, periódicos de todo el país informaron que dos fotógrafos de *El Diario* de Chihuahua habían abandonado el país luego de recibir amenazas de muerte por la publicación de una imagen en la que aparece un hombre que perdió la vida en un accidente carretero el lunes de esa semana.

La casa editora se reservó la identidad de los fotógrafos e informó que familiares del occiso enviaron las amenazas de muerte a su personal a través de los policías que participaron esa noche en el levantamiento de evidencias del percance vial. Esto fue denunciado ante la Comisión Estatal de los Derechos Humanos en esta ciudad, a fin de buscar protección, señaló *El Diario* de Chihuahua.

Añadió que uno de los dos ya había recibido amenazas por cumplir con su trabajo, "y ante el temor de que pudiera sufrir algún atentado, decidió salir por varios meses del país". Ambos abandonaron la ciudad con el apoyo del Colegio de Periodistas de Chihuahua, ya que el gobierno estatal no ha nombrado representantes para la Comisión del Protocolo de Seguridad, que tiene la obligación por ley de apoyar a los periodistas en riesgo.

Reportear bajo fuego

Los reporteros ya no acuden solos a los hechos violentos, sino en grupo. Se van avisando, como hormigas en fila india o abejas africanas, que hubo un operativo allá, que mataron a alguien, un enfrentamiento, una balacera. Se agrupan para llegar. Lo hacen también los policías municipales y los paramédicos. Todos esperan a que llegue el ejército. No vaya a ser como en Infonavit Cañadas, en Culiacán, aquella tarde, en que los agentes auxiliaban a varios jóvenes baleados y avisaron por radio que estaban vivos. En el auxilio participaron también vecinos.

Francisco estaba comprando tamales en el Walmart de México 68. Oyó la tracatera, avisó. Nadie, ni los empleados de las agencias funerarias que muchas veces son los primeros que se enteran y avisan a los reporteros, sabían de muertos. Se acercó en su vehículo, despacio. Se topó con una patrulla que iba en sentido contrario. Adelante, una corredera de gente. Y de nuevo las ráfagas viajando, rasgando, trozando. Se detuvo: un chirriar de llantas, un ulular a lo lejos. De nuevo los polis llegando al lugar.

Los testigos "nos contaron que cuando se enteraron de que los jóvenes seguían heridos, los gatilleros se regresaron. Les gritaron, con fusil en mano, «ábranse a la chingada». La orden incluyó a los policías. Todos se hicieron a un lado, corrieron. Los agentes se subieron a la patrulla y se retiraron". Eran los mismos con los que él se había topado de frente antes de llegar. Esa fue la segunda dosis de balas. Ahora sí habían terminado su trabajo.

El triple crimen fue a las 18:15 horas del 15 de abril de 2010, en calle Cerro Prieto, casi esquina con Sierra Madre Occidental. Los jóvenes asesinados viajaban en un automóvil Jetta verde, con los vidrios polarizados y con placas VKH-4631.

Por eso los reporteros van sin uniformes de los periódicos o noticieros para los que trabajan. Si traen la camisa de la empresa, tienen que quitársela en el momento y usar ropa de repuesto.

No hay exclusivas ni trabajo periodístico más allá de la nota diaria: el recuento de los muertos, la danza fría de los números de asesinatos, casquillos, droga decomisada. Todos postrados. Mordaza y silencio. Mordaza o muerte.

La desesperanza

Francisco tiene sembrada la semilla de la desesperanza en sus adentros. Su sangre de periodista, esa que se agolpa ante la cobertura necesaria de ejecuciones, balaceras y operativos, está ya contaminada: piensa en el retiro, en cambiar de trabajo, emigrar a otro país.

"Está corrupto todo: policías, periodistas, socorristas, y ya no sabe ni de quién cuidarse... Estamos con la espalda en la pared, frente a dos filos: de un lado el narco y del otro lado también el narco, porque no hay autoridad, no hay gobierno ni policía", afirmó.

"Lamentablemente —advirtió—, esto va creciendo y al rato va alcanzar a uno de nosotros, de la familia, y no porque estén metidos en el negocio, sino porque así es esto." Víctimas inocentes. Daños colaterales.

"Y entonces, cuando eso pase, me va a pesar mucho no haberme ido. Ya no se puede vivir aquí."

De acuerdo con los datos de la Comisión Nacional de Derechos Humanos, suman 64 periodistas asesinados de 1998 a la fecha y solamente hasta agosto de 2010 se tenían 10 homicidios de comunicadores, 11 secuestrados, sin contar con el número total de agresiones. ¿Por qué? Porque muchos periodistas, igual que los ciudadanos que son víctimas, han preferido no denunciar, ya que se sienten sin autoridad que los proteja y a merced del crimen organizado.

En Sinaloa se tienen cuatro agresiones contra medios informativos: en septiembre de 2008 fue lanzada una granada contra el periódico *El Debate* y un año después contra el semanario *Ríodoce*, ambos en Culiacán. En Mazatlán, desconocidos atacaron a balazos la fachada del edificio de *Noroeste*, en septiembre de 2010, y de *El Debate* de Mazatlán, un mes después.

Ese día, integrantes del crimen organizado —al parecer del Cártel de Juárez— amenazaron con hacer estallar una bomba en *Noroeste* Mazatlán. Asimismo anunciaron ataques en contra de la estación de Televisión Canal 7, del puerto. En octubre hubo una agresión similar, pero esta vez fue contra *El Debate*, también en Mazatlán. Los ataques sólo provocaron daños materiales.

Uno de los casos más impactantes fue el de la desaparición y ejecución del periodista José Luis Romero, del noticiario radiofónico *Línea Directa*. El 30 de diciembre de 2009 fue levantado por un grupo armado cuando salía de un restaurante en Los Mochis, cabecera municipal de Ahome, al norte de Sinaloa. El 16 de enero fue encontrado muerto a balazos y con huellas de tortura.

El hallazgo ocurrió casi a las 2 horas, luego de que la Policía Municipal recibió una llamada anónima en la que se le informó de la existencia de una bolsa negra sobre la carretera Los Mochis-El Fuerte, en la comunidad Dos de Abril, cuyo contenido resultaron ser los restos del comunicador Rolando Bonn López, Subprocurador General de Justicia de Sinaloa, informó que el comunicador tenía entre once y quince días de haber sido asesinado.

"El cadáver —agregó— pudo haber sido enterrado en otro lugar, pues tenía lodo, y la bolsa estaba limpia por fuera, pero con material fangoso por dentro, lo que hace suponer que había sido enterrado en otro lugar y luego sacado para facilitar su localización."

El reporte de la Procuraduría de Justicia del Estado indica que el cadáver tenía tres impactos de bala, uno en la cabeza, aunque no se precisó de qué calibre; la única prueba que se tiene es una ojiva que quedó alojada en el hombro del comunicador la cual está siendo analizada por peritos de la PGJE. Además, tenía varios huesos fracturados en ambas manos y en la pierna izquierda, entre otros signos que muestran que fue torturado. Estaba atado de pies y manos.

Suicidas sin vocación

El conductor avanzaba por el empedrado de la calle para alcanzar la esquina del bulevar Pedro María Anaya. Acababa de dejar a su hijo de once años en la escuela, iba al plantel de su hija de preparatoria, rumbo al centro de la ciudad, cerca de la confluencia de los ríos Humaya y Tamazula, de cuyas aguas nace el río Culiacán. Antes de llegar a la esquina vio un camión de transporte colectivo que subía y bajaba pasaje. Estaba mal estacionado. Atrás, un vehículo blanco, tipo Honda, traía prendidas las luces intermitentes y accionaba el claxon con insistencia. El que venía manejando gritaba, se asomaba por la ventana de la puerta. Padre e hija pasaron casi enfrente del otro conductor que se asomaba al bulevar para tomarlo, cuando éste vio al menos dos orificios de bala en el cristal delantero del lado del copiloto.

"Va herido. Va herido. ¿Viste los orificios? Son de bala", gritó el papá, que era reportero. Efectivamente, el conductor llevaba a una persona herida y se dirigían a la clínica Cemsi, ubicada por el mismo bulevar Anaya, a dos cuadras de ahí. El joven era periodista. Sabía de esos casos porque había trabajado en secciones policíacas de diarios locales y el noticiero de televisión. Había aprendido a observar, reaccionar pronto, pisar el acelerador en medio del tráfico y apurar la marcha, "en código" (en situación de emergencia), como dicen los agentes de las corporaciones policíacas y los reporteros que cubren la nota roja, para llegar a tiempo a la balacera, los muertos, asesinatos, enfrentamientos: apuntar en la libreta, traer el bolígrafo a la mano, anotar calles, recolectar nombres, casquillos, calibres, marcas y placas de vehículos.

El vehículo blanco, de modelo reciente, se mal paró en la acera. El conductor saltó para alcanzar la calle y luego la banqueta. Entró aventando y tronando puertas. Era el acceso principal. "Él entró a la clínica gritando que traía a un herido de bala, que lo ayudaran. Los gritos se escucharon hasta la calle", recordó el reportero. De un salto, de reversa, en cámara rápida, ya estaba de regreso. El reportero los rebasó y se estacionó adelante. Su hija de dieciséis años le dijo temblorosa de músculos y de voz: "No quiero ver. No quiero ver." Él le dijo "no te preocupes, no pasa nada. Ahorita vengo, voy a ayudar".

Descendió de la unidad y percibió un fresco aire, extraviado e intruso en el verano culichi. Siete de la mañana con cuarenta minutos. No cerró bien la puerta. Le dijo a su hija que pusiera los seguros y apagara el carro, y que esperara ahí, tranquila. Corrió hacia el automóvil blanco y preguntó a gritos si necesitaban ayuda. Avanzaba rápido, agrandando el zancado, pero se sintió pesado, con piernas de plomo. "¿Necesitan ayuda?", preguntó. El hombre tenía sangre en la panza y las piernas: con poca fuerza, un color pálido carcomiéndole la cara, una mirada que cede, sin brillo, y una voz opaca. Le dijo: "Ayúdame, ayúdame por favor."

El personal del hospital había respondido a gritos que llevara al herido a la entrada a urgencias. El que iba manejando tomó de nuevo el volante y le preguntó al desconocido dónde estaba urgencias. "A la vuelta", le contestó. Tenía que ir de reversa unos treinta metros. Le hizo señas para que avanzara hacia atrás, levantó las manos en señal de alerta, moviéndolas como hélices, para que los vehículos que transitaban por ese carril se desviaran o detuvieran. Dos carros se detuvieron, otros se espantaron y dieron vuelta en u o se orillaron hacia el camellón. El Nissan Altima fue de reversa exitosamente y viró hacia la derecha. El empedrado se marcó con las llantas nuevas del vehículo blanco y de nuevo se detuvo, casi a media calle, para salir gritando por ayuda.

"Ayuda, ayudénme por favor. Auxilio. Chingada madre, qué no hay nadie que nos pueda ayudar. Putísima madre." Era un hombre fuerte y alto, de alrededor de un metro con ochenta centímetros, blanco y atlético.

El reportero se volvió a ofrecer y el joven le dijo: "Es mi jefe, está herido. Es comandante." El lesionado volvió a suplicar con una voz que se apagaba lentamente. Los ojos secos. Los labios blancos. La mirada ida. "Me voy a morir, repetía. Mi estómago, me voy a desmayar." Otro hombre, grueso y también fuerte, sujetó de un lado, el conductor y el reportero del otro. Al minuto que ellos maniobraban entre las prendas manchadas y los chorros de sangre del herido, una enfermera salía con una silla de ruedas. Se paró y recibió dos mentadas. Regresó y volvió esta vez con una camilla. Los otros tres avanzaban a través de un pasillo estrecho, entre azulejos recién trapeados y una pared bicolor. Empujándose, dándole ánimos al herido, "no te mueras compadre, no te mueras. Te vas a salvar", agarrándole camisa y pantalón, ambos manchados de sangre, para subirlo a la camilla, primero de lado, medio cuerpo, luego a la cuenta de tres lo acomodaron lo mejor posible y se perdieron entre pasillos lúgubres rumbo al quirófano.

El reportero se separó del grupo. Ya no hacía falta. La enfermera fue secundada por otra. Luego un médico. El joven que conducía el Honda siguió con ellos. Algo le decía al oído, pero el otro ya no reaccionaba. Se alejaban y las voces se iban perdiendo. Hasta convertirse en rastros. En ecos.

El reportero vio sus manos y buscó dónde enjuagarse. Sangre en las botas negras recién boleadas. Sangre en ambas manos. Sangre seca, agrietada, distribuida entre antebrazos, palmas, dedos, uñas, cuencas. De pronto sintió prisa: por irse, por salvarse, acudir con su hija, huir de ahí. Preguntó por los baños pero no entendió, no quiso saber. Buscó la salida, ya sin nadie que estorbara pasillos, en medio de un silencio depresivo de hospital, hasta llegar al empedrado y luego al carro. Su hija no lo dejó subir. "Así no papá, ay no." Se puso roja y luego palideció. Él le explicó atropellándose entre sus propias palabras que pensó que podía quitárselas con el papel sanitario que llevaba junto al asiento. Sangre seca. Gotas expectantes, escondidas y a la vista, como gavillas.

Se regresó, preguntó de nuevo por los baños. Tomó un jabón que parecía neutro y se lavó. Agua con sangre cayó al fondo del lavabo y luego alcanzó el orificio del resumidero. Agua con sangre. Sangre con agua. Sangragua. Jabón y más jabón. Alcanzó un trapo que parecía toalla y luego papel sanitario, toallas de papel, klínex perfumados: los papeles se le emperraron a la piel y luego protagonizaron una guerra con los dedos y después con el agua. Hasta que las manos quedaron libres y aparentemente limpias.

Regresó al carro. Su hija temblaba. Volvió a repetirle que no quería ver, que se fueran de ahí. Tomó el teléfono y pasó el reporte al fotógrafo y avisó a otros contactos, entre ellos reporteros que podían cubrir el intento de homicidio o que podrían estar enterados del ataque, o bien, que tal vez se interesarían en las gráficas del vehículo perforado por las balas. Lo hizo apurado con los temblores. Pisó el acelerador levemente y entonces entendió lo que había pasado: habían intentado matar a un hombre, un comandante de no sé qué corporación policiaca, y él se había olvidado de que era un reportero y ni las placas del Honda anotó ni preguntó más a nadie.

Buscó una farmacia, le urgía comprar dulces y agua para su hija: dosis primitiva para calmar las ansias, el nerviosismo. Chocolates, chicles, una paleta redonda con pulpa salada en el centro, dos recipientes de agua de medio litro. Se los dio en una bolsa de plástico y luego enfiló hacia la preparatoria Central de la Universidad Autónoma de Sinaloa, ubicada por la calle Zaragoza, esquina con Nicolás Bravo, en el centro de la ciudad.

Le preguntó trescientas veces si se sentía bien. Ella, todavía atontada, pero con una voz firme, le dijo al final que sí, que todo bien. Bajó y se perdió entre los muchachos del plantel. Él respiró hondo, le habló a su jefe para contarle. Ya instalado frente a la computadora empezó a hacer llamadas para ver qué había pasado, el nombre del lesionado, dónde había sufrido el ataque. Casualmente su hermano Jorge le llamó y le habló de un homicidio, del jefe de seguridad o secretario de no sé qué policía. Hizo un par de telefonazos, entre ellos dos al área de Comunicación Social de la Procuraduría General de Justicia del Estado. Le regresaron una: intentaron matar al Jefe de Seguridad de la Unidad Administrativa, una de las sedes del gobierno estatal.

Por la tarde lo platicó a sus amigos y a una hermana. Estaba impactado: la sangre, los orificios de bala del lado del copiloto, la actitud del chofer aquel, las prisas, las manos manchadas. Le dijeron que había hecho bien, que antes que reportero era un ser humano, que lo felicitaban. Pero había algo que no lo convencía. Se sintió aliviado porque los reportes durante la tarde le informaban que seguía con vida, que seguía internado en la clínica Cemsi, en estado grave, aunque aparentemente la etapa crítica ya había sido superada.

Con todo, el corazón le cascabeleaba. Uno de los colegas lo regañó: creo que fue una torpeza, toda una imprudencia.

Aquella mañana

Martín Delgado Quezada de cuarenta y cinco años salía de su casa, ubicada en el fraccionamiento Villa Fontana, al norte de Culiacán. Varios sujetos lo esperaban muy cerca de su domicilio, al tenerlo a pocos metros, bajaron de un vehículo al parecer marca Mazda, color negro, y le dispararon al menos en trece ocasiones con armas cortas calibre 38 mm, de los cuales nueve lograron herir en abdomen, brazos y piernas. El lesionado se había desempeñado como director de la Policía Estatal Preventiva.

El oficial, jefe de seguridad de la Unidad Administrativa, del gobierno estatal, iba en un vehículo marca Nissan, tipo Áltima, blanco, placas de circulación VKZ-2968, modelo 2009. De acuerdo con versiones extraoficiales, iba acompañado de dos de sus hijos, menores, y una persona que aparentemente es su auxiliar.

El atentado fue en la esquina de la calle Emile Berline y Antártida, alrededor de las 7:30 horas. Luego de que los homicidas, ambos de aspecto joven, huyeron, una persona no identificada, que presuntamente trabajaba con él en el gobierno estatal, lo trasladó por su cuenta a la clínica Cemsi, ubicada en el fraccionamiento Chapultepec.

La agencia del Ministerio Público especializada en homicidios dolosos abrió la averiguación previa 304/2010, por el delito de intento de asesinato. La PGJE informó que sus peritos encontraron en el lugar 13 casquillos.

Delgado Quezada se desempeñó como Director de la PEP en el 2005. Fue detenido y arraigado por la Subprocuraduría de Investigación Especializada en Delincuencia Organizada (SIEDO), de la Procuraduría General de la República (PGR), por la fuga de nueve reos del penal de Culiacán, en la madrugada del 5 de mayo de ese año.

Con él fueron arraigados otros servidores públicos, entre ellos Jesús Alfredo López Reyna, entonces director de este penal. De acuerdo con las versiones de la PGR, los reos salieron por la puerta principal mientras en su interior se llevaba a cabo un operativo de revisión en busca de drogas y armas por parte de supuestos agentes estatales.

Cuarenta días después, cuando se venció el plazo de cuarenta días del arraigo, Delgado Quezada fue dejado en libertad.

Aquella noche

La noche es cómplice y la muerte generosa. Nadie está donde las balas, sino donde le toca. La vida es fácil, pero también la dama de la guadaña. Ahí, sobre el bulevar Virreyes, en la colonia Cañadas, en Culiacán, un comando armado persigue y le cierra el paso a una joven que viaja en un automóvil marca Mazda, blanco, placas de circulación VLG-9152. Por fin logran darle alcance en el cruce de este bulevar con la avenida Nicolás Bravo. Le disparan en varias ocasiones, pero los proyectiles no logran traspasar el blindaje. La joven intenta huir. Maniobra, da reversa y se aleja unos metros de sus agresores, que no dejan de disparar. Mucho ruido y balas, ningún herido. No hay bajas y es mucho el tiempo. Los homicidas optan por retirarse. No se dan cuenta de que, en su huída, la joven se queda embancada en uno de los camellones de esta vialidad. Unos empleados del Ayuntamiento de Culiacán, del área de Aseo y Limpia, sí se percatan del ataque. Una vez que los sicarios se retiran, los otros se acercan a ayudar a la joven. Unos la atienden, tratan de calmarla. Ellos buscan la manera de sacar el vehículo de ahí para que la joven se lo pueda llevar.

La dama que manejaba el Mazda fue identificada como Mariel Mendívil Sánchez, empleada de la Secretaría de Desarrollo Económico del gobierno estatal y sobrina de Enrique Mendívil, presidente de la Unión Ganadera Regional de Sinaloa (UGRS) e integrante de la planilla de regidores al cabildo de Culiacán, de la alianza Para Ayudar a la Gente, integrada por los partidos Revolucionario Institucional (PRI), Nueva Alianza (PANAL) y Verde Ecologista de México (PVEM). Enrique Mendívil, mejor conocido como El Gallo, abogado y con vínculos con el narcotráfico, específicamente con el Cártel de Sinaloa, liderado por Ismael Zambada García, El Mayo, y Joaquín Guzmán Loera, El Chapo, había sido asesinado a balazos dos días antes, el 14 de junio de 2010, también en la capital sinaloense. En este homicidio los sicarios sabían del blindaje de la camioneta Toyota de lujo y cuando éste transitaba por la avenida Obregón, junto al parque Ernesto Millán, el mediodía del lunes, fue atacado con fusiles AK-47 y AR-15, y además con armas calibre 40 mm para traspasar el blindaje. En el lugar fueron encontrados más de un centenar de casquillos. El chofer de Mendívil, quien además era su escolta, quedó herido.

Eran cerca de las 20:30 horas. Mariel apenas se recuperaba. Permaneció a unos metros de su vehículo, rasgado y astillado por tantos proyectiles. No se dio cuenta, quizá nadie, de cuando los homicidas regresaron. Tampoco tuvieron tiempo los empleados municipales, uno de ellos, César Eduardo Camacho Armenta, estaba frente al volante, intentando sacar el carro de ahí. Y allí quedó, sin vida. Su compañero, de nombre Juan Manuel Rodríguez Rendón, también fue alcanzado por las balas y quedó herido. Ella, ilesa.

En el lugar, investigadores de la Policía Ministerial del Estado (PME) encontraron catorce casquillos calibre 7.62 para fusil AK-47.

El reportero está sentado, revisando datos y redactando notas. El saldo de muertes alcanza un promedio de diez diarias: en las calles, todos los rincones, y hasta en los penales también hay ejecuciones, sobre todo si los presos son de organizaciones del narco enemigas, como los Zetas, o bien, de los hermanos Beltrán Leyva, hoy enemigos de Zambada y Guzmán.

Se topa con su jefe. Es esa misma tarde, la del día en que ayudó a bajar a aquel comandante, jefe de seguridad de la Unidad Administrativa. Lo ve su superior, le platica lo que hizo, lo sorprendente de los hechos. Su jefe dibujó una media sonrisa. Sarcástico y con fuego en sus palabras, le dijo "a ti no te van a matar por lo que escribes. Te van a matar por andar auxiliando heridos de bala".

Recordó el caso en el que varios sicarios ingresaron a la clínica Cemsi, donde él había dejado a un comandante baleado. Aquel octubre de 2009, los asesinos sometieron con facilidad a los agentes de la Policía Ministerial y remataron al herido, quien había ingresado desde septiembre por lesiones de bala.

El occiso fue identificado como Jorge Malacón Amador, de cincuenta y cinco años, quien había sido lesionado en El Dorado, que tuvo como saldo un muerto, el 28 de septiembre.

Entonces entendió. Se dijo, "qué pendejo". Se tomó una mano con la otra, las entrelazó. Se frotó los antebrazos. Buscó con la mirada: una gota de sangre seca quedaba ufana en la bota negra, mordiendo, asomando, tratando de alcanzar la suela. La frotó. Se talló de nuevo las manos, los antebrazos. Movió nervioso las piernas, abrir y cerrar. Luego, así, sentado, las puso a brincar. Subió los talones y el brincoteo. Nervioso, sudando. Cerró los ojos, abrazó con las palmas la cara. Se talló de nuevo. Pasó los dedos por los pelos parados y pegajosos por el gel para domar la erección capilar. "Pendejo, pendejo", se dijo en voz baja.

Su hija en el carro. La enfermera presurosa. El amigo pidiendo ayuda mentando madres. El herido moribundo, sangrante y suplicante. El desconocido que se acercó a ayudar. Las manos ensangrentadas, los dulces, el chocolate y el agua. El sudor, las prisas. Las balas, sus orificios como un altar a la santa de la guadaña.

¿Y qué tal si lo hubieran venido persiguiendo. Si viene atrás un comando, los sicarios. Sabiendo que va vivo, que lo llevan al hospital. Para rematarlo?

Y se sintió desmayar.

Halcón sin alas

Miembro de una familia que durante generaciones se ha dedicado a la siembra, venta y trasiego de droga, Manuel decidió dejar esa sensación que lo hacía esperar ansioso la noche: llegar vivo. En ese sector, él vendería cocaína y mariguana, sin problemas con la autoridad, y sería el vigilante. Desde las azoteas de las viviendas de los alrededores, cuyos moradores eran familiares o cómplices, atisbaba al horizonte, otras calles y esquinas, más allá de su barrio, para detectar movimientos irregulares o sospechosos de los enemigos y competidores, y del ejército o la policía.

Si no estaba sobre los techos, la calle era su puesto de vigilancia. Lo eran sus ojos, cuya vista trataba de mejorar abriéndolos, estirándolos, levantando las cejas. Y lo eran sus oídos: los niños de la calle, los indigentes adolescentes y uno que otro vendedor ambulante. Si en alguno de ellos podía confiar más, era en los niños. Esos, que en su mayoría no eran adictos, eran más honestos por una razón: lo hacían por hambre y si la información era buena, como regularmente ocurría, la paga también lo era: algunos billetes y comida.

Cumplió bien las funciones encomendadas de puntero o halcón, vigilante. Avisaba cuando se acercaba algún operativo de los uniformados, cuando eran de más los patrullajes aéreos que realizaban por el sector los helicópteros del Ejército mexicano, o cuando las camionetas desconocidas, que más de uno a bordo, merodeaban por el barrio y la colonia.

"Él vigilaba y avisaba. Así lograron cuidar más el negocio, espantar a los competidores, pero también burlar las acciones de las fuerzas del orden, sobre todo del ejército, que por esos días, más a menos a mediados del 2009, ya andaba pegando duro por todos lados", señaló un médico que atendió a Manuel.

Reportero del narco. Su padre o sus tíos le encomendaban que revisara si era cierto que en tal lugar, un crucero o centro comercial, habían asesinado a tal persona, o si era cierto que tal funcionario había renunciado o que en el penal de Culiacán había un motín o enfrentamiento. Él tenía sus redes de "espionaje" e informantes: llamaba a periodistas de los diarios locales y noticieros, a quienes además les otorgaba información "del bajo mundo" del crimen organizado sobre determinados operativos, enfrentamientos, aseguramientos o ejecuciones. Lograba tener al menos parte de la información en tiempo récord. Ese Nextel, esa lista de contactos, ese vendaval de llamadas le daba siempre frutos. Él rendía buenas cuentas a sus jefes.

Manuel es miembro de una familia que tiene décadas en el negocio del narcotráfico. Son originarios de lo alto de la sierra, del municipio de Badiraguato, donde sembraban mariguana y amapola. Unos se quedaron allá, el resto se vino a la ciudad. Aquí lograron amarrar otro eslabón de la cadena de la organización: la venta al menudeo, las llamadas narcotienditas en las colonias y barrios, que operan bajo la protección de la policía y el asedio del ejército y otros narcos.

Pero en lugar de cuidar su punto de vigilancia y mantener la venta del enervante, Manuel empezó a consumirla. Tenía alrededor de diecisiete años y lo perdió todo. Dejó de atisbar con ojos y oídos la calle: se hundió en los mapas lerdos de la mariguana y los estrobos mequetrefes de la coca. Sin voluntad, siempre de viaje, pensaba desposeído en ese minuto que tenía enfrente, no en el pasado ni en el futuro, y agonizante veía llegar a la noche, paranoico y vivo.

Así, tal cual, como los indigentes drogadictos, pero también como sus informantes preferidos, los niños de la calle. La noche es más que oscuridad y descanso, es puerto seguro, tablita de salvación, faro que es guía, remanso de la selva de chapopote, ratificación de la vida y también de la sobreviviencia asfáltica. En eso se convirtió.

"No tenía metas en la vida, lo único que le importaba era sobrevivir. Su realidad era el presente, porque en esos trajines no hay futuro... Lo único que quieren es llegar vivos a la noche. Así viven los indigentes drogos, pero también los niños en situación de calle, y así andaba él", señaló un médico que conoce a la familia y siguió de cerca el caso de Manuel.

Cuando se salió del negocio no lo mataron porque era pariente. Sus hermanos y padres lo llevaron con médicos especialistas y le hicieron estudios. Después fue canalizado a un centro de rehabilitación.

Ahora trabaja honestamente. No sabe ni quiere saber de drogas ni de su familia. Gana una décima parte de lo que obtenía de dinero cuando era halcón y vendedor de droga. "Y no sabe cuánto le cuesta, sobre todo por el nivel de vida al que estaba acostumbrado, pero lo prefiere así, porque ahora, de noche, ya no tiene miedo. Ahora puede dormir." (30 de noviembre de 2010.)

Reporteros del narco

La colonia tiene ojos. Las calles te miran. Las esquinas te siguen, toman nota, te rastrean, reportan. Son los punteros o halcones: los reporteros del narco.

Su presencia es omnipresencia: abarcan calles, azoteas, barrios, colonias. Tres o cuatro, quizá cinco, de ese sector cercano a la Unidad Administrativa, al sur, hasta la Manuel Maquío Clouthier, recorriendo las avenidas Nicolás Bravo y Pascual Orozco. Todo un emporio de asfalto controlado por un capo y una pandilla interminable de vigilantes, distribuidores, puchadores, cocineros y matones.

Un narco, poderoso y temido, controla esta zona. Es tal su poder que ha llegado hasta las oficinas de las corporaciones policíacas, como la Policía Estatal Preventiva, a retar a jefes y agentes: armado con una bazuca (conocida por ellos como PVC) y fusiles de asalto. A sus gritos e insultos nadie en la central de la corporación respondió.

En esa zona él es gobierno y hay leyes que se aplican. Quien se sale de este régimen es castigado, así como también quien viola las normas. Los castigos pueden ir desde el exilio, hasta trabajos forzados o bien la desaparición. Algunos de los insumisos reincidentes no han sido vistos de nuevo en el sector.

Como aquel, que insistía en agredir al anciano enfermo. Primero con palabras fuertes, luego a pedradas y al final a balazos. Los jefes del sector supieron desde la agresión inicial y le llamaron la atención, después lo obligaron a acudir ante el ofendido a ofrecerle disculpas y comprometerse a no volverlo a hacer. No sólo reincidió, sino que la siguiente y última vez fue con un arma de fuego y disparos al suelo, a pocos centímetros de la víctima. Los jefes ya no lo castigaron. En el barrio aquel rijoso no fue visto de nuevo.

Ser pizero es otro de los oficios. Niños de diez o doce años que andan en motocicletas parecidas a las que usan los repartidores de pizas y comida rápida. Los niños son usados por el clan que opera para el Cártel de Sinaloa, para llevar droga a los consumidores que viven en los alrededores. Sus padres, vecinos, parientes y amigos son sus jefes. Los niños sólo reciben las bolsas con dosis de droga, generalmente cocaína, se les informa del comprador y luego la entregan.

"Hay un niño como de diez años, cuyo padre lo manda a entregar la coca. Lo hacía desde pequeño. En ocasiones pasa un carro, le hace una señal, se detienen los del vehículo o vuelven a pasar y les entrega la droga. Incluso hemos sabido que el padre lo manda a que compre bicarbonato y mezcle las dosis, para que rinda más", dijo un vecino del sector.

Jóvenes sanos y trabajadores

El jefe, el patrón, cuyo nombre se omite por temor a represalias, les tiene prohibido que se emborrachen o droguen en la vía pública. "Así no me sirven", les ha dicho. Si los encuentra consecutivamente en la calle o banqueta ingiriendo bebidas embriagantes o drogándose, los regaña y manda levantar, y los envía a centros de rehabilitación. Si concluyen el tratamiento y se alivianan, los reintegra a sus labores.

Versiones del interior de las corporaciones policíacas señalan que el capo que controla el sector quiere que estos jóvenes, algunos de ellos matones y cocineros (porque procesan drogas sintéticas como el cristal, en laboratorios clandestinos), estén listos, sanos, fuertes y en sus cinco sentidos, por si hay un ataque o se requiere un trabajo de última hora, como asesinatos, "levantones" o recorridos en los convoyes (compuestos de cuatro o cinco camionetas de modelo reciente, en los que participan unos cincuenta pistoleros), y necesita que no se distraigan ni cometan tropelías.

"Los quiere ahí, trabajando, vigilando, que estén atentos, pero buenos y sanos, que sean responsables."

Los vigilantes están en la trinchera todo el día, pero aguzan más la mirada y los oídos durante la noche. Algunos de ellos cuentan con vehículos que esta célula del narcotráfico tiene pintados como taxis, aunque no lo sean. Quien los conduce generalmente anda armado y usa el vehículo para trasladar personas, armas o droga, y llamar menos la atención.

En este tipo de automóviles y en motocicletas de tres y cuatro llantas, todoterreno (que aquí llaman cuatrimotos o trimotos), recorren las calles y los barrios del sector. Cuando un automóvil o peatón les parece sospechoso, lo siguen y reportan. Si les dan luz verde, detienen al vehículo, bajan a las personas, las esculcan e interrogan. Y si es necesario las golpean, los obligan a retirarse del sector o los llevan ante alguno de los jefes, para que decida qué se hace con los "visitantes".

Un vecino contó que recientemente uno de estos vigilantes, conocidos como punteros o halcones, se topó con un indigente que estaba recogiendo botes de aluminio para meterlos a un costal y luego venderlos. El joven lo observó detenidamente y sin pensarla mucho abordó al indigente de alrededor de cincuenta años: "Pobre de ti que andes vigilando, que nos estés espiando, porque si es así te va a llevar la chingada." El hombre lo miró desconcertado y continuó buscando recipientes de aluminio.

Los vecinos de este sector no tienen miedo, sino al contrario, se sienten seguros: son conocidos en estas calles y por lo tanto saben que pueden caminar por éstas a medianoche o de madrugada y que no serán molestados. "Nosotros sabemos que todo carro que pasa es vigilado, pero a nosotros nadie nos molesta ni nos dice nada. Podemos estar tranquilos, afuera de la casa, platicando o en una fiesta, en la calle, o con la puerta abierta, en la sala de la casa, sin temor a que haya algún problema."

La calle es de ellos. Los niños y jóvenes están a su servicio. Un ejército no enlistado, pero sí listo, está a la espera de las órdenes para entrar en acción. Mientras, pueden juntar las dosis de cocaína en los cofres de los vehículos, en la vía pública, sacar las bolsas de plástico y las básculas grameras para pesar y distribuir y envolver.

"Ahí, con las porciones de coca en los cofres de las camionetas, las armas de fuego, largas y cortas a un lado, pasan las patrullas de la Policía Ministerial y Municipal y no hay problemas. Ellos pasan, saludan, en ocasiones les dan algunos billetes y se retiran."

"En una calle o manzana —agregó—, unos 25 ó 30 de estos jóvenes trabajan para el jefe del sector, uno de los operadores predilectos y de más confianza de los capos del Cártel de Sinaloa."

Los muchachos duran meses cuidando casas de seguridad y como la actividad en el crimen organizado ha bajado sustancialmente han dejado de mover sus vehículos. El patrón, que sabe bien qué hacen y con quién, les prohíbe que tengan otros trabajos y les insiste que "deben esperar a que haya chamba, que el negocio mejore, para que obtengan de nuevo los niveles de ingresos a que están acostumbrados".

Aquí muchos de los jóvenes tienen parientes muertos en hechos violentos. Otros cuentan con amigos o vecinos presos, como la señora que vendía cocaína envuelta en helados de sabores. Cumplió dos años en el penal de Culiacán y ahora está de regreso en el barrio.

El 6 de noviembre de 2010, falleció el padre de un joven muy querido del sector. La versión de que aquel vecino no tenía dinero ni para tortillas llegó a los oídos del mandamás. A los pocos minutos llegaron a su casa, aún con el cadáver en la sala, un par de jóvenes que iban de parte del jefe, le dijeron que avisara si algo se le ofrecía. Le dieron 15,000 pesos y un teléfono celular.

El huérfano, una especie de mandadero de todos, siempre dispuesto a ayudar, barrer la calle y hacer labores comunitarias, se conmovió con aquel gesto. Otros juntaron dinero aportado voluntariamente por los vecinos. En pleno velorio le dieron otros 30,000 pesos para que saldara los gastos funerarios.

Cuando el jefe está aquí, los plebes andan calmados. Nadie pistea en las calles ni hay fiestas, a menos que sean las que él organiza. Ellos saben que los tiene bien vigilados. En las casas, las y los jóvenes conocen de memoria los corridos que hablan de su exitosa trayectoria en el mundo de los negocios turbios.

Pocos lo mencionan por su nombre pero todos lo conocen. Corre como el viento la noticia de su llegada al barrio, después de algún viaje o encargo del patrón. Aunque su ausencia siga siendo presencia, igual que el control y la fuerza que ejerce. Se sienten, se imponen, trascienden: va recorriendo las calles y las esquinas, la noticia de que llegó, de que "aquí anda El Tío".

***

Voces de la calle

"Mi papá es de Mazatlán, Sinaloa, y mi mamá de Michoacán. Mis amigos dicen que soy del Cártel de La Familia Michoacana." (Joven tapatía.)

"Espero todos se encuentren muy bien. Por mí no se preocupen, que aquí me cuidan muchos policías, jajajajaja y no me pasa nada." (Carta de joven preso a su madre.)

"Cuernavaca ya no es la ciudad de la eterna primavera, ahora es la ciudad de la eterna balacera."

"Pónganle los güevos de este amigo a Calderón." (Mensaje en la página de *Ríodoce*, respecto al enfrentamiento que sostuvo Alejo Garza Támez contra supuestos Zetas, en Tamaulipas, para defender su rancho. Alejo y cuatro atacantes murieron.)

Los morros del narco
se terminó de imprimir en
febrero de 2011 en los talleres
de Página Editorial S.A. de C.V.,
Calle Progreso No. 10 Col. Centro,
C.P. 56530 Ixtapaluca Edo. de México.
El tiraje consta de 10 500 ejemplares.